国家社会科学基金项目

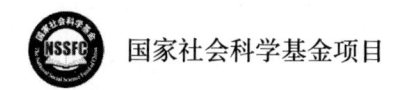

军队网络文化建设研究

ARMY NETWORK CULTURE CONSTRUCTION

汤德品 杨明伟

主编

社会科学文献出版社
SOCIAL SCIENCES ACADEMIC PRESS (CHINA)

编 委 会

主　编　汤德品　杨明伟
副主编　王新华　邹海宁　罗兆成
编写人　（按姓氏笔画排序）
　　　　　王新华　李剑锋　李　敏　汤德品
　　　　　杨明伟　张庚华　邹海宁　罗兆成
校　对　罗兆成　杨明伟

前　言

　　随着互联网技术的迅猛发展，网络与文化有机结合而形成的网络文化日渐成为现代的新兴文化，它集中体现了文化内容、表现形式和传播手段的全方位创新。这种创新成果不仅极为深刻地改变着官兵的生活方式、工作方式和交往方式，还极为深刻地改变着官兵的思维方式、价值观念和政治信仰。加强网络文化的建设与管理已成为当前非常现实而紧迫的时代课题，必须高度重视相关理论和技术的研究开发。伴随着军网的逐渐普及，全军基层部队已基本实现专用网络全覆盖，加快了军队信息化建设步伐，也促进了军队网络文化建设。按照军队政治工作信息化建设的未来发展目标，针对网上意识形态斗争的严峻形势和广大官兵的强烈需求，开展军队网络文化建设的理论和实践研究是十分紧迫的现实课题。

　　鉴于真正意义上的军队网络建立时间并不长，无论是建设、使用还是管理，都处于起步阶段，对军队网络文化的研究刚刚起步，对什么是军队网络文化、怎样构建军队网络文化，以及军队网络文化与网络文化、军队网络文化与先进军事文化、军队网络文化对军队政治工作的影响等缺乏全面、系统、深入的研究。随着"互联网+"对官兵日常工作和生活方式的改变，它引领了军队网络文化建设创新驱动发展的"新常态"。军队网络文化建设必须适应创新2.0下的互联网发展新形态、新业态，跟上"互联网+"时代的步伐，勇于创新、勇于变革，利用互联网特点和优势，推进理念、内容、手段、体制机制等全方位创新。

　　军队网络文化，本质上是一种充满创新性的文化形式。军队网络文化要在竞争中取胜，就必须在实践中不断创新发展，这也是军队网络文化建设的内在需求。本书围绕军队政治工作时代主题，立足新时期广大官兵的现实需要，着眼军队网络文化建设实践，对军队网络文化的内涵、特征和功能进行了理论概括，明确了军队网络文化建设的方针原则和内容要求，对军队网络道德建设、军队网络文化机制建设、军队政工网络建设和军队网络文化人才队伍建设提出了对策和建议，有效促进军队网络文化健康持续发展，推动军队政治工作信息化建设向更高层次迈进。

本书是在国家社会科学基金项目"军队网络文化建设研究"（项目编号：12BZZ057）研究成果的基础上，经过编写组成员不断深入研究、扩充完善而形成的。在编写过程中，参阅了大量军内外相关教材及著作，吸收了相关研究成果，在此一并表示衷心感谢！

由于能力和水平有限，书稿难免有不足之处，敬请批评指正。

编写组

二〇一六年十月

目录
Contents

第一章　绪论 … 001

第一节　军队网络文化建设的研究背景 … 003
　　一　各级组织和领导高度重视 … 003
　　二　军队政治工作网创建兴起 … 006
　　三　新媒体和新技术创新驱动 … 010

第二节　军队网络文化建设的研究意义 … 015
　　一　理论价值 … 015
　　二　实践意义 … 017

第三节　国内外相关研究现状 … 019
　　一　国外网络文化研究现状 … 019
　　二　国内网络文化研究现状 … 025
　　三　军队网络文化研究现状 … 029

第四节　研究思路与方法 … 033
　　一　研究思路 … 033
　　二　研究方法 … 035

第二章　军队网络文化的内涵、特征及功能 … 037

第一节　网络与网络文化 … 039
　　一　网络 … 039
　　二　网络文化 … 051

第二节	军队网络文化内涵与特征	066
	一　军队网络文化的内涵	066
	二　军队网络文化的特征	068

第三节	军队网络文化的功能作用	073
	一　军队网络文化功能作用的具体表现	073
	二　军队网络文化发挥功能作用的途径	078
	三　军队网络文化功能作用发挥的心理机制	082

第三章	军队网络文化建设的方针原则	087

第一节	军队网络文化建设的方针	089
	一　积极利用	089
	二　科学发展	091
	三　依法管理	093
	四　确保安全	095

第二节	军队网络文化建设的原则	098
	一　坚持主旋律导向	098
	二　注重系统性整合	101
	三　突出实践性创新	103
	四　实现可持续发展	106

第四章	军队网络文化建设的内容要求	111

第一节	军队网络文化建设的内容	113

一	建好网络文化平台		113
二	丰富网络文化资源		116
三	拓展网络文化功能		119
四	办好网络军事频道		121

第二节　军队网络文化建设的要求　　　　　　　　124
　　一　把握正确方向　　　　　　　　　　　　　　124
　　二　坚持统筹兼顾　　　　　　　　　　　　　　126
　　三　注重实用实效　　　　　　　　　　　　　　129
　　四　做到疏堵结合　　　　　　　　　　　　　　131

第五章　军队网络道德建设　　　　　　　　　　　135

第一节　军队网络道德概述　　　　　　　　　　　137
　　一　网络道德的内涵及构成要素　　　　　　　　137
　　二　军队网络道德的主要特征　　　　　　　　　142
　　三　军队网络道德建设的意义　　　　　　　　　145

第二节　军队网络道德建设现状　　　　　　　　　148
　　一　军队网络道德发展的积极方面　　　　　　　148
　　二　军队网络道德发展的消极方面　　　　　　　151
　　三　影响军队网络道德建设的因素　　　　　　　157

第三节　军队网络道德的基本内容　　　　　　　　161
　　一　忠诚品质　　　　　　　　　　　　　　　　161
　　二　敬业精神　　　　　　　　　　　　　　　　164

三	守法观念	166
四	诚信态度	168
五	自律意识	169
六	健康情趣	170

第四节　军队网络道德建设举措　　　　　　　172
　　一　筑牢官兵网络道德防线　　　　　　　172
　　二　弘扬网络道德主旋律　　　　　　　　174
　　三　提高官兵网络道德修养　　　　　　　175
　　四　完善军队网络道德法规　　　　　　　177
　　五　优化军队网络道德环境　　　　　　　178

第六章　军队网络文化机制建设　　　　　　　181

第一节　军队网络文化建设的管理机制　　　　183
　　一　齐抓共管机制　　　　　　　　　　　183
　　二　目标管理机制　　　　　　　　　　　186
　　三　分类管理机制　　　　　　　　　　　188

第二节　军队网络文化建设的运行机制　　　　192
　　一　激励约束机制　　　　　　　　　　　192
　　二　检查监督机制　　　　　　　　　　　197
　　三　调节控制机制　　　　　　　　　　　199
　　四　考核评价机制　　　　　　　　　　　204
　　五　责任追究机制　　　　　　　　　　　206

第三节	军队网络文化建设保障机制	211
	一 人力财力保障机制	211
	二 技术装备保障机制	213
	三 法规制度保障机制	215

第七章　军队政工网络建设　　219

第一节	军队政工网络建设目标	221
	一 加强军队网络文化阵地建设	221
	二 加强网络信息技术应用开发	230
	三 促进军队信息化建设	233

第二节	军队政工网络建设原则	238
	一 政治性原则	238
	二 系统性原则	239
	三 制度化原则	241
	四 创新性原则	242
	五 艺术性原则	242
	六 保密性原则	243

第三节	军队政工网络建设内容	245
	一 基础网络建设	245
	二 软件平台建设	249

第四节	军队政工网络评价标准	272
	一 一般网站评价指标	272

二　军队政工网络评价标准　　273

第五节　军队政工网络信息安全　　278
　　一　军队政工网络信息安全面临的新形势　　278
　　二　军队政工网络信息安全工作存在的主要问题　　280
　　三　抓好军队政工网络信息安全工作的对策措施　　283

第八章　军队网络文化人才队伍建设　　289

第一节　军队网络文化人才队伍建设的意义　　291
　　一　适应军队政治工作信息化建设的需要　　291
　　二　发挥军队网络文化功能作用的需要　　292
　　三　提高军队网络文化工作效益的需要　　294

第二节　军队网络文化人才队伍具备的能力素质　　296
　　一　扎实的基础能力　　296
　　二　过硬的政治素质　　297
　　三　较高的信息素养　　299
　　四　娴熟的网络技能　　300
　　五　综合的智能素质　　300
　　六　良好的心理素质　　301

第三节　军队网络文化人才队伍存在的主要问题　　303
　　一　对军队网络文化建设的认识有待提高　　303
　　二　抢占军队网络文化阵地的力度有待加强　　304
　　三　军队网络文化成果转化的效益有待增强　　306

四	军队网络文化装备维护管理水平有待提升	307
五	军队网络文化人才培养使用有待完善	307
六	信息安全防护意识有待强化	308

第四节　军队网络文化人才队伍建设的主要途径　　310

一	优化人才结构	310
二	注重开发培养	315
三	突出实践锤炼	319
四	激发动力活力	323

结　语　　327

一	更新观念，强化互联网思维和一体化发展理念	327
二	举旗铸魂，加强网上思想文化阵地建设	329
三	立足使命，服务改革强军战略	330
四	建章立制，增强网络安全防御能力和威慑能力	332
五	应用转化，借鉴网络文化建设先进经验	334

参考资料　　336

第一章

绪 论

随着互联网技术的迅猛发展，网络与文化有机结合而形成的网络文化日渐成为现代的新兴文化，网络文化集中体现了文化内容、表现形式和传播手段的全方位创新，这种创新成果不仅深刻地改变着人们的生活方式、工作方式、交往方式和行为习惯，还极为深刻地改变着人们的思维方式、价值观念和政治信仰。加强网络文化的建设与管理已成为非常现实而紧迫的时代课题，引起党中央的高度重视。习近平在全军政治工作会议上强调，政治工作过不了网络关就过不了时代关。[1]这一重要指示从时代发展和战略全局的高度，深刻论述了网络对军队政治工作的重要意义，也为军队网络文化建设发展指明了方向。

---

1 总政治部：《习近平关于国防和军队建设重要论述选编（二）》，解放军出版社2015年4月版，第124页。

第一节　军队网络文化建设的研究背景

网络的发展和普及，在改变人们的精神文化生活的同时，也给我国的政治、经济、文化、军事领域带来了深刻变革。军队网络文化是军队文化与军队信息网络有机结合的产物，它是伴随着信息技术的发展而产生的网络文化。加强军队网络文化建设，既是先进军事文化在军队信息化建设中的需要，又反作用于信息化条件下的先进军事文化建设，有利于促进军队政治工作的改进创新。

一　各级组织和领导高度重视

20世纪80年代以来，伴随着IT（信息技术）产业的发展，以及计算机网络用户在世界各地的迅猛增长，一种连带多种信息技术，伴随着互联网触觉放射蔓延，新形式的文化浪潮——网络文化登上世界的舞台。互联网虽然于20世纪90年代后才进入中国，但是发展势头非常迅猛，特别是进入21世纪后获得了快速普及和发展，网络文化已成为社会文化的重要组成部分。

为加强网上思想舆论阵地建设，巩固马克思主义在意识形态领域的指导地位，各级组织和领导都非常重视网络文化建设。2003年首届中国国际网络文化博览会成功举办后，"网络文化产业"作为一个新名词得到广泛认同。2004年10月29～30日，在北京召开的第二届中国国际网络文化论坛正是以网络文化为核心内容进行的。2006年初，中共中央、国务院发布的《关于深化文化体制改革的若干意见》明确提出，要大力推进文化产业升级，用先进科学技术促进文化产业发展。同年9月，中办、国办印发

《国家"十一五"时期文化发展规划纲要》，积极发展网络文化产业成为"十一五"期间文化发展的重要内容。

2007年1月23日，十六届中央政治局以"世界网络技术发展和我国网络文化建设与管理"为题，组织了第三十八次集体学习，这在党的历史上还是第一次。会上强调指出，加强中国网络文化建设和管理，充分发挥互联网在我国社会主义建设中的重要作用，有利于提高全民族的思想道德素质和科学文化素质，有利于扩大宣传思想工作的阵地，有利于增强社会主义精神文明的辐射力和感染力，有利于提高我国的软实力。此次会议提出了关于"中国网络文化建设与管理"的五点指导要求：一是要坚持社会主义先进文化的发展方向，唱响网络文化的主旋律，努力宣传科学真理、传播先进文化、倡导科学精神、塑造美好心灵、弘扬社会风气。二是要提高网络文化产品和服务的供给能力，提高网络文化产业的规模化、专业化水平，把博大精深的中华文化作为网络文化的重要源泉，推动中国优秀文化产品的数字化、网络化，加强高品位文化信息的传播，努力形成一批具有中国气派、体现时代精神、品位高雅的网络文化品牌，推动网络文化发挥滋润心灵、陶冶情操、愉悦身心的作用。三是要加强网上思想舆论阵地建设，掌握网上舆论主导权，提高网上引导水平，讲求引导艺术，积极运用新技术，加大正面宣传力度，形成积极向上的主流舆论。四是要倡导文明办网、文明上网，净化网络环境，努力营造文明健康、积极向上的网络文化氛围，营造共建共享的精神家园。五是要坚持依法管理、科学管理、有效管理，综合运用法律、行政、经济、技术、思想教育、行业自律等手段，加快形成依法监管、行业自律、社会监督、规范有序的互联网信息传播秩序，切实维护国家文化信息安全。[1]这些指导要求，为军队网络文化建设奠定了理论基础，提供了基本遵循，指明了发展方向，提出了时代要求。

---

[1] 《中共中央政治局进行第三十八次集体学习》，《人民日报》（海外版）2007年1月25日，第1版。

党的十七大报告指出，要积极运用现代科技手段加强对各类有形、无形文化市场的监管，尤其要加强网络文化建设和管理，营造良好网络环境。党的十八大报告指出，要"加强和改进网络内容建设，唱响网上主旋律"。报告中的18字要求，旗帜更加鲜明，指向更加明确，不但涵盖网络文化建设和管理的内容，而且把"网络内容建设"摆在了前所未有的地位，这为进一步加快网络文化建设指明了方向，明确了奋斗目标。2016年7月，中共中央办公厅、国务院办公厅印发《国家信息化发展战略纲要》。该纲要认为，当今世界信息技术创新日新月异，以数字化、网络化、智能化为特征的信息化浪潮蓬勃兴起，没有信息化就没有现代化。适应和引领经济发展新常态，增强发展新动力，需要将信息化贯穿我国现代化进程始终，加快释放信息化发展的巨大潜能。以信息化驱动现代化，建设网络强国，是落实"四个全面"战略布局的重要举措，是实现"两个一百年"奋斗目标和中华民族伟大复兴"中国梦"的必然选择。[1]

习近平在网络安全和信息化工作座谈会上指出，我国经济发展进入新常态，新常态要有新动力，互联网在这方面可以大有作为。我们实施"互联网+"行动计划，带动全社会兴起了创新创业热潮，信息经济在我国国内生产总值中的占比不断攀升。当今世界，信息化发展很快，不进则退，慢进亦退。我们要加强信息基础设施建设，强化信息资源深度整合，打通经济社会发展的信息"大动脉"。党的十八届五中全会、"十三五"规划纲要都对实施网络强国战略、"互联网+"行动计划、大数据战略等作了部署，要切实贯彻落实好，着力推动互联网和实体经济深度融合发展，以信息流带动技术流、资金流、人才流、物资流，促进资源配置优化，促进全要素生产率提升，为推动创新发展、转变经济发展方式、调整经济结构发挥积极作用。[2]

---

1 《国家信息化发展战略纲要》，《解放军报》2016年7月28日，第1版。
2 习近平：《在网络安全和信息化工作座谈会上的讲话》，《解放军报》2016年4月26日，第2版。

二 军队政治工作网创建兴起

随着互联网的兴起，20世纪八九十年代基本形成全军联通的计算机网络系统。1998年，我军网络建设已经初具规模，部队不少官兵和院校学员都可以上网。2004年军网迎来了宽带时代，许多基层连队的官兵也可以上网，大批军队门户网站纷纷出现。与此同时，全军军事综合信息网也正式开通运行。它是全军信息化建设的基础平台，是我军"十五"期间构建的"信息高速公路"，被誉为军内"互联网"。军事综合信息网，由宽带传输、综合交换、信息服务、网络管理和安全保密等功能系统组成，是一个高速率、多路宽带传输网络，是全军业务管理、日常办公和作战保障的信息传输处理平台，可提供文电处理、视频服务、语音和电子邮件、信息检索等多种应用业务，在战备训练、政治工作、后勤装备保障和教学科研等方面，都具有很高的应用价值。

作为军队信息化建设的重要组成部分，军队现代信息通信和计算机网络首先建成，并开通了主要用于军事作战的军队指挥自动化信息网。此后，军队政治工作信息网、后勤工作信息网相继在各部队建成并投入使用。依托军事综合网络建立的大型综合应用系统——全军政工网，不仅使军队政治工作的形态、方式、理论发生深刻变革，而且为加强军队网络文化建设提供了硬件支撑和软件平台。

2005年，原总政治部领导决定，整合各级政治机关网络资源，创建全军一体化的政治工作业务处理平台，即全军政治工作网，形成了一个以总政中心网站为龙头、辐射全军贯通基层的网络集群。[1] 创建中国人民解放军政治工作网是原总政治部着眼加强政治工作信息化建设，履行新世纪新阶段我军历史使命，加强军队政治工作主动性、针对性和实效性，推进军队

---

[1] 总政宣传部网络办公室：《充分运用全军政工网开展思想政治工作》，《军队政工理论研究》2012年第1期，第102~105页。

政治工作方法和手段改革创新的重要举措。

与其他网络建设一样，全军政治工作网也经过了一个自下而上、需求牵引、逐步完善的建设过程。1998年2月，海军政治部根据中央军委"要以改革创新精神迎接世界军事发展的挑战"的指示，针对海军部队特点，为加强和改善海军思想政治教育，帮助政治机关和基层部队提供及时有效的政治工作信息服务，率先正式启动建设我军第一个政治工作互联网——"海军政治工作信息网"。《解放军报》专门对"海军建成我军第一个政治工作信息互联网"进行报道，受到了全军的极大关注。同年10月，海军政治工作信息网正式开通运行，网络与分布在1.8万公里海岸线上的各部队陆续联通。海军政治工作信息网的成功建立，标志着我军对政治工作网络化的初步探索。原总政治部领导得知这一情况后要求海军继续探索，把这件事抓紧抓好，尽快形成经验，向全军推广。

在全军计算机技术服务中心的基础上建立了全军军事训练信息网。从1989年3月至1993年，原总参谋部军训部根据全军军事训练、院校教学使用计算机迅速发展的实际，在全军先后成立了八个计算机技术服务中心，即华北、东北、华东、华南、西南、西北、华中、山东计算机技术服务中心。到1998年12月，在全军各中心的共同努力下，全军军事训练信息网基本体系组建完成。军事训练信息网是总部为适应全军教育训练、院校教学需要而统一设置的信息网络，是保证军队计算机模拟训练和军队院校计算机教学的基本力量。

原总政治部宣传部为改进部队思想政治教育和加强军营文化建设，建立了全军宣传文化信息网。该网于1999年3月开始筹建，主办单位是原总政治部宣传部宣传文化信息中心。1999年12月，全军宣传文化信息网与各大军区、军兵种联通。该网与全军军以上单位建立了正常联结，80%的师、旅与上级建立了联通，原北京军区某师部分单位还能联通到班。

建立全军宣传文化信息网的最初目的，一是为指导员提供政治工作教育参考资料，为部队文化活动提供素材。组织人员利用计算机多媒体技术，开发编制了马列全集、法纪教育、党的建设、优良传统和高科技知识等方面的系列数据库，改变了传统思想政治教育资料缺乏的状况，使众多教育内容得到较好规范。二是开辟网络课堂。官兵坐在连队教室里，就能参与和接受团以上机关组织开展的教育活动。针对当前部队的一些热点问题，采取"焦点访谈""实话实说""疑难追踪"等形式进行现场直播，在政治机关与基层开通热线电话，解答官兵的各种问题。三是开设新闻时事专栏。对报纸、电视、广播等媒体上的重大政治理论、国内外大事、党的方针政策等政治教育资源，做到及时收集，及时整理存储。四是设立经常性思想工作难题会诊讨论区。为解决基层干部在工作中遇到的棘手问题，政治机关专门在网上设立了一个经常性思想工作难题会诊讨论区，由机关发动组织政工干部及其他官兵参与讨论，对经常性思想工作中遇到的难题进行讨论，最后由机关进行归纳总结，在网上形成比较完整系统的解决办法，供基层参考使用。

设在原总政治部机关的全军政工网中心网站，建网硬件采用的是国内外最先进的技术，信息量之大紧追"新浪"。从1998年2月海军率先建成全军第一个政工信息网开始至2007年，全军各部队政工网建网联网走过9年"战国时期"。其间历经"全军宣传文化信息网"5年实践，至2008年基本完成全军政治工作信息资源整合、系统集成，终于建起覆盖全军的政治工作信息平台，解决了基层官兵上网问题，其新闻日更新量3000条，更新频率1分钟，44个频道中9个互动和在线投稿频道，382个二级栏目，2530个三级栏目，53个大型数据库，图书、影视、歌曲、游戏应有尽有，1000多种报纸杂志不仅每篇文章都可以打开看，而且都能在第一时间更新，日访问量达22万人次。[1]

武警部队信息化建设比解放军起步较晚，1998年，武警总部党委为确保在信息化执勤、处突和反恐作战中占据主动地位，确定了"建设信息化武

---

[1] 何静、秦宗仓、张军等编：《军队文化导论》，蓝天出版社2008年版，第387页。

警，实现跨越式发展"的重大战略部署。在军委指导、地方共建和自身努力下，经过多年的信息化建设，连通全国各级武警部队的综合信息网（三级网）全面建成，并不断开发利用各项网络功能服务于部队。依托武警指挥自动化信息网，建成了武警政治工作网，为武警部队政治工作提供信息技术服务。武警部队政工网是全军政工网下属的一个子网络，以武警总部政工网为中心网站，上接全军政工网，下联武警各总队（机动师、指挥部）政工网；是以总部和各总队（机动师、指挥部）分系统网站为主体，覆盖全国各总队（机动师、指挥部）和支队（团）政治机关，贯通基层中队(连)以上单位及单独执勤点的政治工作网络集群。它是武警部队内部网络，是依托武警指挥自动化信息网扩建而成的。

近年来，经过分阶段、分层次的升级改造，已建成武警总部、各省总队（机动师、指挥部）主干网络联通各支队（团）局域网直至基层中队（连）网络终端而构成的一个广域网，为武警部队政治工作提供了一个统一的网络环境，同全军政工网类似，具有工作指导、新闻资讯、宣传教育、学习培训、文化娱乐、交流互动等六大功能。武警部队政治工作网站于2005年建成开通，目前网络速度、网页界面、网站资源等整体水平日臻完善。2008年初，《武警部队政治工作网建设使用规划》中明确提出要求各总队政治部采用先进成熟的信息技术，整合网络资源，构建功能完善、结构科学、内容丰富、机制合理、资源共享的政治工作信息网络系统。《规划》明确要求各总队在2008年底前完成上述任务。目前，在总部统一规范下，各总队（机动师、指挥部）的政治工作网建成开通，并与支队（团）、大队（营）政工网联通。[1]

综上所述，全军政治工作网是在军队信息化建设强劲发展、网络斗争形势严峻、改进部队思想政治教育势在必行、官兵多样化信息需求强烈的

---

[1] 田永红：《武警部队政治工作网现状及对策研究》，《计算机光盘软件与应用》2013年第6期，第261~262页。

情况下创建的。经过不断建设、完善和运行，实现了网络进基层、进连队的要求，受到领导机关和基层官兵的热烈欢迎，成为思想政治建设领域的一件喜事、好事和实事，被官兵称之为"军中互联网"，为军队网络文化建设提供了现实可能。军队政治工作网的创建和运行，也标志着军队文化建设进入一个由传统向现代、由单一向全面、由现实向虚拟发展的新阶段，由此产生的军队网络文化发挥着占领官兵思想阵地、抵制腐朽思想文化、引领官兵成长成才的重要作用，是其他传统文化所不可替代的。

三 新媒体和新技术创新驱动

科学技术决定着军事文化的样式，每一次技术的革命性进步，都强制性地使武器装备、部队编制、人员结构、管理教育模式、作战训练方式甚至作战理念相应发生变革。信息化军事科技的创新发展和军队网络的普及应用，促进了军队网络建设的创新发展，致使军队网络文化对象发生深刻变化，从而推动军队文化的创新甚至军队活动形态的变革。正如恩格斯所指出的："一旦技术上的进步可以用于军事目的并且已经用于军事目的，它们便几乎强制性的，而且往往是违反指挥官的意志而引起作战方式上的改变甚至是变革。"[1]军事科技创新和军队网络逐步融入军队作战、训练、管理、教育等各个领域，推动军队网络文化建设实现由传统向现代、单一向全面、现实向虚拟的发展。因此，信息化军事革命所带来的军队网络文化的跃升，正是以信息化军事科技的创新为起点，以科学技术尤其是信息技术的飞速发展为承载和支撑，使科学技术在不断创新的同时，也直接推动军队网络文化建设持续发展和逐步提升。

发挥网络技术优势，创新军队网络文化工作方法和手段。积极稳妥

---

[1] 《马克思恩格斯选集》第3卷，人民出版社1995年版，第211页。

推进互联网有限进军营，拓展军队网络文化阵地空间，运用信息网络推进军队网络文化工作创新发展。一方面，打造以网络为中心的新型军队网络文化工作阵地。互联网极大地拓展了军队网络文化工作新领域，催生了以网络舆论引导、舆情动态监测等为代表的新型军队网络文化工作模式，使军队网络文化工作呈现物理空间与网络空间高度融合的新格局、新特征。建立健全网络政工领导机制，对涉军网络舆论工作实施统一领导；建立网上舆论斗争军地协调机制，有效管控地方涉军网站；建好用好网络资源平台，整合现有信息资源，建立各级政治工作大数据系统，盘活网络信息内容，强化信息资源共享。另一方面，实现军队网络文化工作运行模式的根本性转变。在开放多元的网络环境中凝聚军心士气，在复杂多变的舆论生态中掌握主动，从根本上转变传统政治工作方式，形成以网络为中心的新模式。创新思维方式，善于运用网络化思维指导和开展军队网络文化工作，借助大数据技术分析问题、监测舆情、优化决策，通过虚拟空间捕捉思想信息、引导官兵认知；转变工作方式，推动教育方法从"单向传输"转变为"双向互动"，工作阵地从物理空间延伸到网络空间，突出军队网络文化工作的开放性、平等性、互动性和多样性。

  运用大数据创新军队网络文化工作方法和途径。习近平在全军政治工作会议上明确指出：要"推动政治工作传统优势和信息技术高度融合，增强政治工作主动性和实效性。"[1]随着信息技术的飞速发展，大数据已深入官兵工作、训练、生活等方方面面，给军队网络文化工作带来新的机遇和挑战，同时从技术和资源来看，大数据技术、大数据资源、大数据环境、大数据平台既给军队网络文化工作方法创新提出了要求，也提供了现实可能性。运用大数据创新军队网络文化工作方法和手段，是紧靠军队政治工作前沿之需，是确立大数据政工理念之需，更是解决现实问题之需。各级

---

[1] 总政治部：《习近平关于国防和军队建设重要论述选编（二）》，解放军出版社2015年4月版，第124页。

应牢固树立信息化政工、大数据政工新理念,加强军队网络文化和信息化建设,使政治工作向网络延伸、向云端拓展、向数据深化,不断赋予政治工作以新的时代内涵,赋予传统做法以新的实现形式,用大数据强固生命线,让生命线充满生命力。[1]

大数据推动军队政治工作方法步入信息化轨道,彰显了军队网络文化工作的时代性和感召力。目前青年官兵多数是伴随着信息技术和互联网成长起来的,他们对传统媒体的关注较少,而对新媒体的依赖性与日俱增。官兵在网上产生的海量数据,记录着他们的思想、行为乃至情感,其中蕴含着丰富的内涵和许多规律性的信息。政治工作借助大数据平台的数据信息,从官兵活动以及家庭和社会关系等信息中查找其思想根源,对官兵形成更加全面、准确的认识。在宏观层面,大数据使政治工作决策信息化成为可能,基于对政治工作海量数据的获取、跟踪、分析和预测,用大数据准确地揭示群体的思想特征,掌握群体的行为规律,把握政治工作发展走向,制定并采取科学的对策举措;在微观层面,用大数据清晰地揭示个体的思想状况,把握个体的行为特点,掌握官兵思想观念、价值取向、行为方式的影响因素及其发展趋势,从中寻求科学的方法以适应政治工作实际需要。

实践表明,只要从各种途径获得的大数据足够真实,通过对数据的分析和挖掘,就可以较为准确地把握官兵思想和行为的深层原因,从而制定一对一解决问题的有效方法。因此,大数据的发展及其在政治工作领域的应用,提高了政治工作的质量和效益。大数据为改变军队政治工作传统方法提供科学依据,数据的获取、分析与应用,不仅改变了军队政治工作的理念,而且创新了军队政治工作的方法,实现军队政治工作由粗放型向精细化转变,使军队政治工作组织形态实现扁平化、融合化、集成化,保证政治

---

[1] 徐云兰、王寿林:《大数据与军队政治工作方法创新》,《军队政工理论研究》2015年第4期,第104~105页。

工作信息的实时快速流转。通过大数据涵盖的管理、分析、呈现、应用等各个环节，可以形成新信息、新规则，促进军队政治工作方法手段创新发展，从而实现服务保证功能的最优化和最大化。

应用新技术新媒介创新军队网络文化工作互动平台。政治工作是在人的精神领域搞建设，要贴近官兵、撬动心灵。进入不了"朋友圈"，就难以融入话题圈、联通工作圈。"物以类聚，人以'微信群'分。""世易时移，以变应变。"青年官兵多是"数码达人""网游高手"，政治工作也应顺势而为，创新方式方法，打好网络主动仗。一是搭建网上教育平台。把教育的触角延伸到网上，开发手机教育服务平台，设置"学习园地""在线测试"等栏目，网聚海量优质教育资源，作为政治工作干部抓教育的好帮手。二是搭建网上党建平台。建立"思想交锋微信群""党员模范先锋榜"，及时让一些面对面不好说的话、不好议的事，通过键对键的形式讲清楚、论明白，让官兵时时点赞先进、处处评议党员。三是搭建网上文娱平台。以传播"青春正能量"为主题，开展积极向上的网络文化娱乐活动，建立兴趣爱好群，开展网上诗文、歌曲、摄影等作品展评活动；设计板报展板，通过网络查询、精美案例设计实时共享；录制饭堂广播，同频同台同时传声；组织"卡拉OK"，用"唱吧""K歌"等软件，让官兵广泛参与其中。四是搭建网上服务平台。融合网上网下打造"马上就办"服务平台，对提升战斗力有利的事马上就办，对基层呼声闻风而动，把解难帮困的实事办到家门口。在这样一个科技创新日新月异的时代，军队网络文化工作绝不能守着肥沃的土地饿肚子，靠着富足的金矿过穷日子，要依靠科技创新驱动力，让网络成为不关门的教育课堂、不眨眼的指导员和不下班的政治工作部门。

历史的车轮滚滚向前，"互联网+"时代扑面而来。《国家信息化发展战略纲要》明确指出："要始终坚持社会主义先进文化前进方向，坚持正确舆论导向，遵循网络传播规律，弘扬主旋律，激发正能量，大力培育和践行社会主义核心价值观，发展积极向上的网络文化，把中国故事讲得愈来愈精彩，让中国声音愈来愈洪亮。"[1]伴随网络成长起来的新一代官兵，身上有着鲜明的时代烙印，他们崇尚"指尖上生活"，青睐"虚拟化表达"，喜欢"平等式交流"。拒绝网络就是拒绝时代，走进网络才能走进新时代官兵。军队网络文化工作任何时候都要走在时代前沿，引领思想和风气之先，这是军队网络文化工作的生命力所在。我们应紧跟时代步伐，积极运用"互联网+"思维，推进军队网络文化建设工作创新，加快发展基于信息系统的网络政工、数字政工、视觉政工、体验政工，实现网络载体与政工本体有机结合、传统优势与信息技术高度融合，为"生命线"加载"数据链"。积极探索军队网络文化工作的新路子，构建网上学习、网上教育、网上娱乐、网上服务等多个平台，使军队网络文化建设更具时代性、更富创造性，持续打造军队网络文化建设"升级版"。

---

1 《国家信息化发展战略纲要》，《解放军报》2016年7月28日，第4版。

第二节 军队网络文化建设的研究意义

加强军队网络文化建设的研究,既是继承我军文化工作光荣传统和优良作风的客观要求,又是丰富官兵业余文化生活的现实需要,更是适应信息时代的发展、创新军队网络文化工作的紧迫课题。这对于指导我军的现代化、信息化建设,推动中国特色军事变革和军队政治工作创新发展,全面提升军事软实力,发展先进军事文化,具有重要的理论价值和实践意义。

一 理论价值

(一)有助于更好把握世界新军事变革的实质

新军事变革与军队网络文化有着十分密切的联系。新军事变革的起因,是以信息技术为代表的高新网络技术的迅速发展。新军事变革的主要特征是武器装备信息化、编制体制精干化、指挥控制自动化、作战空间多维化、作战模式体系化,这些特征,都与信息化有着密切联系。[1]正确认识新军事变革的实质,勇敢接受新军事变革的挑战,是每一个主权国家、每一支军队、每一名有责任感的军人必须面对、思考和回答的重要课题。加强军队网络文化建设规律的探索和建设路径的研究,既是新军事变革的强烈要求和必然结果,又对新军事变革提供强大动力和有力保证,有助于我们深入了解新军事变革的演化过程、发展动力、转化重点与实质内容等基

---

[1] 南京政治学院编:《军队信息化文化研究》,军事科学出版社2009年版,第32页。

本问题，从而研究制定适应新军事变革的战略方针和具体政策，科学设计中国特色军事变革的宏伟蓝图。

（二）有助于推动先进军事文化的繁荣发展

先进军事文化，是指代表社会历史的发展方向，代表军事人文和军事科技的先进水平，反映军事斗争客观规律，能够为进步阶级和人民群众的根本利益服务的军事文化。[1]在全球已经进入网络时代的今天，先进军事文化一定要具备信息化网络化特征。换句话说，只有在信息化网络化基础上形成和发展起来的军事文化，才能称得上是先进军事文化。军队网络文化是在军队信息网络建设的进程中形成和发展起来的，就其科技含量和时代特征而言，已经具备了先进军事文化的基本要求。军队网络文化作为先进军事文化的一个重要组成部分，涉及军事价值文化、军事思维文化、军事科技文化、军事伦理文化、军事审美文化等军事文化的内容。因此，立足我军军情，加强军队网络文化建设研究，尤其是对军队网络文化的形成与发展、结构与功能，以及建设的目标原则、主要内容、基本路径和制度机制等方面的系统研究，有助于对当代先进军事文化有一个比较深入的了解，大大丰富和发展信息网络时代的先进军事文化，这对于创新发展中国特色先进军事文化，具有更加直接的理论价值。

（三）有助于推动军事理论和军事文化等一系列相关学科的发展

建设军队网络文化是基于高新网络技术和多种相关学科构架的复杂的系统工程。研究军队网络文化建设，不仅要研究基于网络传播的应用技术和专业功能，还涉及军事文化学、军事战略学、军队建设学、军队政治工作学、军队管理学等一系列相关学科的融合与应用。此外，研究军队网络文化建设，还要研究信息时代军事人才的培养、军校教育与军事训练理论

---

[1] 徐长安等：《军事文化学》，解放军出版社2009年版，第238页。

的创新，研究信息化条件下军人伦理道德建设，研究军队网络文化和网络文化的关系等问题，这些研究成果必将对军事人才学、军事教育学、军事伦理学、军事社会学等学科产生积极的推动作用。

二 实践意义

（一）有助于认清我军信息化建设的差距，推动军队信息化建设持续发展

进入21世纪以后，世界上许多国家都把建设信息化军队、打赢信息化战争作为军事变革的主要目标。以美国为代表的发达国家已经在建设信息化军队、构建军队网络文化方面取得了很大进展。与美国等发达国家的军队相比，我军在信息化建设方面存在明显差距，除了在军事技术上与美军存在着一定的差距，官兵的文化素养、信息网络技术专业人才数量，以及运用网络开展文化工作的能力，还不能适应信息化战争的要求。目前不少单位对军队网络文化的创新和发展认识不足，重视不够；有的官兵把网络文化简单理解为学习各种网络知识，在网上开展文体娱乐活动；有的领导对军队网络文化建设重视不够，存在重"硬"轻"软"现象，组织不力，缺少积极科学的统筹规划，造成研究力量薄弱，成果不多，水平也不够高。这样，就很难对军队网络文化建设和军队信息化建设产生有力的指导和推动作用。加强对军队网络文化建设的系统研究，进一步明确军队现代化建设的方向就是信息化，军队网络文化建设的繁荣发展正是推动军队信息化建设健康持续发展的有力支撑。

（二）有助于把握军队信息化建设特点规律，推动部队战斗力水平提高

从一定意义上说，军队网络文化是对军队信息化建设规律的认知和运

用。研究军队网络文化建设，主要是从文化学的高度探索军队信息化建设的一般规律，再将对这些规律的理性认识运用于我军信息化建设的实际，并在理论指导下，在网上开展一系列网络文化活动。这对于推动军队政治工作的创新与发展，推动军队政治工作信息化建设及研究具有重要的理论和实践价值；对于发挥先进军事文化的涵养教化作用，培育部队官兵的血性虎气，凝聚和增强部队战斗力具有直接的推动作用。

（三）有助于总结全军政工网建设经验，推动军队政治工作创新发展

全军政工网是在军队信息化建设发展强劲、网络斗争形势严峻、改进部队思想政治教育势在必行、官兵多样化信息需求强烈的情况下创建的，它的创建和运行，标志着军队文化建设进入一个由传统向现代、由单一向全面、由现实向虚拟发展的新阶段，借此产生的军队网络文化发挥着占领官兵思想阵地、抵制腐朽思想文化、引领官兵成长成才的重要作用，是其他传统文化所不可替代的。研究军队网络文化，系统梳理军队网络文化建设的成功做法和经验教训，紧跟时代发展步伐，明确其发展方向、建设原则、组织领导、功能作用、制度机制等，有利于确保军队网络文化的健康持续发展，更加扎实、更加富有成效推进军队政治工作创新发展。

第三节　国内外相关研究现状

网络发展并受到普遍关注，有一个过程。这个过程也是相关研究逐步丰富、逐步深化的过程。网络文化作为一种基于新的传媒形式形成的文化，就是因为文化借助于网络手段的传播而得名。国际互联网的普及和广泛应用，使网络文化受到了学术界的普遍关注，成为众多学者的研究热点。近年来，国内外学术界对网络文化的研究日趋深入，取得了丰硕的研究成果。但由于当前学术界对文化概念还没有统一的界定，对于以网络为传播平台的网络文化，其本质上如何来认识，自然也是众说纷纭，莫衷一是。

一　国外网络文化研究现状

网络文化研究是一个新的学术领域，是一个受到人们普遍关注的领域，对于网络文化的研究，西方发达国家起步较早。目前在国外已经进入了一个相对沉稳的学理探讨阶段。国外网络文化研究的发展大致可以划分为初识网络、网络文化本体研究和网络文化综合研究三个阶段。

（一）初识网络

网络文化的系统研究开始于大众媒体的讨论。20世纪90年代前期，美国的一些主要报刊逐渐开始就因特网、网络空间和信息高速公路等话题展开探讨。这个阶段，一些专门的在线记者和早期的自由撰稿人开始撰写研究文章，开设学术专栏，出版相关著作。起初他们只是在报纸的技术版面设置专栏，没过多久，相关学术文章就占据了报纸商业版或时尚增刊的头版，甚至开始进入主流杂志的新媒体版或网络空间版。例如，1993~1994年，《时代》杂志发表了两篇关于网络的封面故事，同时，《新闻周刊》也发表了封面故事《男人、女人和电脑》。1994年再版的大众读物《网络和哑巴》及《网络全书》开始畅销。大众媒体只是对网络文化从技术层面做一般性介绍，把网络空间介绍给对网络知识一无所知的读者。因此，大部分这类书中都包括了通俗而冗长的描写、解释和对诸如文件传输协议、gopher、lynx、远程网络和网络新闻组等早期网络技术的介绍。[1]

早期大众网络文化探讨总是受到简单的二元对立思维的影响，经常发出反乌托邦或乌托邦式的咆哮。在反乌托邦阵营，文化批评者指责网络败坏了人们的教养和导致了政治、经济对立以及社会分裂。伯克兹（Birkerts）曾警告说，网络、超文本和电子技术本位将导致人们写作水平和对世界的现实感受力的下降。赛尔（Sale）则在他的著作《未来反叛者：路德分子与其对工业革命的战争：电脑时代的教训》中通过对历史的回顾发表了要砸碎电脑的观点。斯托（Stoll）曾是一个网上超级黑客，后来成为网络凶兆预言家。他号召人们离开电脑：真实世界中的生活远比电脑屏幕上所发生的任何事情都要更加有趣，更加重要，更加丰富。与之相反的乌托邦阵营，宣称网络空间是一个全新的前沿文明领域，能够带来巨大的商业利润，培养民主参与意识，结束经济和社会不平等。他们的观点主要发表在 *Mondo 2000 Boing Boing* 和《连线》等技术杂志上。《连线》杂志的发行人路易斯·罗赛特（Louis Rossetto）把网络空间比作一种新经济，一种新的反主流文化，超越了政治藩篱。这个杂志的执行编辑凯文·科利（Kevin Kelly）则宣称技术是绝对的、百分之百的积极因素。它的特约撰稿人J.P.巴娄（John Perry Barlow）则说，随着因特网的发展，随着网络交流的逐步深入，我们将置身于自它诞生以来的绝大部分技术进步事件之

---

[1] 杨新敏：《国外网络文化研究评介》，《国外社会科学》2002年第3期，第74~81页。

中。许多政治家也加入了他们的行列。1995年，在布宜诺斯艾利斯的一次会议上，美国当时的副总统戈尔发表演讲说，信息高速公路或者更准确地说，传播知识的网络将使我们得以结成一个地球村，共享信息、相互联系和交流。这种相互联系将促使经济进步、民主加强，更好地解决全球和地区环境问题，改进人们的健康状况。

除了大众网络文化探讨对网络本性两极性的描写和修辞之外，早期的网络文化阐述者还把网络前沿作为其主宰性隐喻。威廉姆·吉布森（William Gibson）在其引起了巨大轰动的小说《神经漫游者》（Neuromancer）中首先发明了赛博空间（cyberspace）这个术语。赛博空间即网络空间，是思维和信息的虚拟世界，它利用信息高速公路作为根本的平台，通过计算机实现人与人之间的感情交流和文化交流，而无须面对面接触，只要在电脑键盘上击键而已。赛博空间文化是知识经济时代特有的文化。[1]在一篇比较规范的论文《穿越电子前沿》中，卡普尔（Kapor）和巴娄（Barlow）指出，在当前条件下，网络空间是一个前沿地区，它被极少数坚定的技术主义者所占领。这些人能够容忍粗糙的网络界面、不调和的交流协议、信息拥有者所设障碍等的严峻挑战。维托（Whittle）在讨论网络的未来时指出，网络空间这块处女地的那些先驱、网络殖民者和非法占领者们已经把网络按社会秩序分成了许多小块并进行了耕作，原因很简单，那是一片仅仅能在头脑中被发现的自然资源，假如将它共享，会产生巨大价值。

（二）网络文化本体研究

在网络文化本体研究阶段，具有各种不同学术背景的学者们开始介入网络文化研究，他们对网络文化采取一分为二的态度，既看到它对人类文明和生活方式创新发展所带来的机遇，也对其冲击社会规则和伦理界限

---

[1] 孙淑丽、孙玲丽：《论现代网络文化》，《发展论坛》2002年第7期，第20页。

的弊端深感担忧。对网络新空间的探索是其研究的主要方向。网络理论家A.R.斯通（Allucquere Rosanne Stone）把网络空间定义为社会空间，在这里，人们仍然是面对面地相遇，不过对相遇和面对面，要重新定义。换句话说，虽然网络空间不是现实意义上的邻里、城市或国家，但它却为使用者提供了极为真实的机会，让他们去建立社区和个人身份。

到20世纪90年代中期，网络文化本体研究进行得很顺利，关注的焦点主要集中在虚拟社区和在线身份识别两个方面，也成为这一研究阶段的两根支柱。关于虚拟社区方面的研究，瑞因高德（Rheingold）最早系统提出虚拟社区观点，他认为虚拟社区是忽略面对面相聚的一群人，他们通过网络媒介彼此交流语言和思想、展开集体讨论、履行商业行为、交流知识、共享情感、做设计、闲聊、争斗、恋爱、找朋友、玩游戏或创作一些高雅艺术等。他们所作之事与现实社会中聚集到一起面对面的群体所做之事完全一样，只不过是通过网络传达，把身体留在电脑后面。关于在线身份方面的研究，主要代表是雪莉·特克尔（Sherry Turkle）1995年发表的《屏幕生活：因特网时代的身份》（"Life on the Screen：Identity in the Age of the Internet"）。特克尔关于在线身份的观点，主要基于对虚拟环境下的个体研究，包括多用户域或者多用户网络游戏，揭示了网络游戏用户通过创造一个在线身份来改善他们的离线生活的手段。

值得注意的是，对网络的使用不仅是一个技术突破，而且还是一个用户突破。与这些技术突破相伴的是学术思考，它有助于培育一代较少关注技术，而更多关注内容的网络公民。随着网络的发展，连那些原来对技术充满恐惧的学者都学会了上网冲浪，学术会议、论文、成果和讨论都得以在网上展开，带来了新的方法和理论。当社会学家称虚拟社区为社会网络之时，别的学者则求助于互动的社会学传统和集体行为两难理论（collective action dilemma theory）。金伯利（Kimberly.S.Young）和瓦莱斯（Patricia Wallace）展开了互联网心理学研究。前者集中探讨了网虫的康复策略，后者则综合进行了多方面的网上心理学研究。在人类学领域，学者们开始建立一个新的分支即电子人人类学，深入探究个人、社会和电脑网络之间的交叉关系。除了对电子人人类学加以探讨之外，人类学还开始研究使用者在多样化的线上环境中的行为，包括从线上社区和网络新闻组到建立在网络基础之上的远程花园和线上城市。同时，语言学家们开始研究在线环境下的写作风格、网上礼节和文本符码。

（三）网络文化综合研究

20世纪90年代后半期，已经有许多学术和大众出版机构在网络文化这块成长性领域大量发表论文，出版著作，学者们开始以一种更为宽广的视野来研究网络文化的构成。学者们不再仅仅局限于虚拟社区和在线身份研究，而是把网络空间看作一个各种文本相互交织的地域，试图提供更加复杂、更加有价值的发现。随着这些研究领域浮出水面，要对网络文化综合研究的前景和轮廓加以勾勒就变得头绪繁多、困难重重。戴维·西尔沃（David Silver）把网络文化综合研究分为互相交叉的四个方面：探索线上发生的社会、文化与经济互动；揭示和考察关于这种互动的话语；分析这种对个人和团体之间的互动的鼓励、促进或阻碍的社会、文化、政治、经济等原因；评估那些有意或无意作出的技术变更的决定和程序设计，它们一旦投入使用，将形成网络和使用者之间的界面。

网络文化综合研究，更多地表现为对这四个方面的交叉研究。线上互动中的文本交织网络文化综合研究者们承认虚拟社区和在线身份的重要性，努力用各种理论视角把他们的话题结成一个交织在一起的文本。例如，琼斯（Jones）在1995年对线上真实的社会结构问题作了一个回顾。她不像许多网络文化学者那样去谈论一些探索性的话题，而是把网络空间与更加传统的传播和社群研究范式结合起来，提醒人们注意网络文化的文化结构，并警告不要无批判地欢呼它的潜能。两年之后，琼斯通过质疑网络文化研究的一些关键的概念和方向继续了这种文本间性研究。接着，在评论瑞因高德的《虚拟社区》时，她对有关虚拟社区的那些似乎根本不成问题的观点提出了质疑。

除了将虚拟社区和在线身份观念交织在一起，许多学者已经不再仅仅简单放弃瑞因高德和特克尔的发现而进行批评性探索，他们努力发现新的方面。例如，麦克劳林（McLaughlin）等人对邮递到5个新闻组的全部信息进行了3星期跟踪后，通过分析其标准化的话语结构，建立了一个在线行为框架。从这些数据中，他们推论出7类应受责备的行为，包括对技术上的新手的歧视、带宽浪费、反人伦行为和不适当的语言等。他们分析了在经济、文化、社会、心理和其他因素影响下，网络新闻组的行为规则是如何被人们所理解的。超越那种简单的网络礼节，研究者们发现了涉及线上社区成败的一些复杂因素和变量。类似的研究聚焦于确立在线环境下的接受与拒绝行为的那些变量和惩处体系。同时，贝姆（Baym）借助民族学研究方法较好地解释了虚拟社区的特性。贝姆对运行良好的一个网络新闻组rec.arts.tv.soaps（r.a.t.s.）展开了研究，认为在线社区的出现基于5个因素的复杂的相互作用：外部文本、现行结构、系统的内部构造、社群目的、参与特性。以这5个因素来考察r.a.t.s.，贝姆认为，参与发展出了表达的方式，这种方式使他们能够交流社会信息，创造并逐渐固化群体的特殊意义系统和身份认证系统，形成了从玩世不恭者到浪漫主义者之间的友谊，造就了网络和面对面两种互动，创造并保持了一种理想的群体互动规范。另一个重要而乏人研究的方面是对虚拟社区的历史及其前景的描述。当过去的学者们把在线社区作为一种既存的电子环境时，网络文化综合研究者们则已开始分析其主要的历史过程了。

戴维·西尔沃（David Silve）在考察1990～2000年网络文化研究状况时，把网络文化的主要研究成果又划分了三个阶段。第一阶段是"流行网络文化"，这种研究是以其新闻学渊源为标志的，其特色是描述性的特质、有限的二元论以及把Internet比喻成前沿阵地。第二阶段是"网络文化研究"，很大程度上集中于虚拟社区和网上身份，这种研究得益于学院派学者不断涌入这一领域。第三阶段是"批判性的网络文化研究"，这种研究扩展了对网络文化的认识,使之涵盖了网上互动、数码话语、接触和拒绝互联网、赛博空间界面设计四个领域的研究,探索了任何一个领域或四个领域之间相互交叉、相互依赖的关系。戴维·西尔沃(David Silve)的研究成果对当前网络文化研究具有重要的借鉴价值,目前网络文化的主要研究成果,大都是在第三阶段的基础上进一步深化、细化。

当前,国外网络文化研究较多关注网络的文本间性研究、网络话语研究、数字鸿沟研究和交流界面研究等。所取得的主要成果包括:卡拉·G·萨莱特(Carla G.Surratt)[1]在《网络人生:网民和他们的社区》一书中重点研究了网络社区的文化特征;戴维·贝尔(David Bell)[2]等编著的《网络文化研究读本》收载了48篇有代表性的网络文化论文,分为"网络流行文化""网络女权主义""网络性文化""网络殖民"等九个部分;戴维·波特(David Porter)[3]编著的《网络文化》收载了15篇论文,对"虚拟社区""虚拟主体""语言、写作和叙事""政治和公共领域"四个部分进行了深入研究;高登·格瑞汉姆(Gordon Graham)[4]在其著作《互联网:哲学的探求》中,注重从哲学层面,对网络文化进行理论上的探讨,具有较强的批判性。以上成果涵盖面广、涉入程度深,基本代表了国外网络文化研究现状。

二 国内网络文化研究现状

1994年4月20日,通过一条64K的国家专线,全功能接入国际互联

---

[1] Carla G.Surratt, *Netlife: Internet Citizens and Their Communities*, Commack, New York: Nova Science Publishers, Inc., 1998.

[2] David Bell, B.M.Bennedy, *The Cyberculture Reader*, London: Routledge, 2000.

[3] David Porter, *Internet Culture*, London: Routledge, 1996.

[4] Gordon Graham, *The Internet: A Philosophical Inquiry*, New York: Routledge, 1999.

网，中国互联网时代从此开启。二十三年后的今天，中国网络的盛况已远远超出人们的预想：百万量级的网站数量、大范围普及的移动互联网、庞大的开发者队伍、各行各业的海量应用，这些极大地推动了网络文化的蓬勃发展。目前，网络文化正以其强大的生命力和影响力渗透到社会各个层面，我国网络文化研究氛围日趋浓厚。

近年来，国内网络文化研究取得了较快的进展。国内的研究大致经过了三个发展阶段：第一阶段（1994~1998年），这一阶段网络文化的研究，无论是理论基础、心理准备还是技术支撑都略显不足。对于思想政治教育如何应对网络的研究带有明显的感性色彩，研究的内容也更多集中在"讨伐"互联网所带来的负面影响上。第二阶段（1998~2000年），随着网络的进一步发展，人们对网络重要性的认识不断深化，更加全面，对网络文化的研究注重趋利避害，研究水平不断提高。第三阶段（2001年至今），随着网络文化的逐步形成，注重从文化层面探究新兴网络文化的内涵、特点以及给传统文化、校园文化和大学生思想政治工作带来的机遇和挑战；注重淡化对网络文化进行的定义名称类的框架性探讨，对网络文化进行分级分类分析研究；注重从价值合理性来寻求中国特色网络文化的价值取向，用社会主义核心价值体系来引领网络文化建设。

当前国内网络文化研究主要集中在网络文化基础理论、网络文化技术载体、网络语言、网络社交、网络舆情、网络行为、网络文化传播、网络文化管理、网络安全、建设有中国特色的社会主义网络文化、网络文化的发展趋势以及网络文化产业等诸多方面。随着互联网的推广和普及发展，一方面网络带给人们丰富的生活、便捷的交流；另一方面，由于诸多因素，网络文化的发展出现了许多问题，也就引发学界在对网络文化建设进行系统理论研究的同时，更注重针对网络文化建设发展过程中凸显的矛盾和问题进行破解探索。面对网络及网络文化建设过程中存在的问题，为推动网络及网络文化健康发展，充分发挥网络文化对构建社会主义核心价值体系的积极影响，党的十八大报告提出，加强和改进网络内容建设，唱响网上主旋律。加强网络社会管理，推进网络规范有序运行。通过加强对网络文化的管理，改进网络内容建设，推进网络规范的有序运行。

对于问题的破解主要集中在五个方面：一是纷繁复杂的网络文化渗透导致观念形态的冲突。据"互联网实时统计"（Internet Live Stats）显示，2014年9月，全球互联网网站数量已超过10.6亿。[1]据中国互联网信息中心发布统计数据显示，截至2014年6月，中国网站总数为273万个，[2]约占全球总量的0.26%。由此可见，互联网上英文信息占绝对优势，再加上西方发达国家网点多、信息量大，西方文化正是借助这种语言和技术优势，大肆"入侵"世界各个角落，网民由于好奇心强，求知欲旺，容易受这种"西方文化"影响。网络上各种社会思潮，不同国家、民族、政党的意见在网上传播，激烈交锋，甚至一些错误、庸俗、虚假的信息都会对大家造成一定的冲击，而这种冲击将会越来越大。二是网民道德意识和民族意识日益淡化。由于网络的虚拟性，网上生活与思想意识完全可以不受现实生活的控制，网民的自由个性无限扩张，这些都极易导致人们道德意识的淡化。网络文化本身所具有的匿名性、实时性、互动性、复制性等特征使得网上虚假信息、违法信息轻易传播，网络不文明行为时常出现，淫秽色情、欺诈、赌博等问题屡禁不止，网络暴力和网络犯罪气焰嚣张，这些对社会的稳定都造成了极大危害。网民的无政府主义现象也极其严重，民族观念淡泊，攻击政府、丑化官员的现象也时有发生。三是多种多样的网络污染严重，虚假、垃圾信息泛滥。网络拓宽了信息的渠道，但是，不能忽视的是，网络在给予人们巨大便利的同时，也带来了种种不良的信息，甚至黄色、低级庸俗、虚假、反动信息等精神毒品，造成严重信息污染，网络文化中的这些垃圾信息对于那些识别能力不强，特别是人生观、价值观正在形成中的青年网民影响很大，极容易产生误导。四是网络文化管理中

---

1 中国报告大厅：http://www.chinabgao.com/stat/stats/37564.html.
2 《第34次中国互联网络发展状况统计报告》，http://www.cnnic.net.cn/hlwfzyj/hlwxzbg.

存在诸多漏洞。目前，在网络文化管理中存在缺乏统一管理规划、管理机制不健全、绩效考核不到位和轻视民间组织建设四个方面的漏洞。五是网络知识产权受到严重的侵犯。由于互联网的虚拟性，知识产权的维护受到了极大的挑战。网上大量的音乐、书籍、杂志多是免费的，没有支付版权费。网络文本的可复制性也致使知识产权的维护成为一大难题，而目前侵犯知识产权的行为也时有发生。

当前国内网络文化理论研究成果丰硕，尤其是高等院校和科研院所的许多专家学者都提出了前瞻性、创新性观点。刘洁[1]认为，面对市场经济及其现实主义思潮对校园文化的侵蚀，社会大众文化特别是多元文化对校园文化的多重影响，网络化构成了高校校园文化建设全新背景，高校的校园文化建设可以通过立体化的多重途径来推进；章兵、潘真清[2]对网络文化的特点以及给高校思想政治教育工作带来机遇和挑战的两面性做了分析，提出高校思想政治教育工作应抓住机遇，高度重视建立网上思想政治工作阵地，运用网络开展丰富多彩的思想教育活动，加强对网络行为的监控和管理；陈娟、吴志芳[3]通过对网络引起的文化伦理问题及产生根源进行全方位的分析，提出解决网络伦理问题和建设有中国特色社会主义网络文化的途径；林凌[4]提出，要从国家发展战略高度鼓励和推动网络文化产业发展，维护国家安全，用开放包容的态度科学分析复杂多元的网络文化，最大限度凝聚社会思想共识，牢牢掌握我国意识形态领域的主导权、主动权和话语

---

[1] 刘洁：《网络时代高校校园文化建设的挑战和改革途径》，《东北师大学报（哲学）》2011年第2期，第232~233页。

[2] 章兵、潘真清：《构建网络文化背景下的高校思想政治教育工作体系》，《河北理工学院学报(社会科学版)》2003年第1期，第102~105页。

[3] 陈娟、吴志芳：《网络文化建设中的网络伦理构建》，《大连海事大学学报》2007年第2期，第115~118页。

[4] 林凌：《论网络文化产业的信息资源市场化配置功能》，《学海》2014年第5期，第51~55页。

权；曹学娜[1]认为，推动传统文化在网络文化中的传承与发展，对保障我国文化安全和文化权益、解决当前网络文化问题以及传统文化实现现代转换有积极意义；曹盈[2]从哲学的角度认识网络文化的本质，确立网络文化的先进文化核心地位，反对消费主义倾向，理清虚拟与现实；周作翰、吴克明[3]重点讨论了网络与人的自由发展的联系，提出网络文化的出现不仅是现代科技和文化现象的一次世纪性融合联姻，而且形成了网络文化与人的自由发展的新景观。

从以上研究内容来看，国内网络文化研究尽管取得了一定的创新性成果，但还存在不少问题。如研究视角比较单一，在如何实现"以德治网"与"依法治网"的结合方面成果不多；对网络文化与传统文化的比较研究涉猎尚少，且因思辨不足而存在误区，尤其是在网络文化与传统文化比较研究中过多强调两者的对立与冲突，忽视两者的继承与包容。

三 军队网络文化研究现状

军队网络文化的研究是在建设网络文化这个大背景下逐步展开的，研究的主要方向集中在军营网络文化建设、军队网络思想政治工作创新发展及网络文化对青年官兵心理及行为影响等方面。这方面代表性的观点有：姚丽华、曾红[4]分析了网络对青年军人政治信念和心理素质等方面的负面影

---

1 曹学娜：《推动传统文化在网络文化中的传承与发展》，《理论探讨》2010年第4期，第15～18页。
2 曹盈：《构建我国网络文化的哲学思考》，《科技创新导报》2007年第21期，第113页。
3 周作翰、吴克明：《论网络文化与人的自由发展》，《当代世界与社会主义》2010年第6期，第169～171页。
4 姚丽华、曾红：《网络对青年军人的负面影响及对策》，《政工学刊》2001年第8期，第29～30页。

响，指出应大力加强对网络文化的研究，全面客观分析问题产生的原因，正确应对、主动出击，抢占网络这一思想政治工作重要阵地的制高点，用好用活互联网这把"双刃剑"，实现思想政治工作的创新与发展；严峰[1]提出在军营网络文化的内容选择上要突出政治性和知识性，活动安排上要注意经常性和群众性，使用管理上要确保安全性和纯洁性，设施建设上要着眼领先性和实用性；谭振伟[2]指出应围绕官兵对网络文化的需求，增强搭建军营文化新舞台的强烈意识，并积极探索搞好军营文化活动的有效办法；贾金清、付玉林[3]针对军营中走来的"网络新生代"，分析了他们的特点、变化和需求，并对如何带好军营中的"网络新生代"提出了相应对策；尤光旭、温伟[4]分析了新兵上网的积极因素和负面影响，提出了既要构建军营网络文化，为官兵打造新的学习平台，又要加强管理和教育，规范网络道德行为；周彦利[5]提出了应对网络快速发展对军队意识形态建设的现实挑战，要合理确定人们对网络意识形态各类信息的认知定位、对网络意识形态建设的角色定位和路径模式定位，这直接影响和决定了军队网络意识形态建设的过程和效果；寇炜材、张颖在对近年来网络涉警舆情信息梳理的基础上，分析了网络涉警负面舆情的主要类型，剖析了网络环境下武警部队应对媒介形象危机存在的问题，提出了网络环境下塑造武警部队良好形象的策略手段。

但是，军队网络作为我国特殊的网络形式，其物理独立、信息流单向

---

[1] 严峰：《发展军营网络文化》，《政工学刊》2001年第10期，第45页。
[2] 谭振伟：《适应网络发展趋势推动基层文化工作》，《政工学刊》2001年第12期，第38~39页。
[3] 贾金清，付玉林：《军营走来"网络新生代"》，《政工学刊》2003年第4期，第40~41页。
[4] 尤光旭，温伟：《加强对"上网"新兵的引导》，《军队政工理论研究》2005年第2期，第53~54页。
[5] 周彦利：《论军队网络意识形态建设的三重定义》，《西安政治学院学报》2014年第3期，第67~69页。

性的特点决定了军队网络文化具备其独有的特征规律。军队网络文化是以青年官兵为活动主体，以军队信息网站为平台，通过网络进行信息沟通的行为方式及其道德和规范的总和。随着网络在军队政治、军事、后勤等工作领域的广泛深入，在广大青年官兵沟通、学习、娱乐等生活领域的普遍应用，加强军队网络文化的建设与管理，已经成为先进军事文化建设的重要内容和紧迫课题。当前军队网络文化研究逐渐开始积极探索军队网络文化建设与管理中存在的一些突出问题，更侧重于对军队网络文化建设中存在问题的分析和破解。目前军队网络文化建设与管理存在的主要问题或者说军队网络文化建设研究需要解决的主要问题集中在以下几个方面：一是军队网络文化建设与网络硬件建设不匹配。部分单位在军队网络的建设上资金投入不足，技术不成熟，网站结构不合理，部分基层单位网端较少，可供官兵联网的电脑也较少，电脑上网条件有限。二是军队网络文化建设与管理体制层面不匹配。主要表现为：军队网络文化建设缺乏统一规划，目标不够明确，重复建设现象严重，总体水平不高，内容不够丰富；军队网络建设管理层缺乏既懂技术又熟悉网络管理的复合型人才；各单位对军队网络文化建设的重视程度参差不齐。三是军队网络建设与管理中精神层面不和谐。网络的虚构性、数字化、符号化、开放性弱化了网络主体的道德意识，有些人通过军队网络传播发表不同价值的文化，黄色、反动、迷信或不实信息也在一定程度上存在，这些必然会对青年官兵的思想产生极大的负面影响和冲击，在他们的思想中引起一些困惑和迷茫，容易导致部分意志不坚定的官兵情感波动、责任弱化、道德滑坡，诱发行为偏差甚至自杀和冲动性犯罪等极端行为。

综合当前军队网络文化研究成果来说，目前还缺乏对军队网络文化理论的系统研究和梳理，关于军队网络文化科学内涵、功能特点、内容体系、制度机制等方面的系统研究还较少；对军队网络文化与一般网络文化没有系统的比较与区分，关于如何将网络文化与我军先进军事文化建设有机结合起来，从网络文化与先进军事文化的前进方向的角度来开展的研究还比较薄弱；关于如何加强军队网络文化人才队伍建设，如何加强网络道德和机制建设，如何充分利用互联网资源建设军队自己的门户网站，加强对外宣传，抢占网络意识形态高地，树立军队良好形象等方面的研究，还有待进一步加强。

第四节 研究思路与方法

一 研究思路

研究军队网络文化建设，必须在明确研究对象的同时，有一个正确的思路，即坚持解放思想、实事求是、与时俱进的思想路线，以摸清军队网络文化的发展现状为起点，以探索军队网络文化的发展规律为重点，以结合我军实际、为我军网络文化建设服务为落脚点，研究新情况，发现新问题，提出新观点，实现新发展。

（一）摸清军队网络文化的发展状况

研究军队网络文化要坚持实事求是的原则，应着重摸清以下三个方面的情况。一是摸清国内社会网络文化建设的发展状况。我军的网络文化是在社会网络文化的基础上发展起来的，与社会网络文化联系密切。摸清社会网络文化的发展状况，可以更好吸收利用地方网络文化建设的成果和经验，进一步完善依托地方网络文化促进军队网络文化发展的机制。二是摸清我军网络文化建设的发展现状。要全面了解、正确评估我军网络精神文化、网络制度文化、网络行为文化和网络物质文化的状况，包括全体官兵的思想状况、科技素质、心理状况，尤其是官兵对新军事变革、信息技术与网络文化的认识，对网络文化理论的理解等。三是摸清外军网络文化的建设现状。深入研究外军网络文化建设，全面把握其发展历程及现状，总结其发展规律和经验教训，作为创新发展我军网络文化建设的有益借鉴。

（二）探索军队网络文化的发展规律

研究军队网络文化，必须抓住根本，突出重点，在探索军队网络文化的发展规律上下功夫。一是研究文化学、军队文化学等与军队网络文化相关的学科，探索文化、军队文化、网络文化发展的一般规律，作为探索军队网络文化建设发展规律的借鉴。二是研究国内外、军内外网络文化的进程，找到各种军队网络文化现象之间及其与外部事物之间的带有普遍性的联系，把握军队网络文化建设的发展规律。三是总结我军官兵进行军队网络文化建设的经验教训，从正反两个方面的对比中发现那些带有规律性的东西。

（三）把握军队网络文化建设的主要矛盾

毛泽东曾指出："任何过程如果有多数矛盾存在的话，其中必定有一种是主要的，起着领导的、决定的作用，其他则处于次要和服从的地位。因此，研究任何过程，如果是存在着两个以上矛盾的复杂过程的话，就要用全力找出它的主要矛盾。捉住了这个主要矛盾，一切问题就迎刃而解了。"[1]当前，我军网络文化建设同样面临一系列的矛盾，如滞后的网络文化理念与飞速发展的新军事变革的矛盾，陈旧的条块状体制编制与信息技术一体化的矛盾，军民结合的机制不够完善与依托社会网络文化加速军队网络文化发展需求的矛盾，创新发展军队网络文化建设对人才的迫切要求与官兵科技素养不高的矛盾等。在这些矛盾中，最主要的矛盾是网络文化建设人才队伍不足与构建符合中国军队特色的军队网络文化迫切需求之间的矛盾，同时也是推动军队现代化建设，提高军队软实力，增强战斗力的迫切需求。一句话，军队网络文化建设人才队伍培养，尤其是军队政工网络建设人才队伍的搭建，是当前军队网络文化建设的重点，要实现具有我军特色的军队网络文化建设目标，就必须首先抓好以提高网络文化素养为

---

1 《毛泽东选集》第1卷，人民出版社1991年版，第322页。

主要内容的信息化人才培养，让大批新型信息化军事人才脱颖而出，在军队网络文化建设乃至整个军队信息化建设中大显身手。

二 研究方法

（一）文献研究

查阅国内外涉及网络文化、军队网络文化以及两者关系的文献资料，并对相关研究成果和结论进行综合归纳，为本课题开展研究奠定理论基础。查阅文献的来源主要是有关学术专著，以及有关文献资料数据库，如万方数据库、维普数据库、中国知网、超星数字图书馆等。此外，通过百度、有关网站网页，以及军队内部文件材料等，搜集整理一些文献资料。

（二）系统研究

在系统介绍军队网络文化基础理论后，详细分析军队网络文化存在的主要问题和原因，提出用习主席关于网络文化建设重要指示精神指导军队网络文化的系统研究和建设，着眼持续发展，从根本上解决好编制、经费、装备、人才和安全问题，创新制度机制，把军队网络文化建设纳入规范化、经常化发展轨道，进一步提高领导干部运用网络指导和开展工作的能力。

（三）比较研究

由于国内外、军内外对网络文化的认识、研究、建设要求等存在很多差异，课题有必要对国内外研究现状、军内外研究现状、军队网络文化与一般网络文化、军队网络文化与传统军队文化等进行对比研究，从而更清晰认识到军队网络文化建设具有的各种优势和所面临的相关问题。

(四)问卷调查

采用问卷调查的方法,获取开展研究的第一手数据信息。为了提高收集数据的科学性、代表性和可靠性,课题将依据相关理论,借鉴可靠的量表,设计军队网络平台应用满意度和军队网络平台文化功能需求等调查问卷,并针对人员身份、不同部队性质及驻地、机关和基层工作的属性及需求总体分层,按比例通过分层抽样、匿名调查的方式,选取调查对象,进行一定规模的问卷调查,以获得定量定性分析的真实数据。

(五)实证研究

通过对我军某部网络文化建设进行实证分析研究,与相关部门负责人进行访谈和抽样调查,对该部网络文化建设的基本情况进行综合分析,重点对该部各部门及所属官兵建网、用网情况进行调查,探寻该部网络文化建设具体措施和应用中存在的主要问题及原因,提出可操作性的对策。

第二章

军队网络文化的内涵、特征及功能

随着世界新军事变革浪潮的兴起，各国军队信息化建设相继展开，与军队信息化建设相伴而生的军队网络文化也得到迅速发展。加强军队网络文化建设，首先要理清网络、文化、网络文化和军队网络文化的内涵和外延，进而深入探讨和把握军队网络文化的内涵、特征及功能，这是研究军队网络文化建设的方针原则、内容要求、道德建设、机制建设和人才队伍建设的重要前提。

第一节 网络与网络文化

网络文化作为人类文化发展新形态，是指以网络为物质媒介，以应用软件为工具，以数字化为基本手段，涵盖人类生产方式、交往方式以及思维方式等内容的体系。发展先进的网络文化，直接关系到中国特色社会主义的发展前景，关系到社会主义文化事业和文化产业的健康发展，关系到国家信息安全和长治久安，关系到中国特色社会主义的全局。网络文化是一种新的文化现象，在研究网络文化时，首先要研究网络的概念、特点、属性及其产生的社会问题。

一　网络

当今世界，信息技术创新日新月异，以数字化、网络化、智能化为特征的信息化浪潮蓬勃兴起。[1]一切领域都被信息技术所覆盖，从经济到政治，从教育到社会，没有一个领域不受到信息技术的影响，信息资源不断以几何级数扩充，不仅没有限度，而且越来越多，不会耗尽。

（一）网络的内涵与特征

网络的横空出世，彻底粉碎了各个不同文明的地域限制和时空隔断，[2]为全球文明的共同发展和繁荣创造了条件。调查显示，有七成以上的中国城市

1　《国家信息化发展战略纲要》，《解放军报》2016年7月28日，第3版。
2　尹韵公：《论网络文化》，《新闻与写作》2007年第5期，第15～17页。

居民将21世纪描述为"数字化生存的网络时代"。在数字化生存环境中，人们的生产方式、生活方式、交往方式、思维方式和行为方式都呈现全新的面貌。比如，生产力要素的数字化渗透，生产关系的数字化重构，经济活动走向全面数字化，使社会的物质生产方式打上了浓重的数字化烙印。蓬勃兴起的计算机网络系统是人类历史上信息技术的又一次革命。

1. 网络的概念

网络指的就是互联网，英文名叫internet，音译为中文即因特网，也叫万维网和全球网。它是一个由各种不同类型和规模的、独立运行和管理的计算机网络组成的世界范围的巨大计算机网络，即全球计算机网络。组成互联网的计算机网络包括小规模的局域网（LAN）、城市规模的城域网（MAN）以及大规模的广域网（WAN）等。这些网络通过普通电话、高速率专用线路、光缆、微波和卫星等线路把不同国家的政府、军事、科研部门以及商业等组织的网络资源连接起来进行通信和信息交换，实现了资源共享。

2. 网络的基本特征

网络以其无处不在、无所不能的强悍威力，正在和已经深刻地改变、影响甚至颠覆人类社会既往的思维方式、行为方式和生活方式，并且随着信息技术的不断研发和升级换代，功能运用越来越多，覆盖面越来越广，从而使网络成为普通大众生存发展的新空间。这就要求我们从网络基本特征入手进行研究，全面、深刻地认识网络，促进网络的可持续发展。

（1）开放性

网络创造了一种可以进行全球沟通的网络语言。它能够超越空间限制而把世界各地的人们联系起来，完全打破了国界。进入网络，就犹如进入了信息的海洋，整个世界真正变成了地球村，全球各地的人都可以迅速通过网络进行交谈，使各种信息得到迅速扩散。网络为建立"环球文化"提供了一种技术手段和物质载体。网络更新了人们的思维模式，使人们突破了民族文化的局限，赋予人们的思维以更大的开放性。网络技术的运用，使网络文化的传播突破了时空的屏障，实现了时空无阻。迄今为止，还没有任何一个媒体可以像互联网一样，使任何一个个体在完全不受控制的情况下，向全球的受众快速发布信息，快速虚拟世界，把现实客观世界快速虚拟在网上，实现现实世界与虚拟世界的快速转换；也没有任何一种工具可以像互联网一样，以便捷低廉的成本实现信息及虚拟世界即时准确传输到世界各地，成为共享资源。互联网是个开放的世界，它模糊了地域和空间的概念，文化中心逐渐被消解。

（2）自由性

网络是个自由王国，天然具有自由的属性，任何网民都可自由进行信息交流，自由地发表和传播自己的言论，一个人可以自由地与千百万人交流，交换各自的信息、知识、经验，阐述自己的观点和见解。基于网络的这种特性，有人将网络时代称为"自由的网络时代"。一是网民有自由的身份。由于网络是一种特殊的离散式结构，不存在严格意义上的集中管理控制，公民无须特殊认证就可获取网民资格。因此，在网络条件下，信息的获取和传递可以随时随地进行，个人能够更加自由地选择、吸收和传播信息。网络空间是一个自由开放的社会，它扩大了自由表达和自由选择机会。二是网民可自由地交流。在这个独立的空间中，任何人在任何地点都可自由地表达其观点，无论这种观点多么奇异，都不必担心受到压制而被迫保持沉默或一致。[1] 网络空间自由度大，为人们提供了一个跨越地域界限的网络社区，网民可以摆脱地域局限和社会行政区划的控制、摆脱现实生活中的种种限制，自由表达自己的意见与要求。他们可以在任何一台电脑

---

[1] John Perry Barlow：《赛博空间独立宣言》，1996年2月8日，科技中国网站，http://www.techcn.com.cn/index.php?edition-view-131814-1.

上创作发表自己的文化成果，尤其是网民在网上具有虚拟身份，不像现实中那样受到各种身份的限制和约束，网民在网络中的言行取决于自己的爱好、意志，不必察言观色、顺从他人。

（3）共享性

互联网上的任何信息都是共享的，信息不会因为有人用过而减少。网络文化在网上可以自由传播，而且传播面广、速度快。网络技术的发展使人与人之间的交往突破了时空的限制。人们不用身体直接介入，而是通过信息流进入互联网进行各种社会活动。通过"超文本"链接，可以在网上浏览图书、检索资料、查阅文件、接受教育、选购商品、求医问药等。所有这些无不表明，网络中的信息有着共享性。现在，只要有一台联上网络的计算机，就可以坐在电脑前，浏览全军各单位的网上资料，改变了以往"你做你的，我弄我的"那种"老死不相往来"的状态，形成了"互通有无，各取所需，共同提高"的新格局。特别是在2005年10月，中国人民解放军政治工作网的正式开通更加促进了全军官兵的沟通、交流、学习与提高。网络信息传输几乎综合了其他传输手段的所有优点，它不仅可以传输文字和图片，而且可以传输声音和动态画面。从内容上来讲，网络上可以说无奇不有，从政治新闻到天气预报，从体坛快讯到交友天地，有的单位利用局域网开设"网上图书馆"，极大满足了官兵的求知欲望。在军网上开办的大学远程教育，可使很多不能进入这些学校的官兵，通过网络接受这些学校良好的教育，可以起到提高官兵的科学文化素质的作用。通过网络，官兵可以学习、交流和欣赏最新的音乐、影视等作品，真正实现资源共享。

（4）互动性

互动性是进行网络活动过程的一个显著特点。由于网络交流的形式是双向的，是建立在平等基础之上的，只要你愿意，在网上随时可以实现交流和互动。尽管个体的上网行为表现为与计算机之间的"人—机"互动，而实质上"人—机"互动仍然是"人—人"互动。在传统的社会交往方式中，人与人之间交流的最大障碍在于人的差异性，即社会地位的差别、经济条件的差异、文化层次的差异等。而在网络空间中，人们完全可以不考虑这些。网络成为一种新的思想交流场所，信息交流是在交流者之间进行的。网民可以不分民族、种族、国籍、性别、信仰及年龄等因素进行联系，从而产生种种新的社会群体和社会关系。

透过数以亿计的屏幕窗口，数以亿计的人脑而非仅仅电脑以多媒体的形式在连接、交流和碰撞，不同国家、不同地区、不同种族、不同领域的思维主体在网络空间自由交往。而这种自由交往的初始阶段往往是相对单纯和非功利性的，人们可以就一些共同感兴趣的问题发表自己的见解和看法。这样，交流双方都不会产生任何心理负担，这种无负担的参与和自身独特个性的充分发挥，给参与者带来了心灵的冲击。正因为除去了各种社会暗示和物质表象，以共同的特征表达人们内心世界深藏的气质，才使相距遥远的人们丢掉传统的偏见，得以心平气和、心安理得地与他人交往，这就更加有利于人们相互了解与沟通，从而深刻影响我们当代的文化和未来的生活。

（5）虚拟性

网络的虚拟性是把人的实践活动转移到以网络为基础的电子空间。电子空间是一个虚拟现实的自由空间，网络使真实世界与虚拟世界的界限模糊了，把真实的现实和创造的现实连接起来，形成了虚拟社会中人与人之间交往所特有的规则和交往方式，从而改变人的认识方式。网络的虚拟性，第一表现在网络空间是个虚拟的空间。网络用户在网络空间彼此交流、获取信息，而这个空间是一个世界性的共有的虚拟空间，不是某一区域的有形空间。第二表现在网络行为是虚拟的。它只是通过技术使人有身临其境的感觉，但这一切并不是真实存在的。第三表现在网络交往中人的身份是虚拟的。人们按自己喜好起名字、设计自己在网络上的形象和语言，这些通常是不真实的，虚拟性的特征满足了人们的猎奇和游戏心理。

网络尤其指网络空间及在网络空间进行的各种网络活动,虽然本质上是虚拟的,但是其虚拟性是以现实为基础的,是现实生活的反映,离开了现实它无法存在。丰富多彩的现实世界,必然会以网络文化的形态反映出来。承认网络的虚拟性,并不排除现实世界的客观性。网络文化正是客观世界与虚拟世界在网络世界的统一。人们凭借网络技术,将个人的想象力充分发挥,并且利用强大的软件提供的各种工具,在鲜明逼真的多媒体界面上展示自己的创造能力。网络缩短了人们交往的空间距离而形成地域聚集的群体观念,把具有共同兴趣、爱好,热衷于上网且富有创造精神的人们集中在网络上,创造了人类历史上从未有过的虚拟网络文化。

(二)互联网的历史

1946年2月14日,世界上第一台计算机在美国的宾夕法尼亚大学诞生。计算机的发明,为互联网的建立提供了可能,但互联网的出现则是23年后的事情。国际互联网本是冷战的产物,早在20世纪50年代,美国军方就有将计算机链接到同一网络中的想法。美国国防部构想设计一种指挥网络,能够集中协调各个分散的指挥点,当战时部分指挥点被破坏时,其他各网络节点能够正常工作。由此美国国防部于1969年推出了因特网的前身阿帕网(Arpanet),20世纪60年代末到70年代初实现了并网操作。在20世纪80年代,英国计算机科学家蒂姆·伯纳斯·李延续了这一想法,并发明了互联网。最终在90年代初实现了以internet和WWW("World Wide Web"的缩写,即万维网)为代表的国际互联网结构。互联网的产生,开启了信息分享的时代,这项源自军方的科技成果影响了整个人类历史文明的进程,同时也对世界的文化发展产生了深刻影响。

网络建立之初只有4个网络节点,一共有4台计算机运行。到1994年,即互联网25岁时,互联网主机数已经达到300万台,建立了1万个WWW站点。更重要的是迎来了互联网的商业化时代,政府、银行、公司开始纷纷步入互联网。仅隔两年，即到1996年，微软公司进入互联网产业，这时介入互联网的主机已经达1200万台，有50万个WWW站点。美国权威调研机构2011年调查显示，截至2010年6月，全球网站的数量达到2.55亿个；互联网已与全球19.7亿用户连通。[1]法媒"20 minutes"2014年9月17日援引法新社报道，据"互联网实时统计"（Internet Live Stats）表示，全球互联网网站数量已超过10.6亿，并且这个数字目前还在不断增加。[2]据统计，目前互联网上每秒有6000条推特发出，有4万多次谷歌搜索，还有超过200万封电子邮件被发送。美国趣味科学网站2016年3月18日报道，截至2016年3月中旬全球在线网页至少有46.6亿个，这只涵盖了可搜索到的网页，并不包括深层网络。[3]

互联网在中国起步较晚，但发展速度是超乎想象的。1987年9月，我国发出了第一封电子邮件，揭开了中国人使用互联网的序幕。1994年4月20日，北京中关村地区教育与科研示范网接入国际互联网的64Kbps专线开通，是我国首次正式接入国际互联网，也标志着中国正式接入国际互联网。同年，动工建设的中科院NCFC网（CSTNET前身）接入因特网，尽管当时的信道宽度只有64Kbps，但真正实现了我国互联网与国际互联网的全功能连接，我国成为被国际上正式承认的真正拥有全功能Internet的第77个国家，从而揭开了中国互联网兴起的序幕。[4] 2004年4月，中国三大门户网站搜狐、新浪、网易在美国纳斯达克成功挂牌上市。搜狐率先宣告赢利，预示着中国互联网的春天已经来临。截至2009年底，中国网民人数达到3.84亿。比1997年增长了618倍，年均增长3195万人，互联网普及率达到28.9%，超过世界平均水平。2013年7月17日，中国互联网络信息中心（CNNIC）在京发布第32次《中国互联网络发展状况

---

1 庄贵军：《互联网让顾客交易权力增大》，《管理学家（实践版）》，2012年第1期。
2 环球网科技，http://tech.huanqiu.com/internet/2014-09/5142584.html。
3 中文互联网咨询中心，http://www.199it.com/archives/452293.html。
4 山东省网络文化办公室：《网络文化建设与管理》，山东人民出版社2009年版，第2页。

统计报告》[1]（以下简称为《报告》）。报告显示，截至2013年6月底，我国域名总数为1469万个，其中CN域名总数为781万个，网站总数为294万个，互联网普及率为44.1%，网民规模达到5.91亿，至此中国网民规模已经位居世界第一。三年内的中国网民规模与互联网普及率见图1。

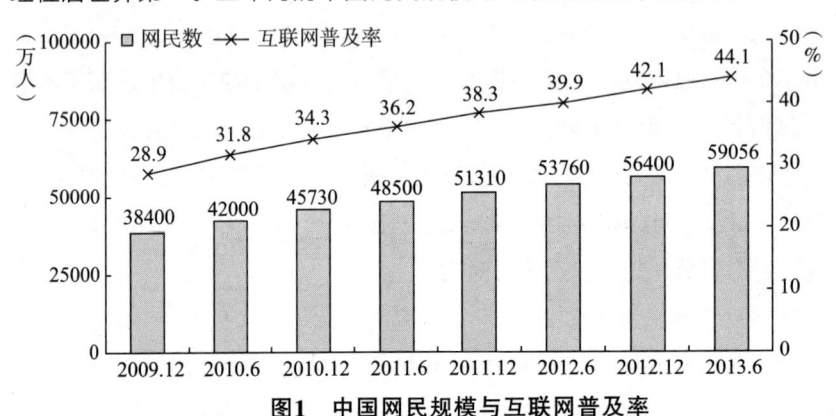

图1　中国网民规模与互联网普及率

资料来源：中国互联网络信息中心：第32次《中国互联网络发展状况统计报告》，http://www.cnnic.net.cn。

2016年8月3日，中国互联网络信息中心（CNNIC）在京发布第38次《中国互联网络发展状况统计报告》。[2]《报告》显示，CN域名仍是国内注册量排名第一的主流域名，截至2016年6月，我国域名总数增至3698万个。中国国家域名".CN"注册量达到1950万个，半年增长率达到19.2%，在中国域名总数占比为52.7%，网站总数为454万个，半年增长7.4%。随着我国互联网文化、经济影响力的增强，中国网民更加热衷注册和使用".CN"域名。其中，2015年12月至2016年6月中国互联网基础资源对比见表1，中国分类域名数见表2，中国网站数量见图2。

---

[1] 中国互联网络信息中心：第32次《中国互联网络发展状况统计报告》，http://www.cnnic.net.cn。

[2] 中国互联网络信息中心：第38次《中国互联网络发展状况统计报告》，http://www.cnnic.net.cn/。

第二章 军队网络文化的内涵、特征及功能 | 047

表1 2015年12月与2016年6月中国互联网基础资源对比

	2015年12月	2016年6月	半年增长量	半年增长率
IPv4（个）	336519680	337608448	1088768	0.3%
IPv6（块/32）	20594	20781	187	0.9%
域名（个）	31020514	36984009	5963495	19.2%
其中CN域名（个）	16363594	19502493	3138899	19.2%
网站（个）	4229293	4542406	313113	7.4%
其中CN下网站（个）	2130791	2124416	-6375	-0.3%
国际出口带宽（Mbps）	5392116	6220764	828648	15.4%

资料来源：中国互联网络信息中心：第38次《中国互联网络发展状况统计报告》，http://www.cnnic.net.cn/。

表2 中国分类域名数

	数量（个）	占域名总数比例
CN	19502493	52.7%
COM	10936254	29.6%
NET	1281586	3.5%
ORG	373063	1.0%
中国	501302	1.4%
BIZ	89899	0.2%
INFO	206212	0.6%
其他	4093200	11.1%
总和	36984009	100%

资料来源：中国互联网络信息中心：第38次《中国互联网络发展状况统计报告》，http://www.cnnic.net.cn/。

《报告》显示，我国网民规模达7.1亿，半年共计新增网民2132万人，半年增长率为3.1%。我国互联网普及率达到51.7%，与2015年底相比提高1.3个百分点,超过全球平均水平3.1个百分点,超过亚洲平均水平8.1个百分点。中国网民规模与互联网普及率见图3。

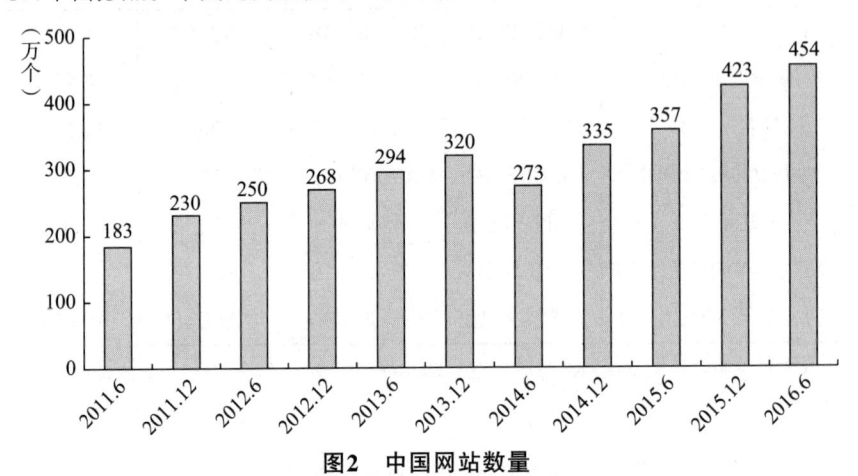

图2 中国网站数量

资料来源:中国互联网络信息中心:第38次《中国互联网络发展状况统计报告》,http://www.cnnic.net.cn/。

图3 中国网民规模与互联网普及率

资料来源:中国互联网络信息中心:第38次《中国互联网络发展状况统计报告》,http://www.cnnic.net.cn/。

随着移动通信网络环境的不断完善以及智能手机的进一步普及,移动互联网应用向用户各类生活需求深入渗透,促进手机上网使用率增长。

据统计，我国手机网民规模达6.56亿，网民中使用手机上网的人群占比由2015年底的90.1%提升至92.5%，仅通过手机上网的网民占比达到24.5%，网民上网设备进一步向移动端集中，手机上网主导地位强化。同时，移动互联网塑造的社会生活形态进一步加强，"互联网+"行动计划推动政企服务多元化、移动化发展。各类互联网公共服务类应用均实现用户规模增长，在线教育、网上预约出租车、在线政务服务用户规模均突破1亿，多元化、移动化特征明显。中国手机网民规模及其占网民比例见图4。

图4 中国手机网民规模及其占网民比例

资料来源：中国互联网络信息中心：第38次《中国互联网络发展状况统计报告》，http://www.cnnic.net.cn/。

目前，我国网民数量、网络零售交易额、电子信息产品制造规模已居全球第一，一批信息技术企业和互联网企业进入世界前列，形成了较为完善的信息产业体系。信息技术应用不断深化，"互联网+"异军突起，经济社会数字化、网络化转型步伐加快，网络空间正能量进一步汇聚增强，信息化在现代化建设全局中的引领作用日益凸显。同时，我国信息化发展也存在比较突出的问题，主要是：核心技术和设备受制于人，信息资源开发利用不够，信息基础设施普及程度不高，区域和城乡差距比较明显，网络安全面临严峻挑战，网络空间法治建设亟待加强，信息化在促进经济社会发展、服务国家整体战略布局中的潜能还没有充分释放。[1]

总之，互联网作为目前连接世界各国计算机网络大众化的全球信息网，其传输形式已不仅是文字，还包括声音、图片、动画，甚至图文声像并茂的影视画面。其传输内容非常丰富，涉及全球的政治、经济、文化、体育、军事等各个领域。运用互联网获取信息的人越来越多，互联网的运用深入到社会的各个领域，互联网已经进入了普通民众的家庭和社会生活，已经成为人们精神生活的新空间、信息传播的新渠道、文化创新的新平台。互联网渗透到政治、经济、文化、军事等领域的各个层面，深刻地改变着人们的生活方式、行为方式和价值观念。当前网络热点层出不穷，很多公共话题由实体社会点燃却在网络爆发，网络空间与现实生活交互影响，甚至存在虚拟社会引领、倒逼现实的现象。这是我们都看到的，而且发展的趋势也越来越明显。

当前，以信息技术为代表的新一轮科技革命方兴未艾，互联网日益成为创新驱动发展的先导力量。信息技术与生物技术、新能源技术、新材料技术等交叉融合，正在引发以绿色、智能、泛在为特征的群体性技术突破。信息、资本、技术、人才在全球范围内加速流动，互联网推动产业变革，促进工业经济向信息经济转型，国际分工新体系正在形成。网信事业代表新的生产力、新的发展方向，推动人类认识世界、改造世界的能力空前提高，深刻改变着人们的生产生活方式，带来生产力质的飞跃，引发生产关系重大变革，成为重塑国际经济、政治、文化、社会、生态、军事发展新格局的主导力量。全球信息化进入全面渗透、跨界融合、加速创新、引领发展的新阶段。

网络在对社会发展起着积极作用的同时，也出现了种种消极现象，还存在不少问题。同时伴随网络而生的网络文化作为一种全新的文化形态，其巨大社会影响力正在日益显现，带来的挑战也日益艰巨复杂。如何针对网络文化的特性、作用和现状来创新社会管理，建设健康向上的网络文

---

[1] 《国家信息化发展战略纲要》，《解放军报》2016年7月28日，第3版。

化，是社会管理面临的现实课题。

二 网络文化

网络的发展和普及给我国的政治、经济、文化、军事等领域都带来了深刻的变革，它不但创造了一个覆盖全球的"在线空间"，而且正在深刻地改变着人类的精神文化生活，形成网络时代所特有的文化氛围——网络文化。网络的蓬勃发展既给军队文化增添了一项新的内容——军队网络文化，同时也给军队文化带来了前所未有的挑战和机遇。因此，新时期军队文化建设的重要内容之一，就是努力形成具有中国气派、体现时代精神、品位高雅的军队网络文化品牌。

在界定网络文化概念之前，有必要对文化的概念作一梳理。关于文化的概念，学界有多种解释。一些文化学者归纳了文化定义的最常见方式：[1]一是现象描述性定义。将文化内容进行罗列，如"文化，或文明，就其广泛的民族学意义来说，是包括全部的知识、信仰、艺术、道德、法律、风俗以及作为社会成员所掌握和接受的任何其他的才能和习惯的复合体"。[2]二是社会反推性定义。用人类的现有文明去比照历史上的存在形态，说明不同时期拥有不同的文明或文化，如《苏联百科词典》给文化下的定义："文化，是社会发展、人类的创造力和才智在历史上达到的一定水平，体现在人类组织生活和活动的各种形态和形式中，也体现在人类创造的物质和精神财富中。"[3]三是价值认定性定义。从文化的意义、功用等方面出发对文化进行界定，如文化是"一个满足人的要求的过程，为应付该环境

---

[1] 胡潇：《文化现象学》，湖南出版社1991年版，第3～13页。
[2] 〔英〕爱德华·泰勒：《原始文化》，连树声译，上海文艺出版社1992年版，第1页。
[3] 《苏联百科词典》译审委员会：《苏联百科词典》，中国大百科全书出版社1986年版，第1366页。

中面临的具体、特殊的课题,而把自己置于一个更好的位置上的工具性装置"。[1]四是结构分析性定义。认为文化是一种具有特殊结构的体系,每一个具体的文化内容都是这一体系中的有机组成部分。如"我们把文化体系本身看作复合的、内部有所区别的体系。按照任何一种行为体系的四个根本职能划分的变化表,我们相应地在四个范畴内(提供知识的象征、道德评价、表情象征和制度性象征)对它进行分析。"[2]五是行为取义性定义。强调文化的行为性和动力性,如"文化作为理想规范、意义、期待等构成的完整体系,既对实际行为按既定方向加以引导,又对明显违背理想规范的行为进行惩罚,从而遏制了人类行为向无政府主义倾向发展"。[3]六是历史探源性定义。把文化放到历史发展的层面上去认识,强调文化的群体性和群体赖以生存下去的知识。如"文化是一切人工产物的总和,包括一切由人类发明并由人类传递后代的器物的全部,及生活的习惯"。[4]七是主体立意性定义。强调人这一主体在文化中的特殊作用和本质意义。如"所谓文化,就是有条不紊地牺牲力比多,并把它强行转移到对社会有用的活动和表现上去"。[5]

上述对文化定义的概括难免有学者个人主观臆断和片面性的因素,正如学者司马云杰指出的:"文化的定义已如此之多,分歧如此之大,如果想回避矛盾,少惹是非,最聪明的办法是列举文化的几条基本特征而不给它下定义。但是这样恐怕也很难满足读者的要求。"[6]对文化的定义,目前使

---

1 庄锡昌、顾晓鸣、顾云深等编《多维视野中的文化理论》,浙江人民出版社1987年版,第371页。
2 《文化和社会制度审视》,载《社会科学中的文化概念》,剑桥大学出版社1973年版,转引自胡潇《文化现象学》,湖南出版社1991年版,第6页。
3 S.南达:《文化人类学》,陕西人民教育出版社1987年版,第46页。
4 帕米尔书店编辑部编《文化建设与西化问题讨论集》(下集),帕米尔书店1980年版,第415页。
5 〔德〕马尔库塞:《爱欲与文明》,黄勇等译,上海译文出版社1987年版,第18页。
6 司马云杰:《文化社会学》,山西教育出版社2007年版,第7页。

用最多的有广义和狭义两种。广义的文化指"人类在社会历史发展过程中所创造的物质财富和精神财富的总和",[1] 狭义的文化"特指精神财富,如文学、艺术、教育、科学等"。[2] 本书主要指广义的文化,对文化的特征、分类等内容,将在后文结合具体的网络文化进行探讨,这里不再赘述,主要探讨网络文化这一概念的内涵与特征。

(一)网络文化的内涵

网络文化是伴随互联网的产生和普及而兴起的,一种基于新的传媒形式形成的文化,是建立在互联网基础上的一种不分国界、不分民族、不分地区的信息文化。网络文化作为一种全新的文化表达形态,是网络技术与现代生活的文明演进,给人类带来了全新的生活环境和文化环境,不断渗透到社会领域和日常生活的方方面面,冲击着既往传统文化的发展脉络和演进模式,为人类文明注入了新的内容,丰富和拓展了文化的内涵和外延。

关于网络文化的概念,许多学者有过深入探讨,有不同解读,主要从两个方面分析。一是从网络技术变革的角度定义网络文化,强调网络文化是由于网络技术的突飞猛进引起的文化传播方式的改变,如周鸿铎认为:"所谓网络文化是人类社会发展到信息时代而出现的新文化,是人类文化在网络技术条件下的衍生。"[3] 许多学者会从广义与狭义两方面来理解网络文化。李仁武认为狭义的网络文化是指"以计算机互联网作为'第四媒体'所进行的教育、宣传、娱乐等各种文化活动",而广义的网络文化是"指包括借助计算机所从事的经济、政治和军事活动在内的各种社会文化现象"。[4] 二是

---

[1] 中国社会科学院语言研究所词典编辑室编《现代汉语词典》,商务印书馆2002年版,第1318页。
[2] 中国社会科学院语言研究所词典编辑室编《现代汉语词典》,商务印书馆2002年版,第1318页。
[3] 周鸿铎:《发展中国特色网络文化》,《山东社会科学》2009年第1期,第54页。
[4] 鲍宗豪:《网络与当代社会文化》,上海三联书店2001年版,第295页。

从文化的角度定义网络文化,强调网络文化的思想内容具有的文化属性,如学者万峰认为,"网络文化是以网络技术为支撑的基于信息传递所衍生的所有文化活动及其内涵的价值观念和文化活动形式的综合体"。[1]

一般认为,网络文化有广义和狭义之分。狭义的网络文化是指建立在信息网络技术和网络经济基础上的精神创造活动及其成果,其内涵包括人的心理状态、知识结构、思维方式、价值观念、道德修养、审美情趣和行为方式等方面。广义的网络文化,是指遍布全球的借助网络为媒介,并以计算机技术、通信技术和信息管理技术等现代技术为融合手段,从事包括政治、经济、军事等活动在内的各种社会文化现象。其包括一切与信息网络技术有关的物质、行为、制度、精神创造活动及其成果,是以网络技术广泛应用为主要标志的信息时代的文化,包含网络物质文化、网络行为文化、网络制度文化和网络精神文化四个要素。网络物质文化是指计算机、网络、虚拟现实等构成的网络环境;网络行为文化是指进行网络文化活动的外显性文化形态的总和;网络制度文化包括各种与网络有关的规章制度、组织方式;网络精神文化主要包括网络内容及其影响下的人们的思维方式、价值取向等。这些要素并非独立存在,而是互相影响、互相制约、互相转换,显示出网络文化的特殊规律和特征。中国特色网络文化主要是指基于我国网络空间,源于我国网络实践,传承中华民族优秀传统文化,吸收世界网络文化优秀成果,面向大众、服务人民,具有中国气派、体现时代精神的网络文化。本书主要采用广义上的网络文化作为研究基础。

(二)网络文化的特点

当前,一场空前的巨大无比的文化风暴正在席卷世界,这就是网络文化。网络文化是一种全新的文化表达形态,它以人类最新科技成果互联网和手机为载体,依托发达而迅捷的信息传输系统,运用一定的语言符号、声响

---

[1] 万峰:《网络文化的内涵和特征分析》,《教育学术月刊》2010年第4期,第62页。

符号和视觉符号等,传播思想、文化、风俗民情,表达看法观点,宣泄情绪意识,垒筑起一种崭新的思想与文化的表达方式,形成一道靓丽的文化风景。网络文化除具有传统文化的一般特征外,还有以下几个独有特征。

1. 网络文化是全球同步的文化

在人类既往文明交流史上,由于地理阻隔、语言不通和科技手段落后等原因,不同地域的文明之间很难进行文化交流,它们的产生、发展和形成也具有很大的独立性和地域性。这种独立性、地域性特点,也决定了它们的产生、发展与形成往往是不同步的,各自有各自的文化时空。随着近代工业革命的蓬勃兴起,各个文明之间逐渐加大了交流的深度和沟通的力度,但是,各个文明之间尤其是东西方文明之间的差距,还是比较明显的。在经济全球化浪潮和当代科技成果的强力推动下,网络把各个不同文明拉到了同一起跑线上,西方国家的网络发展同东方国家的网络发展没有大的差别。就某些表现而言,有的东方国家甚至还超过了许多西方发达国家。纵观文化发展进程,只有网络文化才打破了不同文化的地域性和时空观。可以预料,网络文化发展的全球性和同步性,必将给各种现有的文化带来难以估量的深刻影响。

2. 网络文化是全民参与的文化

由于客观条件和诸多因素,以往文化的掌控者主要是社会精英阶层,他们人数虽少,但却牢牢把持着文化话语权。这种少数人主宰文化世界的状况,直至网络文化兴起后才发生了根本性转变。从理论上讲,网络文化基本上是一种没有门槛、没有限制的文化交流与沟通方式,可以而且能够实现全民参与。在网络文化面前,实际上已经消除了作家与读者的区别,消除了临于上的传者与居于下的受者的差异,消除了专事专传的记者编辑与渴求信息的读者观众的界限,大家都是平等的互动的文化参与者,没有身份和地位的高低之分。在中国文化史上,还从未有过如此规模庞大的文化大军，并且这支网络文化大军的参与者每年保持10%～20%的增长速度。因此，我们可以说，网络文化第一次实现了文化的人人参与，全民参与。

3. 网络文化是个性十足的"客"文化

网络文化由于几乎不设门槛，没有政党、财团、社会集团和社会团体的力量规制，既无"把关人"之碍，又无专业身份之限，[1]只要上手，就可以随时随地、随心所欲地发布信息和想法。假如没有道德的约束，完全可以想怎么来就怎么来。也就是说，网络完全可以充分彰显一个人的个性。现在，网络文化中最彰显个性的就是"客"文化，如播客、博客、威客、炫客、掘客、闪客、维客、印客、拼客、黑客、骇客、粉客等，多种多样的"客"充分展示了网络文化的平等性和互动性，也显示出网络这个平台确实是非常适合个性的生存与发展。网络文化是塑造"客"的文化，它已经塑造了一批"客"，也正在酝酿制造一批新"客"，将来还会涌现出更多的"客"。博客是"客"文化中富于特征的表达方式，一般平民、文人、明星乃至政治家们都喜欢使用它。德国总理默克尔上任前，就巧妙地把个人博客作为竞选的有力武器，赢得了选民的拥护。

4. 网络文化是集大成的文化

以往文化形态的表达方式因时代不同而特色不同，具有各自的生存与发展空间，谁也代替不了谁，谁都在传媒文化中拥有自己的独特地位。传媒文化的丰富性正是来自它的表达方式的多样性。可是，网络文化似乎对以往所有的文化形态都发出了威胁。在信息发布与传播的速度方面，在信息内容的存量方面，在信息表达的方式方面，无论是报纸、广播，还是电视、期刊、书籍等，事实上都不是网络的对手。网络已把报纸、广播、期刊、电视、书

---

[1] 尹韵公：《论网络文化》，《新闻与写作》2007年第5期，第15～17页。

籍、音像等所有的优点、长处和功能都集于一身而用之。上网看报、看书、购物、看电影、看期刊、听音乐等，现在都能做到。过去由多种表达方式体现的文化丰富性，现在只需网络这样一种表达方式就足够丰富了。手机最早是作为通信工具出现的，后来功能不断增强，既可通信用，还可用来看新闻、拍照片、拍录像，进而还可上网，早已不是简单的通信工具了。应当承认，由互联网和手机结合而成的网络文化，确实具有独特的超强能力，对网络给其他文化形态带来的影响和冲击必须有清醒的认识。

5. 网络文化是强势的文化

从文化发展史上看，每一种新的文化形态的诞生，总是与那个时代的科技革命息息相关。过去如此，现在如此，将来亦如此。网络文化的喷薄而出，正是依赖于当代信息传输技术的重大突破。可以说，信息革命造就了网络文化。并且，我们还要强调指出，信息革命没有停滞，没有结束，它仍在蓬蓬勃勃、如火如荼地进行。信息传输技术发展的无限性，促使网络文化越来越强势，促使网络文化参与者的队伍规模更加惊人。

6. 网络文化是增大社会风险的文化

网络文化极大地改变了社会舆论的生态环境，形成了崭新的网络舆论场。同传统的传媒舆论场相比，网络舆论场实际上已具备了与之相抗衡的实力，在某个时段、某些场合甚至还有压倒性优势。拥有数十万、数百万、数千万"粉丝"的网上意见领袖，完全有能力在舆论场上兴风作浪。一个主观故意的群发信息，完全可以挑起一定规模的是非波澜。网络越发展，社会结构的脆弱性就越大，社会风险的治理成本也越高。如何认识、把握、管理网络舆论场，已成为世界各国十分关注和头痛的问题。

我们必须充分认识到，虽然网络的链接已经实现全球化，但在今日世界，网络文化仍不可不注意国别性。任何文化都有双刃剑作用。一方面，我们要充分享受网络这个人类文明最新、最优秀的文化成果；另一方面，我们又要注意保持民族文化特色，维护国家文化安全。像我国这样正在加快前进的发展中大国，"正处于从跟跑并跑向并跑领跑转变的关键时期，要抓住自主创新的牛鼻子，构建安全可控的信息技术体系，培育形成具有国际竞争力的产业生态，把发展主动权牢牢掌握在自己手里"。[1]尤其要注意结合国情，牢牢掌握网络舆论引导的主动权，要像抓传统媒体那样大力抓网络文化队伍建设。

（三）网络文化的分类

任何分类，体系不同，类别也自然千差万别。在网络里，不同类型、不同性质的网站拥有不同特色的文化，只有将网络文化研究的方向进行精确的分门别类，才会更加有助于网络文化研究的不断细化和深入，在此基础上一针见血地找出网络文化发展的个性特征以及留存的问题，继而建立起一整套有效的网络文化管理体系，这对大力推动网络文化健康发展有着良好的指导作用。鉴于此，对网络文化进行科学分类十分重要。衍生于互联网络的网络文化的分类有多种多样的路径，除前文所述的把网络文化按其构成要素分为网络物质文化、网络行为文化、网络制度文化和网络精神文化四个类型外，还可进行以下分类。

1. 按网络文化内容分类

网络文化的内容是互联网的主线和主宰，丰富多彩、绚烂多姿。网络文化按具体内容分，宏观层面有全球网络文化、洲际网络文化、国家网络文化等；中观层面有地域网络文化、民族网络文化、语系网络文化等；微观层面则有网络色情文化、网络饮食文化、网络服装服饰文化等。不同国家不同民族的网民，在上网时的目标与动机，就从一个侧面明确反映出网络文化特点。例如，当一个中国网民打开电脑开始聊天的

---

[1] 《国家信息化发展战略纲要》，《解放军报》2016年7月28日，第3版。

时候，一个美国网民可能正在查找前往他的一个商业伙伴办公地的行车路线，而一个法国网民可能正在自己的博客上"奋笔疾书"。调查表明，聊天、购物是中国网民上网最爱干的事情，美国人上网最常做的事是查地图，而法国人似乎对博客情有独钟。不同的上网习惯，不仅反映出一个国家互联网的发展水平，也反映出一个国家的网络质量、网民的素质和网络文化的建设成效。

2. 按表现方式分类

网络文化按表现方式可以分为文字文化、图形文化、博客文化、播客文化、QQ文化、动漫画文化、音频文化和视频文化等。其中博客文化、播客文化是网络文化的特有现象，它们既是平民文化、草根文化的集中展现，是创造创新文化的舞台，也是高端文化、精英文化与贫民文化、草根文化撞击融合的营盘。博客（Blog或Weblog）意指网络日志，是一种个人传播自己思想，带有知识集合链接的出版方式，或指在网络虚拟空间中发布文章等各种形式的过程。1997年12月，美国人约翰·巴格尔在其运行的"Robot Wisdom Weblog"第一次使用Weblog这个正式的名字。2000年前后，博客开始进入中国，并迅速进入主流社会视野。博客数量的快速增长带来了用户聚集的规模效应。博客频道在各类网络中成为标准配置，其中iweb SNS元素的加入对博客用户的增长起到了推动作用，博客的影响力得到进一步加强。

3. 按网络性质和主管部门分类

网络文化按网络性质和主管部门可以分为政府网络文化、媒体网络文化、商业门户网络文化和企业网络文化等。政府网络文化，倡导主流文化占领互联网阵地，积极推进以"民族文化、地域文化、中华文明"为标志的文明成果。所谓政府网站，就是国家和各级地方政府（包括政府管辖范围中各级行业主管部门）展示自我形象、顺达民情民意的互联网信息平台，如中华人民共和国中央人民政府网站（http://www.gov.cn）、上海市人民政府网站（http://www.shanghai.gov.cn）等。迄今为止，从中央到省地市县等各级政府机关，全部都建立了专门网站。这是我国社会主义主流文化的重要窗口，是中国互联网文化强国的中坚力量。尤其重要的是，政府网站是我国网络文化建设的先导和表率，更是引领社会正面舆论的旗帜，担负着为中国互联网文化强国率先垂范的使命。

（四）网络文化的功能

网络文化是一种以信息为数码技术标识与精神"绝对值"的崭新的生活方式。[1]它有着与传统文化不一样的功能。它不仅可以使广大网民获取新鲜知识，又可以使其释放个人诉求、缓解心理压力，还可以形成网民互动，聚合网民力量，产生网络文化发展的原动力；它不仅与传统文化相伴而生，以一种新的方式弘扬传统文化，而且在书写文化新篇的同时，也在铸造着最具活力的新兴产业，是举国倡导的文化产业的重要组成部分，在实现网络强国的目标中发挥着十分重要的功能作用。

1. 导向功能

网络文化是一种开放、自由的互动文化。网络文化传播的途径主要是潜移默化的暗示、因势适时的导向和循规蹈矩的规范。在网络环境中发布的政治、经济、科技、文化等方面的信息，对人们的思想道德、价值观念、行为方式的形成和发展具有一定的导向作用。导向功能具体表现为：一是具有指向性，体现在明确具体的内容指向上；二是具有目的性，网络文化渗透的是一种文化价值观，它使受众在实践中接受这些价值观；三是具有稳定性，人们一旦形成比较完善的价值形态，就会固守、推广。

---

[1] 京波：《网络文化初探》，《科学对社会的影响》2000年第3期，第61～64页。

2. 渗透功能

网络文化对网民思想的影响是隐蔽的、不公开的。网络文化中的价值观、道德观是在不知不觉中向网民脑海渗透的。网络文化的价值体系是多元化的，它可以包容世界各国、各民族、各地区乃至任何团体与个人的价值观和道德观。网络文化的价值观与道德观相互渗透，网民可以在不知不觉中接受各方面的信息，也可以自觉地按照个人的理想信念去加深自己的道德认识，放纵或约束自己的道德行为，认同或净化自己的道德情感。网络技术具有交互性和渗透性的特点，因此，网络文化也具有交互渗透的特征。表现在三个方面：一是交互渗透技术实现了网络文化的信息资源共享；二是交互渗透技术使网络文化的影响力大大增强；三是交互渗透技术使网络文化受众的趋同性得到强化。

3. 交流功能

网络文化与网民是双向互动的关系。一方面具有传递、传播、选择和促进文化变迁的功能；另一方面网络教育又必然集中体现网络文化的存在要求，其教育的每一个环节都深深打上了网络文化的烙印。网络为受众提供了更大范围的群体环境，有助于受众广泛参与社会文化建设。网络的方便快捷加快了受众对现代科学知识和生活经验的了解和掌握，极大丰富了教育内容，拓宽了教育渠道。受众通过网络文化的传播，了解世界各地的文化传统、先进的科学文化知识、丰富的文学艺术，认识多元文化组成的世界，潜移默化中接受新的价值观和文化模式。

4. 传递功能

人们在工作、学习、生产、生活中，需要大量的、各种各样的知识和信息。与其他传播信息知识的工具不同，网络具有迅速、交互、图文并茂的特点，使用某种浏览器，只要鼠标轻轻一点，就可以进入一个全新的知识天地。网络上的各种专业知识库、各种主题讨论会和大量信息资源，能满足各个专业领域、各种层次用户的需求。人们可以通过网络浏览、认识、了解世界上最新的新闻信息、科技动态，互联网上的资源有助于我们找到合适的学习资料和信息。

5. 娱乐功能

网络文化使人们的文化生活日益丰富。网络文化是集文字、图片、声音、视频等多种传播手段于一体的文化形式，能将视听感官都调动起来，为网民最大限度地提供多角度、多层次获取信息和参与文化娱乐的平台。人们可以以文字、声音、图像接受来自世界各地的文化信息和娱乐节目。虚拟现实技术使人获得身临其境的体验，为人类创造力的发挥提供了一个巨大的文化空间，人们可以通过虚拟网络现实技术将想象力变成现实，从而产生一种沁人心脾的轻松和愉悦。

（五）网络文化带来机遇和挑战

网络文化既然是一种文化现象，那它就不仅仅是一门自然科学技术，而是一种社会化了的技术，是一种崭新的生存方式或"数字化生存"。从社会的角度看，它具有传统传媒所不具有的开放性、自由性、共享性、互动性、虚拟性特点。这些特点决定了它集信息宝藏与信息垃圾于一"网"，恰如一把双刃剑，在给广大官兵带来难得机遇的同时，也使军队网络文化建设面临严峻挑战。

1. 网络文化带来的机遇

网络文化自身的特点，使其表现出对社会变革透视之敏锐、对人的心理状态折射之丰富、对知识经济时代人文观影响之深刻，大大开阔了人们的视野，丰富了人们的知识。网络传媒不受时间、地点、频道、国界和气候等条件的限制，只要一上网，便可浏览整个世界，知晓天下大事，感受最新动态；通过在网上阅览各类有益图书，触类旁通，提高自身文化素养。对于广大官兵来说，网络提供了求知学习的广阔校园，官兵在任何时间、任何地点都能接受教育，学到知识。网络文化有助于培养官兵的思维方法、思维能力和交往能力，使官兵观察和思考问题，不再拘泥于职业、地域，而是眼界更开阔，观念更开放。网络文化极大地促进军队思想政治教育的观念和方法手段创新。通过上网，可以直接面向世界宣传我军的观点、立场、主张，增强军队政治工作的渗透力和影响力。同时，利用网络进行思想政治教育工作，网络信息传播的实时性和交互性、双向互动和平等交流的自由性使官兵充分表达个人意志，同时和多个教育者或教育信息保持快速互动，从而提高思想互动的频率，增强教育效果，提高思想政治教育的主动性和针对性，增强思想政治教育的实效性。

2. 网络文化带来的挑战

网络既是实现全球信息资源共享的必备途径，也可能成为威胁国家安全、危害国计民生、腐蚀国民灵魂的魔鬼通道。网络文化的负面效应，容易使青年形成一种以自我为中心的生存方式，集体意识淡薄，致使个人自由主义思潮泛滥，这些对宣传舆论导向的控制能力、文化市场的管理能力提出了挑战。

网络信息垃圾充斥，易导致官兵政治信念动摇和价值观扭曲。我国加入WTO后，全方位与国际社会的交流更加频繁，目前网上的信息，就世界范围而言，宣传西方价值观的内容占主导地位，在90%以上是英文信息，而中文信息不到0.3%的全球信息资源中，极易受到西方政治理念的严重渗透。一些非法组织或个人也在网上发布扰乱政治经济的黑色信息，蛊惑人心，甚至像"法轮功"等歪理邪说也通过互联网大量而迅速传播。官兵在一个自由的网络环境下接收和传播信息，有用与无用的、正确与错误的、先进与落后的信息充斥网络，淫秽、色情、暴力、丑恶内容在网上广为传播。调查发现，大量信息垃圾将弱化官兵特别是青年官兵的思想道德意识，污染青年官兵的心灵，误导青年官兵的行为，使青年官兵的思想处于极度矛盾、混乱中，民族观念和爱国主义思想淡薄，人生观、价值观发生倾斜，以致滋生全盘西化、享乐主义、拜金主义等不良思潮。总之，随着网络文化的普及，官兵的价值观念、生活方式、人际关系等都可能发生深刻变化。军队思想政治教育的权威性受到了挑战，如何提高青年官兵对网络信息的政治敏锐性、识别力、判断力，必须引起高度重视和密切关注。

网络的隐蔽性，导致官兵道德意识弱化和行为方式失衡。网络就像一场热闹的假面舞会，虚拟的网名就是神秘的"面具"。任何人都可以随便用不同的名字、性别、年龄与人交流而不被人觉察。"通过网络，任何人都可以徜徉在虚拟的网络生活中，可以用聊天工具谈情说爱，在虚拟社区中结婚生子，也可以在网络游戏中充分享受胜利的喜悦，更可以在网络论坛中释放思绪畅所欲言。"[1]网络技术使官兵的身份可以变成电脑上的一串字符，网络的隐蔽性，导致不道德行为和违法犯罪行为增多。一些人浏览黄色和非法网站，利用虚假身份进行恶意交友、聊天；一些人传播病毒、作为黑客入侵、侵犯知识产权，通过网银和信用卡盗窃、诈骗等。这些犯罪主体以青年为主，大多数动机单纯，有的甚至是为了"好玩"、"过瘾"和"显示才华"。从调查情况看，有一些自制力较弱的人，在美丑、荣辱界限面前，偷越了道德红线，使现实生活的行为方式失范，或出于猎奇心理，浏览不健康信息；或轻信网友巧言，导致上当受骗；或沉迷网络游戏，置条令条例和规章制度于不顾，甚至引发泄密事故和刑事案件，这就要求我们必须大力加强军队网络道德建设。

网络的虚拟性，易导致青年官兵心理和人格、人际交往方面的障碍。青年官兵正处在生理不断发育、心理不断成熟的特殊阶段。他们对新生事物敏感，强烈向往寻找自我并实现自我，好奇心强、渴望友谊和交流，自制力相对薄弱。而网络中大量色情、暴力信息以游戏方式直接出现在终端屏幕上，

---

[1] 王维、杨治华：《近年来国内网络文化研究热点综述》，《安徽电气工程职业技术学院学报》2008年第2期，第93~98页。

其直观性、娱乐性、诱惑性、渗透性之强会使青年官兵产生"网瘾"。调查表明，长期的"人机对话"，不但有害身体健康，浪费大量宝贵的工作学习时间，而且在现实人际交往中，也往往会使人变得情感冷漠，严重的甚至产生人格渐变。有些青年官兵频繁上网，沉迷游戏，依恋网友，缺乏与人的沟通交流，陷于虚拟世界，出现"网络孤僻症"，情绪低落，性格怪异，而面对真实的社会现实，则紧张、不适应，出现心理障碍。此外，信息的瞬间性和易逝性也助长了消费心理的膨胀，网络交友、网络征婚、网上选美、网上聊天，致使一些青年官兵心理表现出强烈的浮躁特征和及时行乐倾向，更多地追求感官刺激。对事物，只着重结果，而对过程不感兴趣，削弱了对深层次问题的思考。反映在文化上，就是高雅艺术不受欢迎，快餐文化泛滥，文化品位较低，这就要求我们大力搞好网上心理服务工作。

随着信息时代来临，互联网、部队局域网等新兴媒体为军队网络文化建设提供了新的机遇，也带来了新的挑战。目前，西方敌对势力极尽所能与我国特别是军队进行着网络争夺战，意识形态和隐蔽斗争的主战场已是刀光剑影、杀气腾腾。一旦出现网络涉军负面舆情，会严重损害部队形象声誉，影响部队安全稳定和职能使命的完成。某单位干部张某在一次执行任务中，与地方女青年黄某结识，交往不长时间后，草率建立了恋爱关系。随着时间推移和交往的深入，张某发现黄某性格比较怪异，怀疑其有心理方面的问题，于是以性格不合为由提出分手。黄某坚决不同意，反复吵闹无效后，便在网上发帖，攻击谩骂张某，指责张某凭着军人身份欺骗感情，玩弄异性。事件发生后，单位一方面派人做两人的调解工作，另一方面协调驻地公安机关进行处理，以期减少负面影响。黄某拒不接受调解，继续发帖以期造成更大舆论声势，并将矛头指向单位以及单位领导，要求单位对张某做出严厉处理。舆论压力给张某造成极大精神痛苦，并严重干扰了单位正常工作秩序，牵扯了单位领导的精力。这就要求我们必须引起高度重视，进一步增强政治敏锐性，大力提高防范应对能力，积极妥善处理好涉军舆情问题，为确保部队集中统一和安全稳定，提供良好的社会舆论环境。

第二节　军队网络文化内涵与特征

军队网络文化是网络文化的重要组成部分，是网络和网络文化的蓬勃发展给军事文化增添的新内容，拓宽了军队政治工作的新领域，给军队全面建设带来前所未有的机遇和挑战。因此，探索军队网络文化的内涵与特征，是研究军队网络文化，加强军队网络文化建设的基础和前提，对于把握军队网络文化建设规律，掌握其建设的方针原则和内容要求，具有十分重要的意义。

一　军队网络文化的内涵

所谓军队网络文化，是以全军政工网为媒介，以巩固马克思主义在意识形态领域的指导地位、用先进文化武装官兵为根本，以广大官兵为主体的一种新型军队媒介文化。军队网络文化包含官兵在军队现代化建设过程中，运用信息技术基于网络平台形成的军事创新能力、军事活动方式以及创造的精神成果（包括物质成果中蕴涵的精神因素），包括军队网络及军队网络文化建设的指导思想、价值观念、思维方式、伦理道德、科学技术、教育训练思想与方法以及各种相关的军事理论、军事思想、法律法规制度、文学艺术、作风习惯等。军队网络文化是军队网络实践的产物，反过来又对军队网络实践有着强有力的影响。

准确把握军队网络文化的内涵，应注意以下几个方面。第一，军队网络文化是一元主导型文化。构建军队网络文化，目的是用党的科学理论武装头脑、指导实践、推动工作，使广大官兵坚定不移贯彻执行党的基本理论、基本路线、基本纲领、基本经验，毫不动摇贯彻执行党对军队绝对领导的根本原则和制度，坚决抵制腐朽思想文化的侵蚀，坚定不移听从党中央、中央军委和习主席指挥，确保部队建设的正确政治方向，确保政令军令畅通。从这个意义上讲，军队网络文化"姓党为军"，具有强烈的政治性和排他性，是一元文化。第二，军队网络文化是有限开放型文化。军队网络文化的一元主导性要求，决定了它是一种营养摄取型文化，是一种局部开放型文化，绝不像互联网那样，允许正确与谬误共存、文明与愚昧混杂、先进与腐朽碰撞，它的根本出发点和落脚点是宣扬先进的、科学的东西，抵制和过滤落后的、有害的东西，起到教育人、鼓舞人的目的。第三，军队网络文化是高效快捷型文化。军队网络发展迅猛、更新频率快速，大有取代报纸、电视、广播之势，被官兵称为"第四媒体"，世界上各个角落发生的事件，兄弟单位好的经验做法，上级的命令指示和通知精神，可以说鼠标一点，尽收眼底、一览无余。第四，军队网络文化是平等互动型文化。建立在平等基础上的军队网络文化与其他文化形态的最大不同，就在于它提供的文化有最大程度的双向互动性和信息交流性。在军队网络空间，官兵之间的交流没有地位的差距、条件的差别、文化的高低，可通过虚拟空间没有任何顾虑地畅所欲言，领导可以通过网络真实客观地了解情况，部属可以向领导如实反映情况。第五，军队网络文化是资源共享型文化。军队网络文化打破"信息孤岛""信息壁垒""信息垄断"，把全军的有益信息汇集起来，把广大官兵的智慧凝聚起来，把富有特色的栏目集中起来，让大家享之不尽、用之不竭，创造性地加以运用，把信息纳入"共享—再生—共享—再生"的良性循环。

军队网络文化的构成包含环境、编制、制度、经费、装备、领导、官兵和网管等诸多要素，见图5所示。

环境：军队网络文化建设受到各种外部社会环境和军队内部环境的影响，军队网络文化建设的成功与否与各种环境息息相关。

编制：指专管军队网络文化建设的人员编制。目前许多部队的网络管理人员、技术人员都是通过借调的方式参与军队网络文化建设，缺乏网络

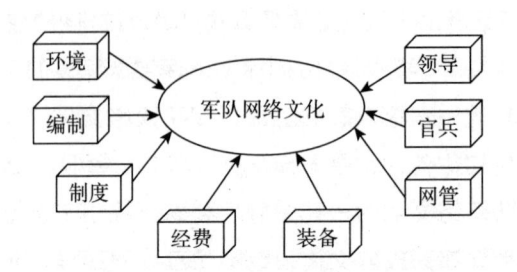

图5　军队网络文化的构成要素

文化建设的人员编制。

　　制度：指与军队网络文化相关的各项规章制度。要建设好军队网络文化，需要有比较完善配套的制度来监督。

　　经费：指军队网络文化建设的保障资金。目前没有专项资金用于军队网络文化建设，导致各种设备落后，建设发展缓慢。

　　装备：指用于军队网络文化建设的各种装备，包括硬件和软件。

　　领导：领导对军队网络文化的认识和态度将直接影响军队网络文化的建设。

　　官兵：是军队网络文化建设的直接参与者、使用者，他们的科技素质、文化素质、参与积极性等都对军队网络文化建设有着直接的影响。

　　网管：指网络建设管理维护人员。是军队网络文化建设的重要组成部分，他们的能力、素质、喜好等将直接反映在军队网络文化中，从而影响广大官兵对网络文化的认识、喜好和投身军队网络文化建设的积极性。

二　军队网络文化的特征

　　军队网络文化作为社会主义和谐文化、先进军事文化的重要组成部分，反映着中国先进文化的发展趋势和时代要求，是以党的科学理论为指导，体现民族精神和时代精神，充溢阳刚之气的先进文化，是部队官兵精神的火炬、奋进的号角。军队网络文化既有网络文化的共有特性、共同属性，也有不同于网络文化的个性特征，主要体现在以下方面。

（一）政治性

政治性是军队网络文化的首要特征。强调政治性是军队网络文化的本质体现。文化虽然不直接从属于政治，但文化要为政治服务，二者之间的关系极为密切。军队是执行党的政治任务的武装集团。讲政治是我军建设的核心和优良传统，在任何时候都要坚持讲政治，强化政治观念，这是关系到我军性质和保持军队建设正确方向的根本问题。军队网络文化讲政治，就是要在各项网络文化活动中，表现出明确的政治方向、政治立场、政治观点、政治纪律、政治鉴别力和政治敏锐性，要坚持党的领导，弘扬革命英雄主义精神和共产主义思想品德，把爱党、忧党、兴党、护党落实到军队网络文化工作的各个环节，展现新一代革命军人新风貌，展示人民军队的新风采。军队网络文化的内容必须围绕政治建军要求，增强政治意识、大局意识、核心意识、看齐意识，从促进部队全面建设和有利于官兵健康成长出发，决不能盲目跟从社会上流行的网络文化现象，既要丰富多彩，更要健康向上；既要轻松活泼，更要格调高雅；既要赏心悦目，更要催人奋进。对于消极、庸俗、腐朽、颓废的东西，不能让其流入部队，毒害官兵，削弱斗志。

（二）先进性

先进性是军队网络文化的根本特征。当前，国际国内意识形态领域斗争形势日益尖锐复杂，要打赢这场没有硝烟的战争，必须坚持以文铸魂，狠抓理论武装，引导广大官兵面对各种思潮影响，始终保持清醒、坚定立场；面对各种腐蚀诱惑，始终保持气节、坚守底线；面对各种复杂局面，始终保持定力、坚定斗志。军队网络文化正是以马克思主义为指导，在科学理论指导下建立起来的一种文化形态，坚持以科学的理论、高尚的精神、优秀的作品，武装、引导、塑造和鼓舞官兵。军队网络文化的先进性主要体现在以下三个方面。一是坚持先进军事文化的前进方向。军队网络文化坚持以马列主义、毛泽东思想、邓小平理论、"三个代表"重要思想和科学发展观为指导，全面贯彻习主席关于国防和军队建设重要论述，坚持为官兵服务、为军队现代化建设服务，弘扬主旋律、提倡多样化，始终保持正确的导向。二是继承和发扬中华民族优秀传统文化。针对网络上的文化垃圾和精神毒品对先进军事文化建设的强烈冲击，军队网络文化要积极应对这一挑战，强化竞争意识，坚持继承和发扬中华民族优秀传统文化，确保军队网络文化的正确导向。三是吸收和借鉴世界优秀文明成果。军队网络文化建设，要以开放的心态、开阔的视野，充分借鉴一切有利于促进军队网络文化建设的有益经验和文化成果，使军队网络文化适应时代发展进步的潮流，具备强大的吸引力和感召力。同时，在西方大国奉行文化霸权主义，加紧在网络上对部队官兵进行思想文化渗透的情况下，广大官兵要始终保持高度警惕，坚守民族文化的自尊和自信，在对网络文化的学习和交流中始终坚持自己的理想信念和党性原则。

（三）战斗性

战斗性是军队网络文化最显著的特征。服务、打赢、制胜是军队网络文化的根本价值所在。军队网络文化区别于其他文化最显著的特征，就在于它富有浓郁的兵味、战味和浓厚的战斗风格。只有把提振官兵精气神、培植血性基因作为核心要务，军队网络文化才能更好地打造我军精神强势，保持士气优势，不断增强部队凝聚力、战斗力，才能在履行职能使命、遂行多样化任务中彰显价值展示威力。军队是肩负战斗使命的武装集团，人民军队担负着保卫祖国安宁、维护社会稳定的神圣使命。而战争中的突发性、实效性、残酷性，战场上的复杂性、多变性、危险性，都要求军队必须具有团结紧张、快速敏捷的战斗作风，要求军人必须具备英勇顽强、不怕牺牲的战斗精神。这一切都决定了军队网络文化的战斗性。一是支撑打赢制胜。军队网络文化聚焦强军目标，弘扬革命英雄主义精神，展现新一代革命军人的精神风貌，引导官兵在火热的作战训练中实现自身价值追求，履行保家卫国的神圣使命，时刻保持高昂的战斗士气，确保招之即来、来之能战、战之必胜。二是体现兵味、战味。军队网络文化在内容上突出火热沸腾的战斗场景，塑造新时期部队官兵的光辉形象，弘扬革命英雄主义精神；在形式上追求生动活泼、丰富多彩、通俗易懂；在方法上力求因地制宜、因势利导，适应部队官兵的需要。三是激发战斗精神。军队网络文化针对部分官兵缺乏艰苦环境锤炼，吃苦精神退化、战斗意志松懈的实际，围绕强化战斗精神，积极创作富有战斗格调的文化产品，组织官兵唱强军战歌、看红色影片、讲战斗故事、读战斗文化书籍，建设充满战斗气息的网络文化环境，营造尚武精武的浓厚氛围，更好地感染熏陶官兵、振奋军心士气。

（四）群众性

列宁说过："艺术是属于人民的。它必须在广大劳动群众的底层有其深厚的根基。它必然为这些群众所了解和爱好。它必须结合这些群众的感情、思想和意志，并提高他们。它必须在群众中间唤起艺术家，并使他们得到发展。"[1]军队网络文化根植于军队实践，其主体是广大官兵，既需要专业人才队伍不断奉献优质的文化艺术和技术支持，更需要广大官兵自身的积极参与，以得到自娱自乐的精神享受。因此军队网络文化建设必须依靠广大官兵，服务广大官兵，把群众性摆在突出位置。一是活动主体的广泛性。军队的统一性、文化的包容性，以及青年官兵爱好的多样性，决定了军队网络文化活动参与者的广泛性。从部队机关到各个班，从部队首长到每名战士，都可以成为网络文化的参与者和受益者。年龄不分大小，性别不论男女，职务不分高低，都可以置身于其中、活动于其中、得益于其

---

[1] 《列宁论文学与艺术》，人民文学出版社1983年版，第435页。

中。二是活动内容的普及性。军队网络文化是普及性的群众文化,活动范围在官兵之间,内容由官兵自定,目的是增智强神,娱乐休闲。军队网络文化既致力于普及,又着眼于提高;既有适合官兵的高雅活动,又有通俗活动,更多的是雅俗共赏的活动,从而吸引官兵参加,激发官兵热情,受到官兵喜爱。三是组织形式的多样性。组织开展军队网络文化活动,既可以单位集体组织,也可以官兵自由结合;既可以本单位官兵在一起小范围活动,也可以打破单位界限,不同单位官兵之间乃至不同军兵种官兵之间,在网上大范围开展活动,切磋技艺,愉悦身心,充分体现了灵活多样性。

(五)安全性

依法推进信息化、维护网络安全是全面依法治国的重要内容。[1]制度法规是军队网络文化建设走向科学化和规范化的保证,也是网络正常运行使用和管理的基本依据。军队网络文化的体制机制,要充分适应信息网络技术的发展和军队形势的变化,积极实施网络文化管理的监督、引导、规范和惩戒职能,建立健全法律规范、行政监督、技术保障相结合的网络文化管理体制和机制,推动军队网络文化的健康发展。网络文化同时也是一种技术文化。技术的发展既有可能给网络文化带来某种威胁,也一定可以运用它来消除这种威胁。从这个意义上说,技术在防范网络文化的偏向问题上发挥着不可替代的作用。军队网络建设一方面坚持不断以创新的技术手段对网络文化进行管理;另一方面注重加强网络安全体系建设,通过研制和开发先进的防范病毒传播和破坏计算机系统的软硬件技术,建造防火墙,启用分级过滤软件,及时排查各种有害信息,将危害国家安全、破坏社会稳定以及军队建设等有害信息的网站予以屏蔽、过滤。

---

1 《国家信息化发展战略纲要》,《解放军报》2016年7月28日,第4版。

第三节　军队网络文化的功能作用

文化的功效在于其产生的力量。军队网络文化的功能,即军队网络文化在实现军队政治工作目标和促进官兵全面发展中所起的作用。实践一再证明,只有把军队网络文化功能作用发挥好,才能增强军队政治工作的时代性和感召力。军队网络文化功能作用的发挥,是通过多种途径来实现的,它们大多是通过教育者和受教育者双方开展的丰富多彩的网络文化活动来实现的,官兵通过各种各样的网络文化活动,在与各种感性生动的军队网络文化信息的感染互动中,实现思想情感的升华,其具体表现形态也是多方面的。

一　军队网络文化功能作用的具体表现

作为人民军队的血脉、构成战斗力的重要因素和滋养官兵的精神沃土,军队网络文化的内涵和特征决定了它是军队建设的基础性工作,在实现强军目标的实践中当好强军兴军的旗手、鼓手和推手,发挥涵养教化作用,为军队全面建设提供强大动力。从军队网络文化的特征和官兵的需求看,其功能作用主要体现在学习教育、互动交流、调查研究、心理咨询、娱乐休闲和资源整合六个方面。

(一)学习教育功能

马克思、恩格斯指出,精神生产是包括艺术生产在内的"思想、观念、意识的生产"。[1]在军队网络文化建设中，精神生产主要表现在理论研究和文艺创作中，尤其是广大文艺工作者始终坚持文艺创作的正确方向，创作出了大量弘扬主旋律的优秀文艺作品，既确保了军队网络文化建设的正确方向，又做到以科学的理论武装官兵，以正确的舆论引导官兵，以高尚的精神塑造官兵，以优秀的作品鼓舞官兵，引导官兵走好军旅人生之路。正像毛泽东指出的："文艺是从属于政治的，但又反转来给予伟大的影响于政治。"[2]邓小平也指出："我们的社会主义文艺，要通过有血有肉、生动感人的艺术形象，真实地反映丰富的社会生活，反映人们在各种社会关系中的本质，表现时代前进的要求和历史发展的趋势，并且努力用社会主义思想教育人民，给他们以积极进取、奋发图强的精神。"[3]

军队网络文化的出现，给官兵的学习教育带来一场革命，从方法上实现了由传授式、被动式向自主式、个性化的转变，从时空上实现了由封闭性、固定性向全天候、开放性的转变，从理念上实现了由阶段性向终身制的转变，在内容上实现单一化、过时化向多层次、鲜活性的转变，用正确、积极、健康的网络文化占领网络阵地。一是通过开辟《新闻播报》、《我的成功一课》、《时事热点论坛》等栏目，组织网上专题讨论，让官兵互相交流，自我教育，以开放的形式、丰富的内容，吸引官兵投入到学习教育中；二是通过建设网上图书馆，把网络建成一个信息海量、资料丰富的知识库、信息场，为官兵自主学习提供资料和便利；三是通过开办网上课堂，大力开发网络教育信息资源，不断加大信息输出量，让官兵随时随地都能聆听军内外专家教授的精彩授课，满足官兵广泛性需求，充分发挥网络学习教育功能，拓展学习教育途径，创新学习教育形式，切实增强网上学习教育的感染力和实效性。

---

1 马克思、恩格斯：《德意志意识形态（节选本）》，中央编译局编译，人民出版社2003年版，第16页。
2 《毛泽东选集》第3卷，人民出版社1991年版，第866页。
3 《邓小平文选》第2卷，人民出版社1994年版，第210页。

（二）互动交流功能

从某个层面上来讲，个体诉求的网络行为可以看作网络文化的原动力，但单纯的个体行为，很难称之为网络文化。即使是作为网络文化最基本层面的网络文化行为，也需要通过网民整体行为特征揭示出来。而网络文化的更高层面，都是通过网民间的互动，才能产生实质性意义。互动交流是学习、工作、生活的需要，是官兵交流思想、抒发情感、表达意愿的无障碍、平等性平台。尽管上网行为都表现为与计算机之间的"人—机"互动，实质上还是"人—人"互动。建立在平等基础之上的军队网络文化传播，实际上是广大官兵以多对多方式进行沟通。一是充分利用网上交流平台，组织官兵进行热点辨析、正反辩论、实话实说等群众性自我教育活动，就一些热点、难点和焦点问题展开讨论交流，让大家在你一言、我一语中受启发、受教育。二是通过开办首长信箱等栏目，引导官兵畅所欲言，真正掌握他们的所思所想、所忧所盼。三是坚持在集中教育展开前、热点敏感问题集中时、重大政策出台和重大事件发生后，有针对性地设置讨论话题，让官兵在相互交流中沟通思想、启发觉悟。

（三）调查研究功能

传统的调查研究方式不易掌握实情、了解真情，官兵不愿当面说实话、说真话、说掏心窝子话，怕丢选票、挨批评、伤和气，不仅影响党委和领导的决心意图，也不利于科学决策、民主决策。网络的"人—机"对话，大大增强了调查研究的针对性、真实性和即时性，官兵通过虚拟空间可以倾诉想法、畅谈看法，能够很好发扬政治民主、军事民主和经济民主，为部队建设建言献策。针对网络信息传递快捷、覆盖面广、统计迅速、调查对象顾虑较少等特点，在政工网上组织问题调研和问卷调查活动。一是科学确立调查主题，选定恰当的调查方式和有针对性的调查内容；二是及时对网上调查数据进行定量定性分析，及时掌握官兵思想、心理和行为的新变化；三是提供决策依据，客观分析领导机关在工作指导上存在的问题和不足，为首长决策、跟进指导提供真实可靠的依据。某单位的一项调查显示：90%以上的官兵都有上网经历，多数战士喜欢并渴望DV拍摄、动漫制作、电子书等数字文化。为此，他们创新官兵读书方式，提出了"电子书人人有，图书馆带着走"[1]的战略目标。

（四）心理服务功能

网络是心理调节、心理咨询的"知心桥"。利用网络进行心理服务，符合人类情绪需要宣泄的特点和心理服务的保密性原则，消除官兵的种种顾虑，克服实地心理服务中存在的距离障碍，实现不受时空限制的远距离心理服务；同时，网络管理者可以设置一定功能了解官兵所用电脑终端的IP地址，便于调查官兵心理状况并有针对性地进行指导。当前基层官兵产生心理问题的种类很多。如苦累问题突出导致的精神郁闷，婚恋受挫、家庭变故导致的丧失理智，管教方法失当导致的心理报复，战备训练严格导致的紧张焦虑，理想现实差异导致的失望迷惘，人际关系适应不良导致的孤独寂寞，青春期对异性渴求导致的压抑烦躁，生理缺陷或素质差距导致的自卑心理等。这些心理问题，是影响官兵健康成长的严重障碍，也是一些事故、案件发生的重要诱因。网络文化的交互性和隐匿性为心理服务提供了一种全新的交流手段，应用这一特点通过监测聊天室、公告栏，追踪官兵心理活动情况，分析特点，掌握规律，普及心理健康知识，开展心理咨询，及时疏导、缓释官兵的心理压力。这样可排解官兵心中的郁闷，实现心与心的交流，起到应有的心理疏导效果。针对新形势下官兵家庭涉法问题、个人心理问题增多的实际，在网上开设相关咨询服务栏目，加强对官兵的情理引导、心理疏导、生理指导，为官兵释惑答疑、提供帮助、解

---

[1] 李华敏、濮照：《数字文化助推军营信息化建设——某集团军适应当代官兵需求创新基层文化形态》，《解放军报》2011年6月30日，第4版。

决问题。一是开设《心理咨询站》、《谈心疏导亭》等栏目，解决好官兵心理健康的现实问题；二是开设法律服务站、普法教育专题栏目等，解决好官兵家庭涉法的实际问题；三是开设生活指导站、婚恋热线等栏目，解决好官兵工作生活的疑难问题。

（五）娱乐休闲功能

休闲娱乐是部队官兵正常的身心需求。官兵在紧张的训练、工作之余，也有一定的闲暇时间，如何使用闲暇时间，是军队网络文化建设需要认真研究、及时引导的问题。青年官兵富有理想、眼界开阔、重视自我、善于表达，他们渴望享受高品位的精神文化生活，需要一个能够施展才华、提高素质的舞台，希望提高自身的文化修养，培养健康的生活情趣，使自己的军旅生涯更加充实、更有动力、更有意义。开发军队网络文化娱乐功能，就要紧密结合青年官兵爱好广泛、喜欢娱乐的特点，着力打造官兵业余文化的新场所，组织开展一系列网络文化活动，让官兵在各取所需中寻找乐趣、修身养性，在愉悦休闲中减缓压力、舒展心情，既使官兵身心得到休息和放松，消除训练、工作等带来的身体疲劳和心情紧张，从而恢复自己的体力，又使官兵进行知识和能力充电，为更好地进行下一阶段的训练、工作做好准备。发挥军队网络文化的娱乐功能，主要通过以下三种方式：一是将传统的娱乐内容通过网络进行展示，在网上开辟VOD视频点播、优秀影视作品展播等栏目，更多发挥传统娱乐方式的效能。二是将传统娱乐与网络特点相结合，开设军营DV剧、原创微电影等栏目，从而产生一种具有一定交互性的新的娱乐方式，实现传统娱乐与网络娱乐相交融。三是在计算机和网络技术基础上，研发军事对抗游戏、网上训练模拟、智能闯关晋级等新型益智网络版军事题材训练软件，实现休闲娱乐与军事训练相统一。

（六）资源整合功能

军队网络信息总量丰富、信息制造快捷、信息传播广阔，只有把海量信息按照一定的组织方式进行整合,使之系统化、合理化、浓缩化,让信息之间具有逻辑关系,才能为我所用、自如享用。对现有的网络、网站、网页,本着方便实用、综合集成、资源共享的原则进行系统整合,按照增强思想性、知识性、趣味性、服务性的要求进行内容更新。一是进行功能整合。大力开发思想教育、组织建设、干部管理、安全预防等应用软件,发挥网络和多媒体互联互通、图文并茂、声像一体的优势,推动思想政治建设由平面向立体、由一维向多维、由乏味向鲜活、由传统向现代的方向发展。二是数据信息整合。加强基础数据库和动态数据库建设,按照数据库结构来组织、存储和管理数据,将管理信息系统、办公自动化系统、决策支持系统等各类信息系统数据进行有效整合,为实现科学研究和决策管理提供数据支撑。三是大力开发搜索引擎技术。加大军队网络文化搜索功能研究开发力度,建立各类搜索引擎在军队网络文化建设过程中统一规范的技术标准,提高军队网络搜索引擎在网络空间有目的检索所需信息资料的能力。

二 军队网络文化发挥功能作用的途径

军队网络文化不是自发地、随意地发挥作用的,而是需要通过一定的途径来发挥功能。因为文化是思想的载体,人们是通过文化的交流进行思想政治的宣传和教育的。对官兵的精神塑造不仅需要通过必要的教育和灌输来实现,更需要细致入微地结合部队每一次活动才能实现潜移默化之功效。

(一)在自发的切身感悟中加深理论理解

马克思指出:"人不仅通过思维,而且以全部感觉在对象世界中肯定自己。"[1]党的十八大报告指出：要"推进马克思主义中国化时代化大众化，坚持不懈用中国特色社会主义理论体系武装全党、教育人民，深入实施马克思主义理论研究和建设工程，建设哲学社会科学创新体系，推动中国特色社会主义理论体系教材进课堂进头脑。"[2]习近平在全国宣传思想工作会议的讲话中指出，宣传思想工作就是要巩固马克思主义在意识形态领域的指导地位，巩固全党全国人民团结奋斗的共同思想基础。这为开发利用军队网络文化资源增强教育效果指明了方向。为增强教育内容的艺术感染力，运用军队网络文化资源形象生动的特点，把理性的启迪具体化、抽象的道理形象化。借鉴《百家讲坛》喜闻乐见的"故事化"的叙事方法，不是把政治概念简单直白地脸谱化，而是通过设置特定的环境、情节、矛盾、冲突，正如恩格斯所揭示的"隐蔽"的"倾向性"[3]中，入情入理地推动人物思想、行为、命运的必然发展，进而实现对某种思想观念的认识和肯定。

喜听故事是人的"天性"之一。所谓故事，就其本质意义而言，是人类把过去同现在联系起来，把自己（作为人类的个体）同他人联系起来，并在这种联系中把握现在、筹划未来。[4]故事，属于历史。给历史的故事插上艺术翅膀，故事就会变得生动，历史就会富有色彩。从民族思维特点来看，与西方拼音文字的民族相比，中华民族更偏重于"形象思维"。我们的祖先是很明白故事的特殊功效和魔力的，也十分懂得故事的秘密。翻一翻诸子百家的那些闪烁着光辉的著作，所有的道理无不是用讲故事"讲"

---

1 〔德〕马克思：《1844年经济学哲学手稿》，中央编译局编译，人民出版社2000年版，第87页。
2 胡锦涛：《坚定不移沿着中国特色社会主义道路前进，为全面建成小康社会而奋斗——在中国共产党第十八次全国代表大会上的报告》，人民出版社2012年版，第31页。
3 陈贵山、周忠厚主编《马克思主义文艺学概论》，中国人民大学出版社2001年版，第350～356页。
4 吴信训主编《都市新闻传播学》，中国社会科学出版社2001年版，第123～124页。

出来的。人们喜爱故事，是因为故事里蕴藏着大千世界，是因为故事里面总是少不了人，是因为故事有"戏"，总是跌宕起伏，是因为故事本身就是一种"人文关怀"——对自己"命运"的关怀。利用网络优势，精心打造网上故事会，如贵州省军区精心打造的故事会，"一个《四渡赤水》，讲得洋洋洒洒，述说万语千言。然而，演员们用艺术的方式呈现，七八分钟的时间里，一幅四渡赤水图便立体地呈现在观众眼前，难怪观众们都说，插上艺术翅膀的'红色故事'，特别感人，特别动听"。[1]这也是故事叙事这一网络文化资源的魅力所在。

（二）在丰富的情感体验中升华思想境界

唯物辩证法认为，一切事物都有内容与形式两个方面，内容与形式作为一对矛盾，既相互对立，又相互依存；内容不是脱离形式的内容，是具有形式于自身的内容，而"形式是具有内容的形式，是活生生的实在的内容的形式，是和内容不可分离地联系着的形式"。[2]教育学原理告诉我们，教育者和被教育者在情趣上保持同步，是增强教育感染力的重要一环。因为情趣是快乐的载体。"情"是与青年官兵的理解能力及特有性格相交融的美好感情，能引起他们思想上的共鸣。"趣"是产生于情感与生活的交融，产生于符合他们年龄特征与心理特征的艺术表现。只要我们捕捉到了"情趣"，也就捕捉到了"快乐"。网络文化资源中的抒情类文化活动以抒情为特色，使官兵在特定情感的感染体验中，悄然把情感连同孕育这种情感的观念一道，根植于自己的心灵土壤之中，从而升华自己的思想境界。为迎接中国共产党成立90周年纪念日，全国各地开展的"学党史、颂党恩""红歌会"等一系列网络文化活动，就是满足人们渴望真、善、美的

---

[1] 张文科、林贵鹏：《给"红色故事"插上艺术翅膀》，《解放军报》2012年2月24日，第8版。

[2] 列宁：《哲学笔记》，林利等译校，中共中央党校出版社1990年版，第97页。

精神文化以及期待多元化的音乐元素这一需求，充分发挥人民群众的聪明才智，采取群众喜闻乐见的形式，人们在审美接受过程中，也将自身的情感体验与创作加入到红歌中，把优秀的红色文化与人民群众喜爱的形式巧妙地结合起来，用大众喜闻乐见的形式来宣传红色精神。

（三）在多样的实践活动中提升精神品质

列宁指出："在探索的认识中，方法也就是工具，是主观方面的某个手段，主观方面通过这个手段和客体发生关系。"[1]军队思想政治教育中，方法对路，理达情通，事半功倍；方法不对路，犹如劈柴不照纹，事倍功半。这不仅要求教育者自身文化素养高，有文化才有底蕴，有底蕴才有底气，有底气在授课中才有才气和灵气，而且要善于运用文化资源创新教育方法。其实，网络文化资源在创新教育方法方面，也有着独特的作用途径，主要表现为实践育人、灵活多样、多管齐下、穿插渗透、潜移默化、乐中施教。随着我军拥有完全自主知识产权的军事游戏《光荣使命》研发完成，网络文化资源开发进入新的时代。这款游戏以一名战士的军营生活为背景，以参加代号为"光荣使命"的大型实兵对抗演习为主线，分为基础训练、单兵任务、班组对抗三个模块，涵盖军事、政治、后装基础知识等领域，具有较强的综合性功能和使用性价值。试玩过该游戏的基层官兵反映，该游戏看上去很亲切，打起来很带劲，玩起来很过瘾。[2]从某种意义上来讲，军事游戏创作者深刻的思想、激越的情怀、生活的哲理，利用官兵现实生活中比较熟悉的例子来做巧妙的比喻和契合的联想，通过具体形象的生动画面展示出来，达到情景交融、形神兼备的境界。这样，就能够把官兵带入一种现实中所不具备的"历险"情境，这种"历险"情境恰好

---

1 列宁：《哲学笔记》，林利等译校，中共中央党校出版社1990年版，第246页。
2 王冬平、柳刚：《〈光荣使命〉填补我军军事游戏空白》，《解放军报》2011年5月13日，第1版。

让官兵和游戏中的人物一起去实现"做英雄"的梦想。让官兵在看得见、摸得着、体会得到的一种满足和快乐感,体味教育者的深刻思想、激越情怀和生活哲理,提升其思想境界和精神品质。

三 军队网络文化功能作用发挥的心理机制

官兵接受教育都是在一定的意识状态下实现和完成的,具有一定的精神心理条件。科学研究证明,"人客观上只存在一个神经生理系统,也只存在一个序列的生理心理机制"。[1] 包括军队网络文化在内的一切试图对官兵思想产生影响的外在信息,都是通过同一个神经心理系统,同一套生理心理机制,这是一切功能发挥的必经之路。为此,从研究官兵的接受心理出发,探讨军队网络文化在官兵接受教育不同环节中心理机制的优势,从而将官兵潜在的接受心理转换为现实的、实实在在的接受,对增强军队政治工作时代性和感召力,具有特殊意义。

(一)发挥军队网络文化在官兵感知环节的优势

感知是指客观事物通过感觉器官在人脑中的直接反映。[2] 心理学家经过分析发现,在形成对外界的总体感受中,"按其比例,视觉占83%,听觉占11%,嗅觉占3.5%,触觉占1.5%,味觉占1%"。[3] 它们共同构成了人与外界沟通的第一道屏障。如果没有这些感官的接受,教育信息就无法进入官兵的心理系统,在官兵头脑中形成直接反映,当然也就谈不上对官兵产生教育作用了。军队网络文化中文化信息的鲜明特点,就是形象生动性和阳

---

[1] 杨曾宪:《审美鉴赏系统模型》,人民文学出版社1994年版,第112页。
[2] 中国社会科学院语言研究所词典编辑室编《现代汉语词典》,商务印书馆2002年版,第410页。
[3] 王海平:《军队思想政治教育接受论》,军事科学出版社2003年版,第26页。

刚战斗性，这种形象生动的感性特点和阳刚向上的战斗特征，恰恰是它进入官兵接受心理通道的第一张优先通行证。军队网络文化中一些融入军旅特色、文化元素、艺术风格、技术手段和教育内涵的生动形象的网络物质文化和网络行为文化，就能营造一种浓厚的教育氛围，如官兵在参加"入伍宣誓""授衔""向军旗告别"等仪式教育时，运用各种时空手段营造特定的仪式情境，并把这些场景录制下来，制作成"网上队史馆""网上荣誉室"，使官兵一打开电脑就能看到，直接作用于官兵的视觉和听觉，发挥一种潜移默化的教育功能，使官兵产生身临其境的感受，在"润物细无声"中接受教育，收到"不教之教"的效果。

（二）发挥军队网络文化在官兵认知环节的优势

认知是人们为弄清客观事物的性质和规律而产生的心理活动，这些活动包括调动人的记忆、思维、联想等功能，对进入的信息加以"审视"和"判断"，也就是开始进入接受的前阶段。心理学家研究发现，人记忆系统中的信息是以图式的形态存在的。瑞典儿童心理学家皮亚杰在阐述儿童认知发展的过程中，提出了诸如认知发展、认知结构与图式、认知机能、组织、适应、同化与顺应等概念，阐述了彼此的关系。[1]他认为："教育环境中潜移默化的功能，远大于知识传授的功能。"[2]也有学者认为："在人们的认知背景中，任何一个事物都可能成为个体的注意对象，但是只有新奇的东西才容易成为人们注意的对象，进而产生探究的好奇心。"[3]如授课的新题目、新内容、新教具、新形式、新方法等，就容易引起人的注意。相反，千篇一律的、多次重复的、公式化的东西就不易引起人的注意，甚

1　胡谊主编《教育心理学：理论与实践的整合观》，华东师范大学出版社2009年版，第22～23页。
2　张春兴：《教育心理学》，浙江教育出版社1998年版，第112页。
3　王浩：《接受心理：思想政治教育的逻辑起点和实践需求》，《南京政治学院学报》2007年第3期，第92～94页。

至使人生厌。军队网络文化,就是以其多彩多样的生动性、丰富性,把官兵记忆系统中的丰富图式,通过色彩的、声音的、静态的、动态的、空间的、时间的、情感的等相关方式,全方位地调动起来,从而使军队网络文化的七彩之光,进一步透射进入官兵的心灵世界。例如,军队思想政治教育中的网络游戏、军事动漫等运动类网络文化资源,在满足官兵调节、宣泄、强身健体需要的生理性快感的同时,又满足了官兵精神发展的需求,促进官兵思想认识的发展;网络视频、微电影、慕课等叙事类网络文化资源,通过设置特定的环境、情节、冲突、矛盾,以隐蔽叙事的方式,把抽象的理论回放到丰富的现实生活当中,从而还原了理论与现实的真实关系,在与具体实在的现实结合中,推动着官兵思想认识的深化;艺术欣赏、参观游览等抒情类网络文化资源,以特有的情感语言、鲜明的情感态度和丰富的情感体验,以对思想政治教育内容的肯定性体验、生动性表现以及多样化感受,影响着官兵思想认识的发展。

(三)发挥军队网络文化在官兵心理反应环节的优势

官兵对自身需要的教育信息,在感知上的反映和认知上的处理,还只是处于官兵的生理—心理层面,并未达到真正意义上的接受,只有教育信息经过官兵心理反应的多重检验,最终受到热烈欢迎并为官兵所接受时,它便得以多方位地融进官兵的心理构成之中,悄然带来官兵的认识、观念、情感、需要以及认知图式等心理构成的变化,使官兵产生情感上的共鸣,进而对官兵产生多种影响,这才是官兵接受教育的最佳境界。例如,官兵会经常感到,在心境良好的状态下接受教育时心情舒畅,思路开阔,思维敏捷,接受教育愉快,解决问题迅速;而心境低沉和忧郁时,则心情郁闷,思路阻塞,思维迟钝,接受教育有抵触情绪,更无创造性可言。如开辟网络营院、网上训练场、网络政治环境专栏,这本身既包含物质、行为、制度和精神文化内涵,又蕴涵着军队的主流价值导向,更是以官兵喜闻乐见的网络文化形式呈现出来,使官兵在网络学习和网络娱乐中,将外在的客观价值转化为官兵内在的主观价值，产生强烈的认同感，进而引导官兵自身的实践。军队网络文化功能的发挥，同样离不开网络文化活动的配合，官兵在网络文化活动中接受教育，又和其情感体验分不开。官兵在丰富多彩的愉悦感受中，通过多种生理、心理、情感、意志等润化，不仅满足其文化娱乐的需要，而且推动其认识与观念的发展，促进其思想品德的形成，达到教育目的。

需要指出的是，本书从感知、认知、心理反应三个环节，探讨了官兵接受心理，进而论述了军队网络文化功能发挥的心理机制。但这三个环节并不是彼此孤立、界限分明的，而是紧密相连、相互作用、融为一体的。感官的反映不断地被认知所处理，认知的处理必然包含着多种心理结构的反应，而认知和心理反应又影响着感官的反映。此外，价值和情感也同样如此，价值决定着情感，情感反映着价值，它们也是紧密联系、相互依存、合力推动的。因此，要加强对官兵接受心理的研究，找出制约官兵接受心理活动的种种因素，将不利因素转化为有利因素，不断增强军队网络文化工作的时代性和感召力。

第三章

军队网络文化建设的方针原则

加强军队网络文化建设，只有找准关键点，把方针原则搞清楚，作为建设军队网络文化的主要依据和基本遵循，完成好党、国家和军队赋予的基本任务，才能担负起军队网络文化在军队建设及军事活动中的重大责任，适应新形势，应对新挑战，在继承传统中实现新发展，在完成任务中开创新局面。

第一节　军队网络文化建设的方针

《中共中央关于深化文化体制改革推动社会主义文化大发展大繁荣若干重大问题的决定》中强调:"发展健康向上的网络文化。加强网上思想文化阵地建设,是社会主义文化建设的迫切任务。要认真贯彻积极利用、科学发展、依法管理、确保安全的方针,加强和改进网络文化建设和管理,加强网上舆论引导,唱响网上思想文化主旋律。"[1]军队网络文化作为网络文化的重要组成部分,其建设应遵循以下方针。

一　积极利用

网络的出现打破了官兵原已习惯了的种种时空限制,空前地拓展了官兵的精神空间和思维半径,为官兵提供了异常便捷的交流和认识途径,提供了全新的工作和生活方式,加速了官兵的全面发展,形成了网络文化这样一种新型的文化形态。可以说,网络文化的崛起和发展极大地解放了人的思想和行为,为培养新一代革命军人、实现党在新形势下的强军目标提供了现代物质技术和文化支撑。同时也要看到,网络文化有其双重性,它给官兵思想和行为带来的影响并不一定都是正面的积极的,也有一些负面的消极的影响。首先,网络文化的多元化易导致官兵价值冲突的加剧和价值选择的困惑。网络打破了地域和民族的界限,把世界连成一个共同体,

---

[1] 本书编写组编著《中共中央关于深化文化体制改革推动社会主义文化大发展大繁荣若干重大问题的决定》辅导读本,人民出版社2011年版,第17页。

体现出多元化、多层次的特点与趋势,具有民族性、国际性的网络伦理道德体系、海纳百川的发展特性使网络文化多元化发展。每个民族、每个国家的文化传统都有其存在的道理,全球文化的大融合和多元化消解了民族文化,这与我军所培育的当代革命军人核心价值观,在一定程度上存在冲突,导致新一代革命军人选择正确的价值取向时容易产生困惑。其次,网络文化的不良信息严重影响官兵的是非判断和行为选择。由于互联网的分散管理结构体系,任何人和机构都可以独自在网络上随意发布信息,可能导致各类不良信息充斥整个网络,比如色情、暴力、诈骗等。这些大量的不良信息,对青年官兵具有极大的诱惑力和欺骗性,不仅危害青年官兵的身心健康,更增加了管理上的难度,尤其是青年官兵的违规违纪问题。调查显示,80%以上的违规违纪问题与接触网络不良信息有关,个别青年官兵沉迷网络,上网主要目的是聊天、游戏、浏览不健康网页。受这些不良信息影响,有的青年官兵在日常生活中没有明确的是非对错的判断标准,在行为上也容易出现偏差。再次,网络文化的数字化和虚拟化易造成官兵道德人格的缺失和情感的冷漠。网络获取信息快捷、相互联系快捷等特点改变了许多青年官兵人际交往的方式,青年官兵在享受网络带来的犹如身临其境的新鲜与刺激的同时,很可能沉溺其中而不能自拔,缺乏生动活泼的人际交流,势必导致情感的萎缩与淡化,容易诱发心理问题和心理障碍,导致人际交往能力下降,严重时导致人格异常。

加强军队网络文化建设,必须充分认识网络这把"双刃剑"和网络文化的"双刃剑"作用,贯彻积极利用方针,主动应对网上意识形态斗争复杂形势。一要克服"不变应万变"的经验主义倾向。正确认识经验的价值,珍惜军队网络文化建设的科学经验,但不能犯经验主义错误。当前,有些单位网络文化建设存在经验主义的惯性思维,习惯于将一些老标准、老经验、老方法简单移植到建设过程中,无视青年官兵的新特点,无视网络社会化、社会网络化的新环境,关起门来搞建设,凡事都靠经验、凭主观意志,肯定是要犯错误的。必须打破思维定式的精神枷锁,扔掉因循守旧的坛坛罐罐，走出经验主义的依赖怪圈。二要克服"简单跟风和盲目攀比"的形式主义倾向。军队网络文化建设必须端正指导思想，结合本单位实际情况，做到内容和形式的统一，防止脱离本单位实际，把借鉴吸收搞成简单的照搬照抄，把注重形式搞成形式主义，把建设搞空搞虚，做成"夹生饭"，不解决实际问题。三要克服"等、靠、要"的消极态度倾向。置身于"互联网+"时代，拒绝网络就等于隔绝于时代。如果广大官兵尤其是领导干部对互联网抱着害怕、躲避、无所作为、简单抵制等消极态度，无疑是落后于时代。我们必须解放思想，更新观念，保持积极性状态，防止消极性状态，敢于担当，主动作为，积极稳妥地利用好互联网，努力做到趋利避害，为我所用。四要克服"拉不下架子沉不下身子"的漂浮作风倾向。一些单位的网络文化建设成效不明显，其主要原因在于作风不深入不扎实，一些工作经不起严查细看实抠，在一片抓落实的要求声中没有落实。必须坚持真抓实干、一抓到底，像挖井找水一样，做好最后一锹的工作，切实保证实干者受重用、漂浮者受鞭策、慵懒者受惩处，把军队网络文化建设抓到底、落到位，真正见到实实在在的成效。

二 科学发展

任何一种文化形态都有其价值取向和发展规律，推进军队网络文化建设也必须认真思考它的发展方向和规律。当前，少数官兵对军队网络文化建设存在一些片面和错误的认识。一是认为网络本质上是个人世界、自由空间，情绪宣泄、越轨放纵在所难免。由于各种原因，很多基层官兵与部队领导面对面的交流总是有一定的隔膜，而由于网络的匿名性和自由性，使网络成了青年官兵宣泄、交流和感情寄托的地方，这个场所既能隐藏身份又能平等交流，他们在这里可袒露心怀、倾诉苦乐，还可在这里探讨人生、吸取经验、领悟哲理，日常生活的不愉快也常常在网上宣泄，有的甚至发表一些不负责任的言论，这给部队的管理教育带来了一定的影响和挑战。二是认为网络文化是底层文化，对其中的一些低级庸俗、噪音杂音不必大惊小怪。由于技术原因，现在没有也很难做到进行严格的审查，也不可能对所发布的所有信息逐一核实，人们都是在一个绝对自由的环境下接受和传播信息，使得有用与无用、正确与错误、先进与落后的信息充斥网络，淫秽、色情、暴力等丑恶内容也在网上广泛传播。而青年官兵正处在世界观、人生观、价值观形成的重要时期，对这一现象缺乏清醒认识，抵抗不良信息的免疫力比较低，很难对参差不齐的信息作出正确判断和选择。三是认为网络媒体不是主流媒体，不能拿对报纸、广播、电视的标准来要求。有的官兵认为，报纸、广播、电视作为主流媒体，在信息资讯和信息内容资源方面有无可替代的地位，必须坚持严格的审查标准，而错误认为网络媒体的信息发布审查标准没必要那么高，没必要严格把关，导致信息权威性不强，甚至其真实性令人怀疑。

加强军队网络文化建设，必须坚持以科学发展观为指导，确保军队网络文化建设的正确方向。一要遵循网络信息规律。任何事物都有规律可循。例如，网络信息化具有其客观的基本技术规律，针对信息安全的保护工作不能违背网络信息化的这些规律，同时还应该充分运用那些能影响信息安全的客观规律。运用网络空间的幂结构规律，搞好核心节点调控；运用网络空间的自主参与规律，做到开放与自治的辩证统一；运用网络空间的冲突规律，做到攻防兼顾；运用网络空间安全的弱优先规律，实施整体保障等。军队网络文化的科学发展，必须遵循网络信息的基本规律，注重研究网络技术、网络文化的发展规律，预测其发展趋势，按照网络发展规律，不断将军队网络文化建设推向前进。二要坚持社会主义先进文化前进方向。我国是社会主义国家，我们要建设的文化是以马克思主义为指导的先进文化，也就是面向现代化、面向世界、面向未来，民族的科学的大众的中国特色社会主义文化。我们要建设的军队网络文化，是中国特色的社会主义文化的重要组成部分，决不允许以任何借口散布反党反社会主义的有害信息和攻击性言论，决不允许那些亵渎社会主义思想道德、严重毒害官兵心灵的腐朽落后文化畅行无阻、大行其道。三要树立正确导向。军队网络媒体都要坚持党性原则，用积极、健康、向上的文化观念引领网络媒体，包括网络文化传播中必须始终坚守正确的政治方向，坚持以爱国主义为核心的价值体系，将诸如广播、报刊、电视等媒体形态的信息移植到网络上，利用这些主流媒体的健康正面的信息资源形成良好的公众舆论氛围，宣传党的理论、传播先进文化、倡导科学精神、塑造美好心灵、弘扬社会正气，带头弘扬和践行社会主义核心价值观，持续培育当代革命军人核心价值观，坚持用党的创新理论成果析事明理、解疑释惑，引导官兵理性讨论问题、表达意见，把官兵情绪引导到健康理性的轨道上来。

三　依法管理

军队网络文化作为一种全新的文化形态，在为官兵施展文化才华提供广阔空间和技术支撑的同时，也存在着先进与落后、健康与腐朽、高尚与低俗、科学与谬误、精华与糟粕等同时并存的问题，在网络文化的管理上也存在法规不健全、立法层次不高、部门规章不配套、执法无据的困境，已有的法律法规和规章制度没有得到很好的贯彻执行，一些明显的违法违规行为没有得到及时有效的制止和查处，导致军队网络文化的建设、管理、使用不尽一致、不尽统一。一是重建轻管。团以上单位都很重视军队网络文化建设，在加强领导、经费投入、协调力量等方面下了很大气力，动了不少脑筋，破解了不少难题，所做工作带有开创性。但是，一些单位把网络连通了，把平台搭起来了，就以为完事大吉，就以为完成任务，没有认识到网络的重要功能和使用价值，没有认识到网络文化在军队政治工作中的地位，从而造成网站没有特色、信息陈旧老化、用网没有章法等，不利于军队网络文化的持续发展。同时在网管人才培养、制度机制建设、信息资源开发上相对滞后，存在硬件等软件的现象，一定程度上迟滞了军队网络文化的发展步伐。有的单位官兵反映，每周能够上二、三次网，但管理上不够科学和规范，结果出现谁占上微机谁上网、谁资格老谁上网、几个人共用一台电脑、不会上网的没人教等问题，在管理上较散、较乱，没有规矩。二是重管轻用。基层部队把军营网络建设作为硬件来抓，作为亮点工程来体现，深知军营网络建设来之不易，建成开通后管得很紧，但存在重建轻用、重管轻用、重看轻用的现象，比如，给上级领导汇报演示的多，应付机关检查的多，组织官兵上网的少，开展网络文化活动的少。有的官兵反映，单位网络建好后，我们有一个愿望就是经常上网，在网上学习、娱乐，但网络开放的时间有限，上网的时间更有限，那么好的资源没有利用起来，军队网络文化的吸引力和独特魅力没有充分发挥出来。三是重用轻建。一些基层部队的领导思想解放，让官兵上网用网，尽可能地满足官兵需求，较好地发挥了网络的功能作用。但也存在建跟不上用的现象，有的官兵反映，硬件设施有些老化，受很多条件制约，只能勉强维持，网络运行速度缓慢，从打开电脑到进入网页需要几分钟，网络能用但不好用、让用但用着不够方便。

　　军队网络文化管理上出现的问题，原因是多方面的。既有社会环境的影响，又有编制上的制约；既有理论牵引的不足，又有领导推动的不力；既有制度上的欠缺，又有官兵素质上的问题。一是基层部队对军队网络文化缺乏系统研究。从调查了解的情况看，部队对军队网络文化都很重视，但对如何加强军队网络文化建设、如何实现上级的决心意图缺乏系统研究。二是组织领导力度和宣传教育程度不够。各单位在网络文化建设前期花费了大量人力物力财力，把网络建起来了，但在使用上存有模糊认识，害怕影响工作和训练，发生失泄密问题，存有畏难情绪和依赖心理；一些领导跟不上时代发展的新形势，跟不上信息化建设的步伐，思想不够解放，观念比较陈旧，习惯于传统的思维方式和工作方法，不善于接受新事物，不善于运用网络指导和开展工作，致使在学习网络知识、掌握网络技能上带头不够，在开展网上调查、了解官兵需求不够，只有下边的积极性，缺少上边的积极性；有的单位不注重组织舆论宣传，特别是旅团级单位不注重搞好对官兵的用网培训，官兵不知道军队网络文化的重要作用，不知道怎样上网，存在不感兴趣、敬而远之的现象，更不会形成上班就开机、上网就办公，课上在操场、课下在网上的良好习惯，没有把网络作为重要的工作、生活和学习方式，享受不到军队网络文化带来的益处。三是缺乏完善配套的建网、用网、管网制度。只有依法管理，用法律规范军队网络文化的发展，才能做到科学管理、有效管理，引导军队网络文化健康有序发展，使其走上良性运行的轨道。

加强军队网络文化建设，必须按照社会主义精神文明建设的要求，遵循网络信息的特点和规律，依照国家网络文化有关法律，结合部队实际情况，制定军队网络文化管理的法律法规和实施细则，坚持谁主管谁负责、谁审批谁监管、谁办网谁管网，明确各级职责，责任落实到人；加大对官兵宣传教育的力度，推动官兵网上自律；充分发挥违法与不良信息举报热线及服务平台和网络监督的作用，把文明办网行动置于广大官兵的监督之下，在保护个人信息自由权利及国家信息安全的基础上，坚决制止和打击利用网络鼓吹推翻国家政权、煽动宗教极端主义、宣扬民族分裂思想、教唆暴力恐怖活动等行为，坚决管控利用网络进行欺诈活动、散布色情信息、进行人身攻击和兜售非法物品等言行。定期对文明办网成效显著的网站进行表彰，对存在较多问题的网站进行通报批评，责令限期改正，大力营造绿色网络的氛围，真正做到文明办网、依法管网，正能量充沛、主旋律高昂，为广大官兵营造一个风清气正的网络空间环境。

四 确保安全

在网络社会化、社会网络化的今天，网络空间正在加速演变为战略威慑与控制的新领域、意识形态领域斗争的新平台、维护经济社会稳定的新阵地、信息化局部战争的新战场。谁掌握了网络，谁就抢占了意识形态斗争的制高点，谁就抓住了信息时代国家安全和发展的重要命脉。没有网络安全，就无法保证政治、经济、军事、文化、社会、科技、资源等主要方面的安全，自然也就无法保证国家安全。网络安全工作的重要性、综合性、基础性地位作用日益凸显，成为国家安全"大盘"的重要组成部分，成为决定未来战争胜负的关键因素。捍卫国家网络主权、确保军队网络安全，是我军新形势下的重要使命和时代课题。2016年4月19日，习近平主持召开网络安全和信息化工作座谈会，他强调："网络安全具有很强的隐蔽性，一个技术漏洞、安全风险可能隐藏几年都发现不了，结果是'谁进来了不知道、是敌是友不知道、干了什么不知道'，长期'潜伏'在里面，一旦有事就发作了。"[1]从技术角度讲，军队网络文化安全的主体是信息内容安全。军队网络文化建设的信息内容大多来自互联网，其中鱼龙混杂的不良信息内容也充斥其间，信息内容安全面临严峻挑战：超大流量的现实向现有的信息内容安全技术提出了更大的挑战；由于缺乏信息内容分级标准和内容过滤产品，使得保护青年官兵健康成长问题日渐突出；大容量信息的实时监控、治理等问题越来越突出，对信息资产的安全等级评定、标记、监控技术提出了更高的要求；大量耗费网络宽带的恶意数据充斥网络空间，如病毒、网络蠕虫、垃圾邮件等，亟待从骨干网的层面加以过滤和剔除，从全局角度确保网络资源的合理使用。

网络安全和信息化是相辅相成的。安全是发展的前提，发展是安全的保障，安全和发展要同步推进。加强军队网络文化建设，必须加强安全维护，积极营造健康文明的军队网络文化空间。一是树立正确的网络安全观。加快构建关键信息基础设施安全保障体系，全天候全方位感知网络安

---

[1] 习近平：《在网络安全和信息化工作座谈会上的讲话》，《解放军报》2016年4月26日，第2版。

全态势，增强网络安全防御能力和威慑能力。二是确保信息内容安全。政治性方面要防止来自国内外反动势力的攻击、诬陷和西方的和平演变图谋，健康性方面要剔除淫秽和暴力内容，保密性方面要防止国家和军队机密流失和被窃取、泄露，隐私性方面要防止官兵个人隐私被盗取、倒卖、滥用和扩散，产权性方面要防止知识产权被剽窃、盗用，破坏性方面要防止病毒、垃圾邮件、网络蠕虫等恶意信息耗费网络资源等。三是筑牢官兵思想"防火墙"。加强对官兵上网行为的引导，组织官兵认真学习军队网络文化管理有关制度规定，做到懂规定、定章法、明责任，保持良好的用网秩序；重视抓好网络安全保密教育和网络道德教育，引导官兵充分认清网络系统的脆弱性和网络泄密的危害性，强化安全保密意识，提高官兵分析、鉴别网上信息是非美丑的能力和欣赏品味，自觉纯洁网络行为，养成健康上网、文明用网、自觉护网的习惯，共筑网络安全防线。四是建起网络运行"控制器"。按照《中国人民解放军计算机信息系统安全保密规定》等法律法规，在网民登记、网站审批、网络设施等方面实施严格管理，规范官兵的网上言行。五是上好网络安全"保险锁"。运用技术手段对反动、消极的信息予以鉴别并加以查封和堵截，禁止有害网站访问军队网络，坚决抵御西方意识形态和腐朽文化在网上的渗透和传播；加强对微博、聊天室等敏感栏目的监管，制定张贴规则，并采取编辑、删除、取消联网资格等手段适时对网上信息进行监控，消除信息垃圾。同时，要加强网上道德建设，帮助官兵自觉抵制网络消极文化的不良影响。

第二节 军队网络文化建设的原则

军队网络文化建设的原则，是指在军队网络文化建设中所依据的法则或标准。它既是军队网络文化建设的主观认识的成果，反映了军队网络文化建设客观规律的必然要求，又是军队网络文化建设实践经验的结晶，并随着实践的发展而不断丰富和完善。军队网络文化的构建和发展既要有正确的指导思想和明确的发展目标，还要有基本的原则作遵循。

一 坚持主旋律导向

"舆论导向正确，是党和人民之福；舆论导向错误，是党和人民之祸。"[1]坚持主旋律导向原则，就是在军队网络文化建设中，坚持马克思主义指导地位，坚持党性原则，坚持"姓军为兵"、服务人民，始终把社会效益放在首位，旗帜鲜明地弘扬主旋律。紧贴新一代革命军人的特殊要求，体现军事职业特点，围绕强军目标的时代内涵，根据广大官兵日益增长的精神文化需求，开发利用内容健康、形式多样、具有强烈吸引力和感染力的网络文化资源。一是政治性原则。把讲政治作为第一位的要求，站在大局的高度讲政治、讲党性，算政治账，把政治效益放在首位，积极开发有利于维护党和军队形象和声誉的网络文化资源。不简单重复一些政治口号，不搞口头政治，要使政治同军事、后勤、装备等各项业务紧密结合

---

[1] 本书编写组编著：《中共中央关于深化文化体制改革推动社会主义文化大发展大繁荣若干重大问题的决定》辅导读本，人民出版社2011年版，第15~16页。

在一起，保证军队网络文化资源的开发利用沿着正确的方向更好更有秩序地进行。二是价值导向原则。以先进军事文化为指导，开发利用先进军事文化资源，使官兵对先进军事文化资源实现由价值认知到价值认同，做到大力弘扬先进军事文化，弘扬党和军队的优良传统，弘扬民族精神和时代精神，弘扬正确价值观念和良好道德风尚，旗帜鲜明地抵制和批驳各种错误思想，积极营造有利于培养新一代革命军人的思想舆论氛围。三是先进性原则。积极开发利用健康、科学、向上的网络文化资源，向官兵传播社会主义先进文化，教育引导官兵树立正确的世界观、人生观、价值观，自觉践行强军目标，献身强军实践。

弘扬和维护主流文化。主流文化是"体现着时代的主导思想，支配着文化的前进方向，占统治地位的文化"。[1]正如马克思、恩格斯在论述统治阶级的思想所具有的特殊作用时所指出的："统治阶级的思想在每一时代都是占统治地位的思想。这就是说，一个阶级是社会上占统治地位的物质力量，同时也是社会上占统治地位的精神力量。"[2]这段话告诉我们，统治阶级在特定时期总是占主导地位的，因而所属的文化就是主流文化。建设军队网络文化必须倡导主流文化，弘扬和维护主流文化，加强对主流文化的舆论宣传与教育引导，强化马克思主义、毛泽东思想和中国特色社会主义理论体系在军队思想政治建设以及军队先进文化建设中的主导地位，帮助官兵把思想认识、价值取向和实践行为统一到主流思想文化上来。

开发和利用主流文化资源。主流文化资源主要指的是在构成军队政治工作的各种文化资源中，体现着时代的主导思想，支配着文化的前进方向，占主导和支配地位的文化资源。包括马克思主义军事文化资源，马列

---

[1] 陈华文主编《文化学概论新编》，首都经济贸易大学出版社2009年版，第276页。
[2] 马克思、恩格斯：《德意志意识形态：节选本》，中央编译局编译，人民出版社2003年版，第42页。

主义、毛泽东思想和中国特色社会主义理论体系、当代革命军人核心价值观等。一方面，发掘、利用文化资源中的教育因素，发挥其思想政治教育功能；另一方面，将思想政治教育内容渗透到文化建设中去，通过文化建设过程感染官兵，教育官兵。例如，2011年7月，中国人民解放军原总政治部印发的《深入持久培育当代革命军人核心价值观实施意见》，在"注重文化熏陶"部分，突出强调要以当代革命军人核心价值观为主题，加强军事文艺创作、搞好军营文化环境建设、组织好各种仪式庆典、开展群众性文化活动。[1]

把弘扬主旋律和提倡多样性结合起来。在任何社会中，在经济、政治上占统治地位的社会集团的意识形态是占有统治地位的；任何社会，占统治地位的主流意识形态或者说指导思想都是一元的。这是不以人的意志为转移的客观规律。社会主义文化既是坚定不移地以马克思主义为指导的文化，也是百花齐放、百家争鸣、丰富多元的文化。体现核心价值的指导思想是一元的，但整个体系体现和带动的整个社会文化是多元的、丰富的。这就要求我们建设军队网络文化，要把弘扬主旋律和提倡多样性结合起来。既不能以"一元"否定或取代"多元"，也不能以"多元"来弱化乃至对抗"一元"。因为"一元"和"多元"不仅仅是领率关系，更重要的是整合关系和提升关系。思想文化上的多样化，决不意味着在全社会的指导思想上可以搞多元化，必须旗帜鲜明地弘扬主旋律。同时，在主流文化的指导下，提倡文化的多样性，积极开发利用具有军事特色的网络文化资源和社会对军队渗透和影响的多元网络文化资源，为主流文化提供养料，做到在多样化中确立主导地位，在多样化中寻求共识，以主导扩大共识，以共识巩固主导。

---

1 周奔：《打牢高举旗帜听党指挥履行使命思想政治基础—总政治部宣传部领导就学习贯彻〈深入持久培育当代革命军人核心价值观实施意见〉答记者问》，《解放军报》2011年7月5日，第7版。

二 注重系统性整合

军队网络文化建设的系统性整合原则，就是根据完整性、系统性与有序性协调的原则，将军队网络文化进行整理、提炼、升华，以达到最优化的整体效果，创造出独具特色的军队网络文化建设体系。一是功能的整体性原则。系统论创始人——美籍奥地利人、理论生物学家L.V.贝塔朗菲（L.Von.Bertalanffy）认为：任何系统都是一个有机的整体，它不是各个部分的机械组合或简单相加，系统的整体性功能是各要素在孤立状态下所没有的新质。[1]这也是系统论的核心思想。在军队网络文化建设中，要求把军队网络文化看作由它的所有元素构成的统一整体，把整体性作为军队网络文化系统的最基本的属性，发挥军队网络文化的整体作用。二是内容的关联性原则。恩格斯指出："我们所接触到的整个自然界构成一个体系，即各种物体相联系的总体。"[2]军队网络文化作为一个由诸元素组成的系统，每个系统里面包含子系统。系统与其子系统之间、系统内部各子系统之间和系统与外部环境之间亦相互影响、相互制约、相互作用。这就要求我们在建设军队网络文化时，要把它们看作相互联系、相互制约、相互作用的一个整体，并在整体的相互联系中考察各个元素，进行整体分析、全面把握。三是过程的层次性原则。系统论认为，一个系统总是由若干子系统组成，该系统本身又可看作更大系统的一个子系统，这就构成了系统的层次性。军队网络文化是一个由不同层次元素组成的系统，如旅团的网络构成，营连的网站建立，班排的栏目设定，个人的网页创作，以及各级政工网的互联互通等，都要根据它们的地位作用和部队的现实需要，按照其层次性特点，注意和了解不同层次系统的特殊规律及各层次的相互关系，合理有序地建设。

---

1 http://baike.soso.com. 2010-02-24.
2 《马克思恩格斯选集》第4卷，人民出版社1995年版，第347页。

注重军队网络文化建设的系统性运作。列宁曾说:"要真正地认识对象,就必须把握住、研究清楚它的一切方面、一切联系和'中介'。我们永远也不会完全做到这一点,但是,全面性这一要求可以使我们防止犯错误和防止僵化。"[1] 要正确处理军队网络文化建设中的局部建设与整体建设的关系,既看到局部,又看到全体;既看到树木,又看到森林。既不能只强调整体建设,平均有力;也不能过分强调局部建设,忽视整体建设,影响整体效果;要对军队网络文化建设系统的诸要素、诸要素的功能、建设的环境条件等各方面情况进行系统分析,对各种建设方案进行综合分析,选择最优建设方案,最大限度地减少失误。

进行军队网络文化建设的关联性分析。毛泽东在论述矛盾诸方面的同一性和斗争性时指出:"一切矛盾着的东西,互相联系着,不但在一定条件之下共处于一个统一体中,而且在一定条件之下相互转化,这就是矛盾同一性的全部意义。"[2] 军队网络文化建设作为一个矛盾的统一体,也包含着多对矛盾,一方面,它们各以和它对立着的方面为自己存在的前提,双方共处于军队网络文化建设这一统一体中;另一方面,它们依据一定的条件,各向着其相反的方面转化。例如,传统文化资源加上时代元素和科技元素,就可以转化为现实网络文化资源;反之,现实网络文化资源,随着时间的推移、情况的变化、时代的发展,可以转化为传统文化资源。这就要求我们在开发利用这些文化资源时,时刻牢记中国人常说的"相反相成"[3] 和列宁教导的"相对中有绝对"[4] 的道理,进行军队网络文化资源的关联性分析,以便更好地、科学地开发利用军队网络文化资源。

明确军队网络文化建设的主次性顺序。毛泽东在论述主要的矛盾和主要的矛盾方面时指出:"任何过程如果有多数矛盾存在的话,其中必定

---

1 《列宁全集》第40卷,人民出版社1986年版,第291页。
2 《毛泽东选集》第1卷,人民出版社1991年版,第330页。
3 班固:《汉书·艺文志》,《毛泽东选集》第1卷,人民出版社1991年版,第340页。
4 《列宁全集》第55卷,人民出版社1990年版,第307页。

有一种是主要的，起着领导的、决定的作用，其他则处于次要和服从的地位。"[1] "矛盾着的两方面中，必有一方面是主要的，他方面是次要的。其主要的方面，即所谓矛盾起主导作用的方面。……事物的性质，主要地是由取得支配地位的矛盾的主要方面所规定的。"[2]这为军队网络文化建设中贯彻系统性整合原则提供了理论指导。我们必须依据军队网络文化建设目标，结合本单位实际，善于抓住主要的矛盾和矛盾的主要方面，明确建设的主次顺序，形成重点突出、主次有序的军队网络文化建设格局。

三 突出实践性创新

任何文化都是继承现有文化成果的基础上，不断创新，不断发展的。突出实践性创新原则，就是军队网络文化建设中，要强化创新意识，加大创新步伐，打开新的发展视野，拓宽新的发展思路，拓展新的发展空间，增强军队网络文化的时代性和感召力。一是突出特色性实践。在建设军队网络文化时，坚持"人无我有、人有我优、人优我新"的原则，积极探索军队网络文化的理论上的渊源和实践上的空白，分析他人在理论和实践上的不足之处以及需要改进创新的地方，提出新的研究问题的视角和思维方式，为他人树立标杆，起到示范引路作用。二是坚持制度化原则。军队网络文化的创新重点应放在制度规范和固化上，主要体现为三个层面：网络本身固有的技术规范和安全维护措施的基本层面，包括军队网络建设技术规范和标准、防火墙设置、数据备份等；网络使用者应遵守的基本法律法规、道德规范的高级层面，包括规定什么类别的信息不能传播，监督及处罚措施等；在培育和构建网络制度时应遵循的方法论原则的机制层面，突

---

1 《毛泽东选集》第1卷，人民出版社1991年版，第322页。
2 《毛泽东选集》第1卷，人民出版社1991年版，第322页。

出军队网络所承载的信息的保密性和公布范围。三是讲究艺术性原则。军队网络要发挥其作用、体现其价值，不可能不讲艺术。要充分调动官兵的多种感官，把官兵的注意力吸引到网络中来，让官兵的眼球关注网络内容，接受网络教育，激发共鸣点，体现认同感。

搞好军队网络文化建设要坚持与时俱进，不断改进创新。习近平强调："创新能力是一支军队的核心竞争力，也是生成和提高战斗力的加速器。"[1] "整个人类历史，就是一个不断创新、不断进步的过程"，[2] "新时期最突出的标志是与时俱进"，[3] "实践发展永无止境，认识真理永无止境，理论创新永无止境"。[4] 所以，我们必须树立创新的观念，着眼于马克思主义理论的时代化，着眼于提高对实际问题的理论思考，着眼于新的实践和新的发展，正确处理军队网络文化建设继承创新与突出单位特色的关系。但是，在开发利用特色网络文化资源方面，目前个别单位对创造特色存在一些模糊认识：开发什么网络文化资源都要特色，一味强调特色网络文化资源，让特色网络文化资源成为"时尚"；不管特色网络文化资源是否适合本单位，创造特色网络文化资源的条件是否具备，都要人为制造特色网络文化资源，让特色网络文化资源成为"摆设"；不顾特色网络文化资源的属性和层次，相互之间有无可比性，争先恐后比特色网络文化资源，让特色网络文化资源成为"卖点"，等等。这就片面理解了特色网络文化资源的内涵和创造特色网络文化资源的意义。所以，我们在创造军队特色网络文化资源时，一定要树立辩证的观点，客观辩证地看待特色网络文化资

1　习近平：《全面实施创新驱动发展战略，推动国防和军队建设实现新跨越》，《解放军报》2016年3月14日，第1版。

2　《江泽民文选》第3卷，人民出版社2006年版，第103页。

3　胡锦涛：《高举中国特色社会主义伟大旗帜，为夺取全面建设小康社会新胜利而奋斗——在中国共产党第十七次全国代表大会上的报告》，人民出版社2007年版，第9页。

4　胡锦涛：《坚定不移沿着中国特色社会主义道路前进，为全面建成小康社会而奋斗——在中国共产党第十八次全国代表大会上的报告》，人民出版社2012年版，第9页。

源。既要看到特色网络文化资源的普遍适应性，积极主动地创造特色网络文化资源，又要看到特色网络文化资源的客观局限性，不要把"创造特色网络文化资源"变成"祈求特色网络文化资源"；既要看到特色网络文化资源对军队政治工作的积极作用，力争追求其功能作用的最大化，又要考虑特色网络文化资源是否适合本单位以及官兵的接受程度如何，努力寻找特色网络文化资源与单位实际的最佳结合点，不能把"创造特色网络文化资源"变成"拼凑特色网络文化资源"；既要理性、公正、公平地比特色网络文化资源，达到相互学习、共同提高的目的，又要防止形式主义，盲目攀比，以特色网络文化资源来显示政绩，把"创造特色网络文化资源"变成"炫耀特色网络文化资源"。具体讲，要把握以下三方面特色。

把握中国特色。军队网络文化是我国社会主义文化的组成部分，军队网络文化建设要坚持中国特色。在当代中国，先进文化就是代表我国文化发展方向的中国特色社会主义文化。建设军队网络文化，目的是用中国特色社会主义理论体系武装头脑，使广大官兵自觉认同社会主义先进文化，坚定不移地贯彻执行党的基本理论、基本路线、基本纲领、基本经验，毫不动摇地贯彻执行党对军队绝对领导的根本原则和制度，使官兵理性认识和坚决抵制腐朽思想文化的侵蚀，坚定不移地听从党中央、中央军委和习主席的指挥，确保部队建设的正确政治方向。

把握军队特色。军队网络文化要姓"军"。建设军队网络文化，归根到底是为了提高部队战斗力。军队网络文化成果和网络文化活动要服务于部队的作战训练。要积极将网络产品引入作战训练领域，下大力气开发军事网络游戏，把军事网络游戏作为军事模拟训练的重要手段。模拟仿真游戏具有突出的趣味性和吸引力，把它与军事训练结合起来，可激发士兵学习和训练热情。据悉，美军派遣参加伊拉克战争的军人中，90%以上都接受过仿真网络军事游戏的训练。目前，外军不仅拥有各种轻武器训练的电脑游戏，还开发出了用于飞机、潜艇、航母以及后勤保障等装备操控培训的游戏软件。据美军统计，从未参加过实战的飞行员在首次执行实战任务时的生存概率只有60%，经过模拟对抗训练后，生存概率可以提高到90%。我军网络游戏开发要结合部队担负的作战任务，可以把多种仿真游戏投入到训练实践，虽说不能代替实战、实训，但在游戏中，官兵的个人军事素质、指挥员的指挥能力，都得到了一定程度的锻炼和提高。除网络游戏外，还可以开设军事网络文化品牌专栏，如网上兵器论坛、软件家园等，培养和锻炼参与网络对抗的专业人才。

把握单位特色。一个单位的网络文化要有自己的特色，有自己的品牌。有的网站不注重功能开发，没有突出本单位特色，页面设计互相模仿，栏目设置雷同，网站内容互相拷贝，片面追求大而全，出现了网站"千网一面"、内容"长期不变"的怪现象。有的官兵反映，刚开始上网感觉还很新鲜，看久了就越看越没劲，还不如看报纸。加强军队网络文化建设，必须注重贴近官兵需求，树立服务意识、共享共建意识和互动意识，把了解和满足官兵的需求作为重要原则，对想学习成才的，网站要使官兵想读的书找得到、想要的资料查得到，成为官兵学习知识的"大学校"；对想休闲娱乐的，网站可以开辟一些品位高、军味浓、有特色的文化栏目，开展丰富多彩的网上文化活动，成为官兵文化娱乐的"俱乐部"；对想寻求帮助的，网站可以针对青年官兵心理问题、涉法问题增多的实际，办好心理咨询、法律咨询专栏，成为官兵健康成长路上的"服务站"。

四 实现可持续发展

一般地讲，可持续发展是指"既满足当代人的需要，又不对后代人满足其需要的能力构成危害的发展"。[1]坚持军队网络文化建设的可持续发展原

---

[1] 世界环境与发展委员会编《我们共同的未来》，王之佳等译，世界知识出版社1989年版，第19页。

则，就是要求建设军队网络文化，必须树立可持续发展的理念，既要满足当前需要，更要着眼长远需求。一是人本性原则。军队网络文化最终目的是为官兵服务、直接作用于官兵，建设的好坏由官兵评判。从一定意义上讲，军队网络为官兵而生、为服务而存，军队网络就是群众网，官兵就是军队网络的主体和主人。因此，一定要把军队网络文化办得很有人情味、有知识含量、有互动性，不断增强亲和力和凝聚力；要充分发挥官兵的主观能动性和创造性，让他们在消费网络文化的同时，创造网络文化；在军队网络文化培育中渗透主体性教育思想，给官兵创造一种宽松、民主的网络氛围，让他们获得一种积极的情感体验，从而产生积极向上的内在动力和自觉认知思想政治教育的心理状态。二是动态性原则。军队网络文化资源是静态和动态的统一。要求我们在建设军队网络文化时，必须牢记"静止是相对的，运动是绝对的"这一辩证唯物主义观点，要紧跟时代发展，做到动与静相结合。三是协调性原则。把军队网络文化过去、现在以及未来的发展结合起来，协调好硬件建设和软件建设、管网和用网、数量和质量、眼前利益和长远利益的关系，谋求军队网络文化建设的可持续发展。

　　树立可持续发展理念。理念是战略决策的哲学基础，是一切行动的理论先导。树立尊重历史文化传统的理念。所谓持续，意味着在前面的历史文化传统基础上延续不断。一个民族、一个国家、一个政党、一支军队任何重大的抉择，都可以在其历史文化传统中找到根源和痕迹。战略问题专家金一南在他的著作《苦难辉煌》中感言，不能深刻感触过去，怎么获得腾飞的翅膀？[1]一个人可持续发展理念的形成绝非一朝一夕之功，而是长期教育、养成的结果。因此，必须加强教育引导，使官兵形成可持续发展的价值取向，转化成官兵内在动力驱使下的价值追求，变成官兵自觉的价值实践，形成可持续发展的文化，共同支撑起可持续发展的大厦。

1　张弛、滕晓东、代烽、邵敏：《千里寻故地——南京军区高中级干部赴我军政治工作发源地参观见学采访札记》，《解放军报》2009年6月15日，第2版。

大力推进军队网络文化资源节约集约利用。赫尔曼·戴利把可持续发展的思想概括为三项"不超过"比率。一是可再生资源的使用率不超过它们的再生率，二是不可再生资源的使用率不超过可持续的可再生的替代物的开发速度，三是污染排放率不超过环境的吸收能力。[1]要提高官兵的环保意识和节约意识，做到资源保护和科学开发并重，提高资源利用率。某部党委注重利用自身丰厚的资源优势，把网上和网下文化资源结合起来，充分发挥军营文化的启智育德功能，收到较好效果。"走进该部军史馆，一段段文字、一幅幅照片都是血与火铸就的诗篇，给人以无声的启示。走出馆外，你会看到更大的军史馆：办公楼内，一幅浓缩部队发展历程的大型浮雕碧蓝壮阔；主干道两旁的灯箱上，英模人物群星闪耀；假山巨石上，部队的荣誉熠熠生辉……开放的军史馆如和风细雨，给大家以启迪，让官兵时时都能触摸历史、学史明理、以史励志。"[2]

大力推进科技创新。爱因斯坦说："科学是一种强有力的手段，怎样用它，究竟是给人类带来幸福还是带来灾难，全取决于人自己而不是取决于工具。"[3]可见，科学技术是把"双刃剑"，它有可能既造福当代人，又造福后代人；也有可能既危及当代人，又危及后代人。这完全取决于人类怎样用它。实现可持续发展最终还要依靠科技创新。因此，习近平在网络安全和信息化工作座谈会上的讲话中指出："要尽快在核心技术上取得突破。要有决心、恒心、重心，树立顽强拼搏、刻苦攻关的志气，坚定不移实施创新驱动发展战略，抓住基础技术、通用技术、非对称技术、前沿技术、颠覆性技术，把更多人力物力财力投向核心技术研发，集合精锐力

---

[1] 章建刚：《文化遗产的真确性价值与遗传产业的可持续发展》，参见徐嵩龄、张晓明、章建刚《文化遗产的保护与经营—中国实践与理论进展》，社会科学文献出版社2003年版。

[2] 沈艾武、王涛：《军营文化启智育德》，《解放军报》2009年11月15日，第8版。

[3] 〔美〕爱因斯坦：《爱因斯坦文集》第3卷，许良英译，商务印书馆1979年版，第56页。

量，作出战略性安排。"[1] 所以，我们在建设军队网络文化时，也要大力推进科技创新，大力发展和应用基础技术、通用技术、非对称技术、前沿技术、颠覆性技术，实现以科技创新来支撑军队网络文化建设，以军队网络文化建设成果来推进军队政治工作的创新发展。

---

1 习近平：《在网络安全和信息化工作座谈会上的讲话》，《解放军报》2016年4月26日，第2版。

第四章

军队网络文化建设的内容要求

军队网络文化建设，涉及军队建设的各个方面，有着特定的内容和要求，这是由军队的性质、宗旨、职能、使命和政治工作的基本任务决定的。熟悉军队网络文化建设的主要内容，掌握其基本要求，有助于增强工作的主动性、系统性和规范性，保证军队网络文化建设的正确方向和各项任务的圆满完成。

第一节 军队网络文化建设的内容

军队网络文化建设的内容，涵盖了军队网络文化建设的各个领域，从不同方面构成了一个相互联系、相辅相成的有机整体。部队的发展需要网络，官兵的成长进步离不开网络，为满足官兵日益增长的上网需求，就必须理清军队网络文化建设的主要内容。熟悉军队网络文化建设的主要内容，有助于增强军队网络文化建设的针对性和系统性，提高军队网络文化建设的质量效益。

一 建好网络文化平台

建设军队网络文化需要网络文化平台，完善的网络设施是军队网络文化平台的基础。要在原有基础上，加强基础网络改造，拓宽网络文化平台，建好硬件和软件设施，为军队网络文化建设提供有利条件。

（一）硬件建设

完善的网络设施设备是军队网络文化建设的基础。要保证军队网络健康有序地运行，必须有与之相匹配的基础设施设备。要遵循规模适度、满足需要的原则，科学论证和解决军队网络装备器材的研发列装，建好通信网络设施，进一步扩大军队网络联通率和覆盖面，提高带宽网速，搞好镜像网站和数据分发站点建设，协调有关部门加快推进军事综合信息网带宽扩容步伐。一是开放基层直接访问全军政工网权限。更改军兵种、战区及各军（师）级单位核心交换机参数，开通基层直接访问全军政工网的权限。二是扩容全军政工网连接军队网络带宽。提升全军政工网到各部队接入口网络传输速率，升级改造各军兵种、战区接入口的网络核心交换机、信息安全防护设备、网络管理服务器、数据传输线路等，满足基层部队访问的数据吞吐量要求。三是实现多网融合。建成以有线网为支撑、无线网和卫星网为补充的信息网络，确保军队有线通信网、无线通信网、卫星通信网和机动通信系统的互联互通，满足部队指挥及日常保障工作的需要，在部队遂行多样化任务中发挥基础通信保障作用。改善网络通信介质，努力提高网络带宽，向集声、像、图形、文字等多种功能于一体的网络硬件发展，使网络文化切实动起来、活起来、美起来。采用高质量的网络服务器，符合局域服务器高速、稳定、存储量大的要求，确保网络文化活动在较大的范围内有效展开。四是构建安全可靠的通信网络。以卫星通信车、综合指挥车、综合通信车为支撑，建立集有线、无线为一体的机动通信系统，积极探索与实践云技术在军队网络中的运用，切实改善军队网络硬件环境，提升上网速度，确保任务部队在任务区域内的任何时间、任何地点高效接入，实现指挥、情报、通信、机要等要素的车载化，确保固定指挥所和机动指挥所的通信联络，实现部队机动条件下话音、数据、图像上传下达，确保军队网络文化活动的有效开展。

（二）软件建设

目前，军队已经依托国家卫星通信资源初步建立卫星通信网，由固定站、车载站和便携站等站型组成，各大单位分别建立卫星地面站，师建立卫星接入站，团一级作战部队配发"动中通"卫星通信车，基层通信部队配发卫星便携站和背负站，并依托军队主干网络和部队局域网，建设完备、高效的军队网络，使基层网络覆盖到旅团办公场所、营（连）部、连队俱乐部及官兵宿舍，为军队网络文化建设提供硬件支撑，但光有硬件平台是远远不够的，必须在软件建设上下功夫。一是打造特色网站。任何一个网站，如果无法赢得网民的认可和信任，如果缺乏网民参与网络文化的建设与管理，缺少网民自发创造积极健康网络文化的参与性，就会是一潭死水，没有生机。要加大专业网站的资金投入，紧密结合基层官兵特点，集中力量，精心打造，建立一批有影响、有特色的基层网站，普及网络文化传播方面的知识；要增强基层网站的思想性、教育性、服务性、互动性，加强综合性门户网站、主题性教育网站、专业性学术网站建设，扩大网络文化的覆盖面和影响力。二是开发教育训练软件。组织有关专业技术人员，开发具有感染力、吸引力，时代性强的教育软件，不仅可以在网上建立和壮大马克思主义教育阵地，唱响主旋律，打好主动仗，争取网上意识形态斗争的主动权；而且还可以使官兵之间通过网络进行互问互答，释疑解惑，辨析商讨，使网络真正融入官兵的工作、生活，起到凝聚人心、鼓舞士气、传播文明的作用。我军拥有完全知识产权的军事游戏《光荣使命》的成功研发，填补了我军军事游戏的空白。[1] 三是积极稳妥推进互联网和智能手机有限进军营。智能手机进军营后，官兵在个人支配时间可以上互联网，社交媒体这张无形的大网把各种各样的信息汇聚在一起，好声音能传播得更远，消极的思想也会及时暴露，并迅速扩散。智能手机虽小，却是官兵思想阵地中一块很大的拼图，忽视了它，思想政治工作就会留下漏洞，网络文化建设就会出现缺项。要在遵守各项保密规定的基础上，各级领导带头在微信、微博上发声，同官兵在网上沟通，用微言微语传递改革强军正能量，不断丰富和完善军队网络文化资源，增强其吸引力和感染力。

火箭军某部针对部队部署高度分散、常年转战南北的特点，把发挥传统优势与彰显信息优势融为一体，打造集同频教学、资源共享、数据传送等多种功能于一体的"政工百事通"移动平台，分为党史军史、法规制度、工作宝典等6个板块，涵盖政治工作数千个知识要点、百余个经典案例和50余部法规制度，还开设"网络大课堂""兵情直通车"等板块，既成

---

[1] 王冬平、柳刚：《〈光荣使命〉填补我军军事游戏空白》，《解放军报》2011年5月13日，第1版。

为政治工作干部的"得力助手",更成为基层官兵的"无言老师",有力地促进了军队网络文化建设。

二 丰富网络文化资源

目前军队网络经过不断的建设和完善,涌现出了一批特色栏目和精品网站,很受官兵欢迎,但官兵普遍反映,网站内容比较单一,更新速度缓慢。有的网站不注重结合单位实际进行功能开发,没有突出本单位特色,这在一定程度上影响了官兵上网的积极性。有的官兵反映,刚开始上网感觉还很新鲜,长期看都是老面孔,越看越没劲。因此,加强军队网络文化建设,必须在改进创新网络内容上下功夫。

(一)在网站内容设置上,满足不同层次官兵的差异化需求

新时期官兵对网络文化的需求是多层次的,教育者要针对官兵现实需求安排设置一定休闲娱乐栏目,供官兵缓解工作压力,针对官兵求知欲强的特点,在网上举办网络学校或远程教育,对官兵学习成才进行指导帮助,尤其是开展丰富多彩的网络文化活动,发挥独特的思想政治教育功能。一是开展求知类活动。官兵根据自己的需要,借助网络的搜索和链接功能,采用跨学科、跨专业的新型学习方式,有选择地学习基础文化、思想政治理论、军事高科技知识以及各种实用技能等。二是开展欣赏类活动。调动各种网络音频、视频和文字图片资源,构成一个个网络音乐厅、小剧场、展览馆,开阔官兵的审美视野、丰富官兵的视听感受;设置各类音乐茶座、音乐欣赏栏目和音乐欣赏网页,介绍和播放各种音乐作品;设置包含经典电影、电视剧、晚会录像的视频栏目,构成一个可以任意点播节目的电视台,有选择地给官兵推荐一些经典艺术影视大片,让官兵在轻松愉悦之余,提高审美鉴别力和欣赏水平。三是开展游戏类活动。开展休

闲类、益智类和竞技对抗类等游戏类活动，如将打牌下棋引入网络虚拟世界后，便可以新的人机对战或超越空间的网上联机对战方式，扩展官兵的参与范围，激发官兵的参与热情；将政治理论知识与闯关益智类游戏结合起来，开展有奖竞赛活动等，不仅使学习突破了时空的界限，还可以营造出轻松愉快的学习氛围，使理论更易入脑入心。

（二）在内容更新上，根据部队担负的使命任务不断充实网络文化内容

部队执行重大任务期间，官兵的业余文化生活相对单调，官兵闲暇时间活动的选择很多，既可选择如读书、看报、书法、绘画等追求自我完善与发展、提高自身能力的活动，也可选择如体育健身等满足身心发展需要、恢复体力的娱乐活动，还可选择一些纯粹消磨时光的活动等，要针对官兵拥有"掌上媒体"不断增多的实际，定期为官兵海量下载电子图书、流行音乐、经典大片等供官兵学习欣赏。例如，某集团军的一项调查显示：90%以上的官兵都有上网经历，多数战士喜欢并渴望DV拍摄、动漫制作、电子书等数字文化。为此，他们创新官兵读书方式，提出了"电子书人人有，图书馆带着走"的战略目标。再如，2010年上海世博会期间，担负世博安保任务的部队，针对官兵思想活跃、求知欲强、热衷网络的特点，充分发挥网络互动性、便捷性、开放性强的优势，利用部队指挥信息网络平台，开展网络文化活动。在政工网上开辟影视天地、音乐欣赏、电子图书、游戏空间等栏目，为执勤官兵提供文化娱乐资源；开通世博会专题网页和论坛，营造网上世博空间，引导官兵在休闲娱乐中学习世博知识，感受世博精神，领悟世博理念；开设"百年世博史"网页，使官兵在学习知识中感受荣誉与使命；开通"世博场馆逐个看"网页，使官兵执勤之余，掌握世博知识，开阔眼界；开辟"世博论坛"，为官兵提供经验交流、情感互通、祝福世博的平台，在增强官兵荣誉感和使命感中，激发奉献世博的热情。官兵普遍感受到，对于网络文化资源，官兵收获的不只是一座"图书馆",更是军营文化形态的一次创新,是对军营信息化建设的一次深层推动。各单位要及时升级调整服务器硬件,及时下载全军政工网信息,及时更新数据,丰富网络文化资源,保证官兵能够浏览最新的网络信息。

(三)在方法手段上,不断创新军队网络文化资源的开发利用方法

利用互联网内容丰富、点击率高、深受官兵喜爱的优势,借助互联网的外力,合理运用官兵原创的内力,不断创新军队网络文化资源的开发利用方法,走一条军民融合、优势互补的发展之路。一是采用信息搜索法。利用网络数据库如万方数据库系统、中国期刊网全文数据库及国外引进数据库等,并利用中英文搜索引擎,结合运用军队主干网络和部队局域网,根据官兵提出的检索要求,收集网络文化资源。二是采用资源共享法。主要包括建网和用网两部分。加强"星网工程"建设,做到网络进班排,并逐步实现动中联通,为官兵网上沟通交流提供平台。拓展网络文化资源的教育功能,打造品牌栏目,建设个性化、有特色的网络文化资源数据库,建立电子图书馆。利用网络收集思想政治教育资料、开展思想调查、制作多媒体课件、实施网上授课、网上答疑等,开展丰富多彩网络文化娱乐活动。发挥BBS、QQ、博客、微博、微信等的独特功能,开展思想工作,使网络成为官兵工作、学习、文化娱乐的重要平台,网络文化资源成为思想政治教育的重要资源,进一步增强先进思想影响的覆盖面和时效性。如某部在开展"赞颂科学发展成就、忠实履行历史使命"教育活动中,注重开发利用网络文化资源,他们将政治理论编成富有知识性、趣味性的电子教材,精选200多部红色经典影视作品等图文影像资料,引导官兵学习优良传统,磨砺战斗精神,收到较好效果。[1]同时,在开发利用网络文化资源的

---

[1] 邵敏、曹伟:《网络开启教育新天地》,《解放军报》2012年4月18日,第1版。

过程中，应加强网络管控，注意网络安全。引导官兵增强网络素质，遵守网络道德，提高上网用网能力，针对海量信息提高筛选能力，针对不良信息提高鉴别能力，针对诱惑信息提高抵制能力，针对反动言论提高批判能力等，做到文明上网，文明用网。

三 拓展网络文化功能

近年来，军队网络不断升级，使军队网络文化建设有了很大发展，充分发挥学习教育、文化娱乐、互动交流、信息资讯、民主监督的功能作用。但总体来说，军队网络文化功能作用发挥还不够明显，需要紧贴部队实际、紧跟形势任务、紧扣中心工作，力求办出具有本级特点、本地风情、本站风格的个性化网站，在功能拓展上下功夫。

（一）网上宣传引导

采取在线交流、浏览回帖、问卷调查等手段，及时掌握官兵关注的问题及其思想情绪。结合重大学习教育、形势任务变化、重要政策出台，抓住涉及官兵切身利益的敏感问题，开展网上专题思想调查，跟踪掌握官兵思想动态。积极发展全媒体网络平台，实施全军网络广播电视工程，推进军内外主流报刊上网，加强时政新闻播报，让官兵及时了解国内外大事，学习党的理论和路线方针政策。办好部队新闻频道，宣传党中央、中央军委和习主席的决策指示，反映部队工作动态和建设成就，展示官兵精神风貌。通过网络形象生动地宣传先进典型事迹，鼓励在军队网络开设先进集体和英模人物博客，开展先进评选、励志签名等活动。运用网络通信平台，进行遂行任务要求教育，围绕部队日常教育训练管理编发相关信息，搞好宣传教育。

（二）网上交流互动

开发信息采集系统，采用远程采集方式，从全军政工网、中国军网、新华网、人民网等军队、政府大型网站采集下载信息内容，突出基础理论、工作经验、法规制度、名家讲座、电子书稿等方面内容，充实各级政工资料库，为官兵提供丰富的学习资料。广泛开展形式多样的网上讨论交流活动，做到问题网上来、观点网上辩、答案网上找。针对官兵关注的重大理论和实际问题，主动设置议题，发动官兵学习讨论，组织干部骨干进行引导，形成正确思想认识。引导官兵结合工作学习生活，利用网上论坛、博客和聊天室，开设博客、论坛平台，增加微博、视频交流功能，举办征文、绘画、摄影、微电影等网上竞赛活动，鼓励官兵提问题、发文章、搞研讨，引导官兵畅谈收获体会，交流思想感情。开展网上学习心得展评、优秀博文评比等，促进官兵相互启发提高。

（三）网上文化娱乐

建设网上精神文化家园，突出军味兵味，把理论武装、政治教育、文化学习、技能培训等与娱乐活动有机融合，丰富"文化大视野"内容，开设文学名著、红色影视、红色书屋、经典剧场、军营歌坛、娱乐天地等栏目；利用部队传统、革命精神、战史战例以及驻地红色资源，建立战斗精神培育专题网页和网上纪念馆、展览馆，发动官兵创作上传诗歌散文、相声小品、动漫、微电影等反映火热军营生活的文艺作品；开展网上经典名著选读、优秀影片展播、中外名曲欣赏等文化娱乐活动，开发与官兵履行职责使命、成长成人成才密切联系的网络游戏、动漫等，举办文学艺术鉴赏、军旅格言评选、军事游戏对抗等，在潜移默化中滋润心灵、陶冶情操、愉悦身心；坚持网络文化的高品位高格调，反对庸俗、低俗、媚俗之风。

（四）网上答疑解惑

运用网络开展咨询服务，帮助官兵及时解决工作学习生活中的实际问题。加强政策法规服务，及时挂载军事、政治、后勤、装备各领域的法规制度，解答涉及官兵切身利益的政策制度问题；加强心理和法律服务，组织心理咨询师、律师提供在线咨询，普及相关知识，解答官兵心理和涉法问题；加强婚恋家庭、卫生保健等服务，为官兵提供有力帮助；利用网络凝聚官兵智慧，引导官兵围绕部队建设中的重难点问题，深入研究思考，提出对策措施；通过网络畅通民主渠道，推行网上事务公开，办好"首长信箱"等栏目，了解官兵诉求，征询意见建议；搞好成果运用转化，及时回应和解答官兵提出的问题，将合理化建议纳入领导决策和工作指导。同时，要增强信息监控统计功能，开发网络言论实时监控系统，自动过滤错误、不健康和涉密言论，加强对网络信息内容的管理，增强各类、各栏目信息的统计功能，掌握发布浏览信息情况，为掌握官兵思想动态、文化需求提供基础数据。

四 办好网络军事频道

长期以来，我军进行形象塑造和宣传的主阵地是解放军报、中央电视台军事频道等传统媒体，我们倾注了大量心血，也取得了很好效果。"不日新者必日退"。现在很多人特别是青年人，逐渐习惯从网上获取信息，通过微博、微信等社交媒体交流信息，同时社会上假冒或假借军人名义从事不当甚至非法活动，部队自身出现违规甚至违法偶发性事件，互联网络亦不时有虚假涉军负面信息流传，都对我军形象和声誉造成了严重伤害。因此，军队形象的正面宣传应当注意向微博、微信等信息平台推送，充分发挥移动终端媒体宣传军队形象的作用。

（一）军队网络新闻媒体与各级宣传部门要主动介入新媒体

社会越发展，新闻媒体在社会中的作用也就越重要，在科技和信息飞速发展的今天，新闻媒体在社会生活中扮演着十分重要的角色。网络新闻媒体最大的优势就在于传播速度较快，不受时空限制。时间以及空间不再对记者造成约束，可以将随时发现的新闻利用网络及时地进行报道，并且时间和空间也不会对受众造成约束，人们可以通过上网进行浏览，了解最新的新闻动态。例如，全球范围内发生的重大事件或者体育赛事和新闻会议等，在事发后很短时间内就可以在全球范围内传播开来，这样不仅能够节省大量的人力物力，而且使新闻的内容更加丰富多样，人们可以通过上网来浏览网络新闻，可以利用网络的功能将感兴趣的新闻收藏，并且可以快速地查询需要了解的新闻。这就要求军队网络新闻媒体与各级宣传部门要主动介入新媒体，在履行相关审批手续的前提下，开通更多的军队官方公共账号，占领社交媒体阵地，实现传统媒体与新媒体协同联动，在多媒体平台上大力宣传军队良好形象。

（二）办好新华军网，扩大军队影响力

新华军网是以传播军事新闻信息为主的综合性军事网站，其前身是新华网军事频道。作为新华网首个垂直网站，新华军网致力于中国军事信息权威发布、全球军事动态最新播报、原创军事新闻网群采集、网友军事需求集成服务、军迷兴趣爱好互动等5方面内容建设，打造集权威、时效、深度、原创于一身的军事信息汇总平台。新华军网打破了现有的传统门户网站设计样式，无论在页面设计上还是内容结构上都体现了目前互联网最新的发展潮流。它借助新华网强大的技术和营销平台，以及新华社遍布世界的记者队伍和驻全军和武警部队的采访力量，在军事新闻的张力和网民的黏性以及两者融合上下功夫，打造全媒体信息化的军事信息数据库，为网友提供军事类别的全部深度信息和相关服务。这就要求我们要充分利用和发挥新华网权威性高、影响广泛、反应迅捷的优势，认真办好新华军网，使其成为扩大军队影响力、提升社会认知度的重要窗口。

（三）整合网络和传统新闻媒体，提升网络信息的容量和质量

媒体网站的内容开发，主要是传统报纸、杂志、广播、电视的网络化，以及挖掘库存资料中因为种种原因不能在传统媒体与受众见面的内容资源，成为独家网络文化大餐。网络新闻和传统新闻二者之间既有相同点又有不同点，虽然传统新闻和网络新闻相比信息量较小，传播的速度也相对较慢，但传统新闻拥有一批忠实受众。虽然网络新闻具备较多优点，但是由于对信息的依赖，其无法脱离传统新闻媒体。因此，可以将二者进行整合，取长补短，互惠互利。一是采取报网一体化。将传统媒体与网络媒体相结合，不仅可以避免传统新闻受众的流失，同时还可以使新闻的内容更加丰富，并且能够弥补传统新闻传播速度较慢的缺点，提高网络新闻媒体的竞争力。二是信息资源共享。除将传统新闻报纸传播途径向网络新闻方向靠拢之外，还可以让网络新闻和传统新闻之间进行相互沟通并合作，采取对方的优点来弥补自己的缺点，实现信息资源的共享，将二者之间的竞争转变为双赢的形式。三是充分利用新媒体。随着4G以及5G网络时代的到来，传统新闻媒体不仅要向网络平台发展，同时还需要充分利用新媒体，来加大传统媒体的宣传力度，精心设计人民群众喜闻乐见的网页和专栏，组织刊发军队推进现代化建设、履行职责使命的丰硕成果，加大部队遂行抢险救灾、反恐维稳、维护权益、安保警戒、国际维和、国际救援以及重大科研试验、国防施工等任务和各类先进典型的宣传力度，充分展示威武之师、文明之师的良好形象。

第二节 军队网络文化建设的要求

军队网络文化建设必须以马克思列宁主义、毛泽东思想、邓小平理论、"三个代表"重要思想和科学发展观为指导,深入贯彻习主席系列重要讲话精神,紧紧围绕军队政治工作的时代主题,把握军队网络文化建设的正确方向,坚持从部队实际和教育需要出发,科学统筹网络建设、运用和管理,积极推进改进创新,充分发挥网络文化的功能作用。

一 把握正确方向

习近平2016年2月19日在党的新闻舆论工作座谈会上强调:"党的新闻舆论工作要适应国内外形势发展,从党的工作全局出发把握定位,坚持党的领导,坚持正确政治方向。"[1]军队网络文化建设作为党的新闻舆论工作的重要组成部分,必须把握正确方向,积极创新方法手段,切实提高军队网络文化的传播力、引导力、影响力。

(一)坚持军网姓党

坚持军网姓党是由党的新闻媒体的性质决定的。军网是党领导和掌握、直接为党领导的人民军队服务的,必须在恪守党性原则上坚持最高标准、最严要求。要始终坚持正确的政治方向,严守党的政治纪律和政治规

---

[1] 习近平:《坚持正确方向创新方法手段,提高新闻舆论传播力引导力》,《人民日报》2016年2月20日,第1版。

矩，严守党的新闻宣传纪律，自觉把姓党为党贯穿于办网的全过程，毫不动摇地坚持党对军队的绝对领导，始终不渝地从思想上政治上行动上同党中央、中央军委和习主席保持高度一致，高度自觉地维护党中央、中央军委和习主席的权威，坚定不移传播党中央、中央军委和习主席的声音，这是军网必须坚守的政治灵魂，任何时候都不能忘、不能丢。面对思想交锋复杂尖锐、传播技术迅猛发展、舆论格局深刻变化的新形势，要做到爱党、护党、为党，进一步强化政治意识、政权意识、阵地意识，坚持守土有责、守土负责、守土尽责，努力在巩固拓展红色地带、控制转化灰色地带、遏制改造黑色地带上有所作为、多作贡献，切实当好网上意识形态领域斗争的生力军，为巩固和壮大主流思想舆论竭尽全力，让党的主张成为时代最强音。

（二）坚持强军为本

习近平在视察解放军报社时强调，新形势下办好解放军报，必须坚持强军为本。这一重要指示，蕴含着对强军兴军的深邃思考和深谋远虑，对军队新闻媒体使命任务进一步加以明确。军队网络文化建设要以习主席重要讲话精神为根本遵循，坚持以强军目标为引领，宣传强军思想，激发强军精神，汇聚强军力量，助推强军实践，为我军现代化建设发挥强有力的舆论引领作用。一要强化使命担当。把强军目标作为贯穿军队网络文化建设的红线，牢牢把握强军为本的核心使命，紧贴官兵思想实际，紧跟强军进程、抒写强军风采、树好强军榜样、展示强军成果，为实现强军目标提供思想引领、舆论推动、精神激励、文化支撑，更好地引导官兵把全部心思集中到练兵打仗上，将全部精力投入到强军实践中。二要凝聚意志力量。要始终与强军兴军相伴相随，突出深化国防和军队改革这个重心，把习主席改革强军战略思想的丰富内涵、重大意义讲清楚，把党中央和中央军委的决策部署讲清楚，把事关官兵切身利益的改革举措讲清楚，把改革中涌现出的先进典型和感人事迹宣传好，积极营造改革强军的强大网络势场，努力当好"旗手"和"鼓手"，高奏向着强军目标奋进的进行曲。三要服务广大官兵。军队网络文化建设，最终都体现到教育动员官兵为实现强军目标而奋斗。要努力把体现党的意志与反映官兵心声统一起来，把网络宣传的重点与广大官兵关注的焦点统一起来，把引导官兵与服务官兵统一起来，多宣传基层官兵的先进典型，多反映平凡人物的工作生活，多展示普通指战员的精神世界，用发生在官兵身边的鲜活事例来鼓舞官兵、团结官兵、引导官兵，在看似平凡的生活中发现不平凡的闪光点，写出富有温度、展现深度、彰显厚度的强军新闻，让更多的官兵时刻以报国强军为己任，将"我的梦"与中国梦强军梦融为一体，在追梦筑梦的征程中绽放光彩人生。

（三）传播正能量

利用信息网络优势，善于围绕服务强军兴军大局做好引导工作，努力在阐释强军理论深度上有新拓展、宣传表达上有新气象、推动强军实践上有新举措，当好党中央、中央军委和习主席声音的传播者，当好军队建设发展改革的促进者，当好广大官兵成长进步的好朋友。要把好节奏力度，抓住重要时间节点，围绕强军目标、军事战略方针等重大战略思想分专题成系列地搞好深度解读，充分反映铸魂育人工作持续化、真打实备导向更加鲜明、正风肃纪向纵深推进、改革强军迈出实质性步伐、后勤保障效益大幅提升、武器装备和国防科研实现重大突破、遂行多样化军事任务圆满顺利完成等方方面面的新实践新跨越，持续激发官兵开拓进取、干事创业的强大力量。要采取引导官兵关注主流微信公众号、下载主流媒体客户端、推送管理教育信息等手段，让官兵接收正能量，倾听"好声音"，唱响主旋律、传播正能量，为强军兴军伟大实践提供强大精神动力。

二 坚持统筹兼顾

从根本上说，军队网络文化是在先进理论指导下建立起来的一种文化形态。它坚持了先进文化的前进方向，继承和发扬了中华民族优秀传统文化，吸收和借鉴了世界优秀文明成果。同时军队网络文化又是一种技术文化，是信息技术和网络技术进步催生出的文化。这就要求把军队网络文化建设纳入先进军事文化建设和部队信息化建设整体布局，与先进军事文化建设和部队信息化建设同步进行。

（一）把满足需求与现实可能统一起来

青年官兵对军队网络文化的需求日益广泛，要求越来越高，期望值也越来越高，要求大力加强网络文化建设。同时要看到，军队网络文化建设作为军队全面建设的一个组成部分，必须兼顾单位的财力物力状况等现实条件，分析建设的可能性，切实把二者统一起来。要牢固确立坚持问题导向的基本遵循。坚持问题意识和问题导向，是习近平一贯倡导的重要工作方法。实践证明，什么时候强化问题意识、坚持问题导向，什么时候军事新闻宣传就充满生机活力、焕发强大威力；什么时候忽视问题、回避问题，什么时候军事新闻宣传就失去威信、难有作为。军队网络文化建设要把解决问题作为出发点和落脚点，作为发挥宣传威力的重要抓手，坚持"不回避矛盾，不掩盖问题"，抓住涉及强军兴军的战略问题、制约部队发展的瓶颈问题和官兵关注的现实问题，找到"病根子"，开出"药方子"，为改革强军战略实施献计献策。

（二）把网络设施建设与内容建设统一起来

习近平指出："对新闻媒体来说，内容创新、形式创新、手段创新都重要，但内容创新是根本的"。[1] "文章以华采为末，而以体用为本"。网络文化的技术和内容是互为支撑形成共同的核心竞争力。军队网络文化如

---

[1] 习近平：《坚持军报姓党坚持强军为本坚持创新为要，为实现中国梦强军梦提供思想舆论支持》，《解放军报》2015年12月27日，第1版。

果没有好的内容，即使有再好的网络设施也不顶用。如吃面条，首先要那碗面条好，如果面条不好，碗筷再好也不行。同理，军队网络文化建设，首先要网络文化的内容好，如果内容不好，再先进的技术，再好的形式、手段也不行。必须将技术研发和内容创新结合起来，坚持二者并重，坚持"内容为王"这个硬道理，围绕重大现实问题，大兴调查研究之风，写兵室操场的事，说官兵明白的话，讲暖人走心的理，在接地气中长底气、生灵气，增强军队网络文化的思想性、指导性、可读性，并把技术应用和完善服务统一起来，提高网络技术的应用水平和业务保障能力。

（三）把建管用统一起来

建网是基础，管网是关键，用网是目的，三者是相互联系、不可分割的整体，任何一个方面都不可偏废。加强军队网络文化建设，需要用好统筹兼顾这一根本方法，将建、管、用作为一个系统作出制度上的规定，形成横向到边、纵向到底、相互衔接、严密规范的制度体系，确保网络文化建设科学规范有序推进。前面论述了建网和管网的基本要求，要在建管的基础上，注重用好网络，更好地为军队政治工作服务。政治工作者只有善于利用网络开展教育，才能掌握主动权，让教育跟上时代的趟，跟上官兵的趟。某单位借鉴网络上的"众筹"模式，在符合保密规定的前提下，建立起"互动论坛""家属微信群""红狮信使短信微信系统"三个平台，每月月底结合上级指示精神和当前形势任务，通过这三个平台进行问卷调查，准确掌握官兵思想动态，拟定下个月的教育计划，提高教育的针对性实效性；教育结束后，再利用这三个平台开展互动讨论，深化教育效果，同时收集官兵意见和建议，让教育始终充满活力和张力。某指导员以"面对改革强军、矢志精武强能"为主题展开授课，翔实的资料、生动的课件、热烈的互动让官兵们听完后直呼过瘾。谈及这次教育课受欢迎的原因，该指导员颇有感慨："授课前，我将教案上传至局域网互动论坛，邀请官兵提意见建议，为这堂课接上了地气，注入了活力！"[1]

三　注重实用实效

军队网络文化建设的最终目的，是为军队服务、为官兵服务，这是军队网络文化的最大特色和最大优势。坚持从部队实际和教育需要出发，科学统筹网络建设、运用和管理，做到网络教育内容、网络表现形式与网络教育效果相统一，防止搞形式主义和一味标新立异，确保实在管用、能够健康持续发展。

（一）体现实用性

目前有的单位的网络文化建设，脱离单位实际，与官兵的现实需求结合不紧，搞一些华而不实的"面子工程"，实用性不强，在一定程度上影响了建设效果。必须把军队网络文化建设与转化成战斗力统一起来，把实践作为检验军队网络文化建设成果的唯一标准，牢固树立"合理配餐、按需点餐"的建设理念，深入基层，充分调研，综合论证，搞好顶层设计，在规划和标准上下功夫，在一体化和信息共享上求突破，谋划一套符合本单位实际、具有自身特色的军队网络文化建设规划，为官兵理论需求合理配餐，做到有的放矢，努力建设一套实用管用的网络，真正满足基层官兵日益增长的网络文化需求。

（二）增强实效性

提高军队网络文化建设水平，增强实效性至关重要。现在，官兵需求

---

[1] 田鸿儒、李吉维：《陆军第十三集团军某师依托网络创新教育手段，让教育更聚人气接地气》，《解放军报》2016年1月7日，第4版。

越来越多，参与意识越来越强，思想观念越来越多元，网络传播呈现人人传播、多向传播、海量传播等特征，如果还是空洞说教、大水漫灌、千网一面，难免效果不佳。必须突出特色，体现亮点，精准定位，形成一批具有军队特色、体现时代精神、富有教育意义的网络文化品牌，做到网上设置的频道是官兵喜欢的，网上挂载的信息是官兵想看的，真正使信息网络成为先进思想传播新阵地、学习成才新平台、精神文化新空间、工作指导新渠道，不断增强网络文化的时代感和影响力。某单位利用网络文化建设成果拓宽教育途径，在政工网开设"为教育找茬""为教育点赞"留言平台，组织"教育体会大家谈""教育效果大家议"在线交流，真正用兵言兵语提高教育实效性。前段时间，针对互联网上敌对势力抹黑英雄的险恶用心，该单位政治部连续转发了《捍卫我们的英雄》系列报道及评论，消除了一些官兵的模糊认识，坚定了大家的理想信念。改革强军主题教育展开后，他们又转发了权威媒体发布的《图说全面深化改革》，点击量很快达上千次。战士小李高兴地说："有了这个平台，小小手机就成了'编外指导员'，随时随地都能了解政策、增长见识、提高思考能力。"

（三）突出创新性

习近平指出："要尊重官兵主体地位，发挥官兵首创精神，大力弘扬创新文化，激发官兵锐意创新的勇气、敢为人先的锐气、蓬勃向上的朝气，激励大家争当创新的推动者和实践者，使谋划创新、推动创新、落实创新成为全军的自觉行动。"[1]飞利浦公司总裁柯慈雷有一个观点：创新和发明是不同的，实验室的发明是非常重要的，但是一项发明只有转化为产品和服务，并成功地投入市场之后才叫创新。这些对军队网络文化建设的创新具有十分重要的指导意义和启发作用。在实际工作当中，有的单位花

---

1 习近平：《全面实施创新驱动发展战略，推动国防和军队建设实现新跨越》，《解放军报》2016年3月14日，第1版。

费大量时间、精力搞出的网络文化成果，往往因实用性不强而束之高阁，导致创新成果与实际脱节、与教育脱节、与官兵需求脱节，中看不中用，激不起官兵兴趣。因此，军队网络文化建设的各项创新活动，必须始终坚持战斗力标准，向打赢聚焦，向官兵现实需求用劲，坚决不搞那些华而不实、哗众取宠的东西，努力让创新成果焕发出勃勃生机，发挥思想政治教育功能，转化为实实在在的战斗力。

四　做到疏堵结合

互联网上不同文化之间的交流和融合，是网络文化发展的主流，这是任何力量都改变不了的趋势。任何一个国家，都不可能将本国文化隔绝于世界文化大潮之外。如果强制隔绝，其结果只会导致本国文化逐渐走向凋零。面对汹涌而来的网络文化大潮，军队网络文化建设最重要的就是摆脱那种单纯以"守"和"堵"为先的思路，确立"攻""疏"结合的思路，掌握军队网络文化建设的主动权。

（一）树立正确观念

习近平指出："互联网是一个社会信息大平台，亿万网民在上面获得信息、交流信息，这会对他们的求知途径、思维方式、价值观念产生重要影响，特别是会对他们对国家、对社会、对工作、对人生的看法产生重要影响。"[1]青年官兵正处在世界观、人生观和价值观形成时期。对军队网络文化，如果只采取"堵"的办法，不让官兵上网是行不通的，如果不加强管理，使网络上参差不齐的信息并存，必然对青年官兵产生不良影响，这就

---

[1] 习近平：《在网络安全和信息化工作座谈会上的讲话》，《解放军报》2016年4月26日，第2版。

要求必须净化网络文化环境，大力加强网络文化内容建设。只有占领了网络文化的主阵地，掌握了网络文化的舆论主导权，才能引导青年官兵树立正确的世界观、人生观和价值观。要充分认识我国社会日益多元化的特征，充分认识网络文化的传媒功能、娱乐功能和诉求表达功能的基本属性，破除只疏不堵或只堵不疏的片面观念，对危害军队信息安全、黄色暴力等有害内容，毫不含糊地坚决依法封堵；对健康有益的网络文化，则大力倡导；对无益无害的网络文化，不鼓励但可允许其存在，做到堵与疏灵活运用。

（二）处理好"疏"与"堵"之间的关系

孟子说："以力服人者，非心服也，力不赡也；以德服人者，中心悦而诚服也。""力"可以约束官兵的言行，却无法约束官兵的思想。相反，对思想性质的问题，越是压制堵塞，越容易激起逆反心理。如今，网络上的一些"常用词"，人们似乎已见惯不怪，比如"尼玛""滚粗"等。这些难登大雅之堂的"常用词"，甚至还明目张胆登上了标题：《马年将到"草泥马"给您拜年了》《让明星情侣"撕逼"飞一会》……某种程度上，不断蔓延的网络语言低俗化现象，挑战着公序良俗的底线，成为网络的一种不良标签。加之一些传统媒体受网络影响，竟然堂而皇之将"屌丝""撕逼""逼格"等网络粗鄙词语放上标题，加速了网络低俗化语言的扩散，造成了更坏的社会效果。人民网舆情监测室发布的《2015网络语象报告》指出，网络语言低俗化的现象相当突出，已经由网络虚拟空间向现实生活渗透，向学校、纸质媒体、广播电视等《国家通用语言文字法》规范的重点领域延伸。网络语言低俗化这股风气，绝非无伤大雅而可听之任之，应当及时予以纠正规范。[1] 网络语言对青年官兵的吸引力、影响力非常大，青年官兵的判别力、自制力又相对较弱。如果不加约束，盲

---

[1] 张音、于洋、吴姗：《扫除"语言垃圾"得有铁扫帚（关注网络语言低俗化现象）》，《人民日报》2016年4月28日，第14版。

目学习运用网络语言，势必影响青年官兵语言使用的规范性。但一味地封堵，效果可能适得其反。疏堵结合，有效地引导，才是正道。军队网络文化建设在封堵不良网络文化的同时，如果对青年官兵的好奇欲望"堵"而不"疏"、"抑"而不"导"，只能引发更多的管理问题，必须在"堵"的同时，更加注重"疏"。一方面是针对青年官兵的心理采取疏导措施，让他们意识到垃圾信息的危害性，进行针对性的教育引导，倡导科学精神、塑造美好心灵、弘扬社会正气；另一方面要求大力发展中国特色网络文化，提高网络文化产品和服务的供给能力，创作生产出更多体现和谐精神、讴歌真善美、官兵喜闻乐见的网络文化作品，引导广大官兵创造、使用和传播生动有趣、充满正能量的网络语言，摒弃庸俗、媚俗、粗俗的网络语言，共同建设和维护健康和谐绿色的网络语言生态。

（三）创新网络监管模式

"语言是具有严谨性和文化逻辑性的。脱离规范的戏谑，势必会玷污其纯洁性，不利于中华优秀文化的传承和传播。媒体与教师应当率先垂范，抵制网络用语对现实语言生态的污染与倒灌，促进中华语言向健康、规范、高雅的方向发展。"[1] 崭新的网络世界需要有创新的、丰富的、高尚而有益的内容。建网须先治网，治网要重疏导。只要引导有方，积极健康的网络文化，就能逐渐形成。例如，对于军营网吧，就需要积极坚持"疏"与"堵"结合，做到"破""立"并用，使网络成为链接先进军事文化的新空间。一要千方百计管好军营网吧，从源头上堵住不良网络文化。二要开办一系列集知识性、观赏性、互动性于一体的网络文化栏目，着力打造绿色网络，为广大官兵营造健康的成长氛围。三要积极整合社会资源，把博物馆、纪念馆等爱国主义教育基地，以及图书馆、科技馆等文

---

[1] 吴姗、张欣：《"网语倒灌"绑架传统媒体（关注网络语言低俗化现象）》，《人民日报》2016年5月12日，第14版。

化场所搬到网上，官兵轻点鼠标，就可以获取知识，从而使网络成为传播先进军事文化的大课堂。四要做到监管并举。严格把好官兵文明上网教育关、军营网吧接纳官兵整治关、网络信息净化关、绿色上网场所建设关和官兵网络文化活动关五个关口，做到网络管理手段与引导网民自律并举、法律制约和道德约束并举、打击和教育并举、检查与监督并举。

第五章

军队网络道德建设

随着网络的迅速发展和普及，党中央明确强调要大兴网络文明之风，深入开展文明办网、文明上网活动，在全社会树立良好的网络道德风尚。对于军队网络文化建设来说，来自多渠道、多层面、多角度、多色调的信息涌进军营，军队网络道德建设面临着严重的冲击和挑战。因此，加强军队网络道德建设，保持官兵在网络环境中思想道德的纯洁，已经成为军队网络文化建设中一个十分重要和紧迫的时代课题。

第一节 军队网络道德概述

网络已成为官兵学习知识、交流思想、休闲娱乐的重要平台，增强了官兵与外界的沟通和交流，促进了官兵的全面发展。同时又要看到，网络文化中不健康因素也给官兵带来一些消极影响，特别是网络中各种文化冲突日益表面化和尖锐化，使得人与人之间的关系迅速变化，且日渐复杂，加上传统社会制约力在网络社会的减弱，而新的社会规范又未完全在网络上建立，网络道德的矛盾与冲突日益显现，迫切需要在传统道德的基础上，构建全面的军队网络道德规范，对官兵的网络行为进行教育和引导，提高官兵的网络道德水平。

一 网络道德的内涵及构成要素

道德是人类文明的理性凝结，是民族文化的价值取向表现。作为一种社会意识形态的反映和上层建筑，道德始终发挥着认识与调节两大基本职能。当我们立足于网络领域时就会发现，网络道德观发生了不同于现实社会道德的深刻变化。加强军队网络道德建设，必须准确理解网络道德的内涵，把握其构成要素。

（一）网络道德的内涵

网络道德是随着网络社会的不断发展而出现的一种新的道德形态。网络社会是相对我们所熟知的现实社会而言的，它是21世纪伴随着信息技术飞速发展而出现的一种社会结构，这种全新的社会结构根源于现实的社会组织，以数字信息和通信技术为技术依托，随着互联网的出现应运而生。本章所探讨的网络社会是指以计算机互联网为信息交流媒介，并通过它把社会各单位、团体、组织和个人都连成一体，把整个人类都纳入到"网络共同体"的信息社会，也就是以计算机网络为媒介，把人类融入"同一"的信息化社会。

目前，学术界对网络道德已经有了一定的研究，但对网络道德的内涵与特征的揭示还不够深刻。究竟什么是网络道德？我们认为，网络道德是针对网络空间中的主体，即网民提出的，是用以调节和引导网络关系的规范和行为准则。它是社会道德在网络空间中的延伸与具体化，是社会公德、职业道德、家庭美德的特殊表现形式。网络道德仍然是一种社会意识，是一种特殊的调解规范体系，也是一种实践精神。网络道德作为一种实践精神，是人们对网络持有的意识态度、网上行为准则、评价选择等构成的价值体系，是一种用来正确处理调节网络社会关系和秩序的准则，是提高人类精神境界的动力和源泉。与现实道德相比，网络道德是针对网络空间的秩序而提出来的。在网络空间中，网络信息来源广泛，信息量大而全，传播快且广，这就造成了网络传播发布的社会影响很大，同时对于网络主体的行为又不易预防，难以控制。在现实社会中，人们处于相对固定的某一地域，生活于稳定的血缘关系、邻里关系、同事关系和朋友关系中，其行为的影响相对较小，也较易预防和控制。正因为如此，在现实社会中发挥良好调节作用的伦理道德，在网络空间中就不一定适用，这就造就了网络道德的特殊性。

网络道德与现实道德是相互影响、相互统一的。网络社会根植于现实社会，是现实社会科技长期发展的结果。网络社会的形成，对既有的社会生产方式、生活方式、思想观念将产生巨大影响，甚至使之产生根本性的改变。网络道德形成后，就会像传统道德一样，依靠网民的内心信念和自制自律来约束自己在使用网络过程中的行为。同样，现实道德作为人们长期社会实践的成果，反映了人类道德的一般原理和运行规律，是构建网络道德的前提和出发点。这是当前我们进行网络道德建设必须遵循的基本原则。这里需要注意的是，目前网络社会发展还很不成熟，从价值的创造、进行网络生存的企业和个人的数量来看，网络社会仍然是现实社会的附属品。这也决定了现实道德对网络道德起着决定性影响。当然，网络道德的不断发展，必将对现实道德产生重要影响。网络道德所体现的个体自主精神、权利平等意识、自由、民主参与意识和奉献精神在一定程度上反映了现实道德的发展趋势和人的全面发展需要，它对于促进社会观念的变革具有明显的推动作用。同时网络道德的多元化将使不同社会、不同民族的现实道德意识、道德观念和道德行为之间发生经常性的冲突、碰撞，并相互包容和逐步融合，这符合整个人类道德进步发展的趋势。

（二）网络道德的构成要素

网络道德主要包括网络道德意识、网络道德规范以及网络道德行为，这三者相互联系，相互影响。只有以道德意识为载体，通过倡导正确的网络道德规范，人们才能付诸正确的网络道德行为。

1. 网络道德意识

网络道德意识是人们在长期的道德实践中形成的道德观念、道德情感、道德意志、道德信念和道德理论体系的总称。可区分为个体道德意识和群体道德意识。两者的统一表现为人们共同承认和遵守的一定的道德原则和规范。道德意识受一定的经济关系和阶级利益的制约。网络社会网民道德意识形态是人类发展过程中一种崭新的具有里程碑意义的意识形态。网络道德意识是网民在网络上看待问题、解决问题和监督政府行为的完备的思想体系。网络道德意识是信息时代的产物，是人类道德的创新。一定背景下的网络环境，赋予人们在网络活动中对于动机和行为的是非善恶判断标准。网络社会主体的构成较为复杂，不同的阶层和社会群体在网络社会中的差异性和个性化特征更加明显。网络加速了现实社会中的信息传递，让更多的人深刻感受到了传统社会与网络社会的差异性，同时也促进了一部分人自我价值的实现。随着网络的发展和规范，人们由过去被动接受社会伦理道德的灌输变为主动追求价值理念。所以，在网络社会中的行为主体就会相对主动施展自己的才华，增强自我价值实现的能力。

2. 网络道德行为

道德行为是在一定的道德意识支配下表现出来的对待他人和社会的有道德意义的活动。它是人的道德认识的外在表现，它是人的品德作评价依据的外在具体表现，是实现道德动机的手段，是与"非道德行为"相对的。网络道德行为指的是为了适应网络社会的人际关系和维护网络社会良好有序的发展，通过完善网络个体的行为规范，来保障正常的网络秩序。网络用户使用网络，在感受到信息技术便利的同时，也应该了解在网络社会中什么行为是不应该的。美国南加利福尼亚大学关于网络伦理的声明中指出了六种网络不道德行为的类型：有意地造成网络交通混乱或擅自闯入网络及其相联的系统；商业性地或欺骗性地利用大学计算机资源；偷窃资料、设备或智力成果；未经许可而接近他人的文件；在公共用户场合做出引起混乱或造成破坏的行动；伪造电子邮件信息。[1]我们必须认识到网络时代的飞速发展，一方面能够改变现实社会中人们的生活方式和行为方式，也为人们创造新的道德提供机遇和平台。同时也给现实社会和网络社会带来了一系列的道德问题，对社会的价值观和道德观的构建也产生了不同程度的积极和消极影响。怎样使人们合理地使用网络技术而不是利用其产生危害？这是网络技术本身所不能解答或不应该解答的，发达的现代科技本身往往并没有自觉地加入相应的道德关怀。因此，必须超越技术层面，在道德价值观念层面上考察和研究网络文化，建立相应的网络道德规范，以

---

[1] 严耕、陆俊：《国外网络伦理问题研究综述》，《国外社会科学》1997年第2期，第16页。

利于信息技术更好地服务于社会。

3. 网络道德规范

网络道德规范指的是在网络社会中，人们在特定物理空间中以现实社会中所遵循的道德规范为基础，依据当下的网络环境，调整个人之间和个人与网络社会之间关系的原则和规范的总和。在科技日新月异发展的现代社会，人们切实体会到了信息网络带给人们的便利。人们在享受网络科技成果的同时，也面临着诸多不容忽视的与伦理道德相关的问题，建立必要的网络道德规范刻不容缓。在网络兴起之初，许多国家和研究机构就开始对网络用户的网络道德行为制定了一系列相应规则。这些规则涉及电子信件使用的语言格式、通信网络协议和匿名邮件传输协议等网络行为的各个方面。例如，美国计算机伦理协会所制定的"计算机伦理十诫"内容包括：你不应该用计算机去伤害他人；你不应该去影响他人的计算机工作；你不应该到他人的计算机文件里去窥探；你不应该用计算机去偷盗；你不应该用计算机去作假证；你不应该拷贝或安装你没有购买的软件；你不应该使用他人的计算机资源，除非你得到了准许或者作出了补偿；你不应该剽窃他人的精神产品；你应该注意你正在写入的程序和你正在设计的系统的社会效应；你应该始终注意，你使用计算机时是在进一步加强你对你的人类同胞的理解和尊敬。[1]

2013年中国互联网大会发出倡议，全国互联网从业人员、网络名人和广大网民，都应坚守"七条底线"，营造健康向上的网络环境，自觉抵制违背"七条底线"的行为，积极传播正能量，为实现中华民族伟大复兴的中国梦作出贡献。[2]这"七条底线"具体内容包括：法律法规底线，有法可

---

[1] 美国计算机伦理协会：《计算机伦理十诫》，《信息经济与技术》1997年第5期，第26页。
[2] 新华社：《中国互联网大会倡议共守"七条底线"》，《人民日报》2013年08月16日，第8版。

依、有法必依、执法必严、违法必究,任何时候,无论是网上网下,都将始终做到违法必究;社会主义制度底线,为我们全面建成小康社会提供有力的制度保障,要积极拥护社会主义及社会主义制度;国家利益底线,作为国家公民,时刻维护伟大祖国的利益,这也是宪法赋予每位公民的光荣义务;公民合法权益底线,在网络反腐的同时,切记不能以"艳照"等不健康、不正当甚至违法手段对别人进行人身攻击,否则不仅触犯法律,也侵犯了无辜者的合法权益;社会公共秩序底线,网络世界必须遵循一定的秩序规则,唯有如此大家才能营造一个良好健康的网络环境;道德风尚底线,崇尚美德是我国延续几千年的优秀传统,网络空间里也要讲道德,不做有违道德之事;信息真实性底线,在上网时一定要实事求是,而不能以讹传讹、散发谣言,积极宣传政府部门发布的真实信息。

二 军队网络道德的主要特征

尽管网络空间是虚拟现实,但它依然是从现实空间中分化出来的,是现实中人通过网络创造出来的。在这个过程中,逐渐形成了新的可能与社会共同的基本伦理不一致的网络文化模式,而这种文化又在培养和造就一代又一代的网络新人,对社会的基本价值观念形成挑战。军队网络道德是军队道德规范体系的重要组成部分,是以当代革命军人核心价值观为基础,并在其基础上进行了延伸与拓展。军队网络道德是军队道德规范、原则在网络社会的展开,具备以下主要特征。

(一)政治性

军人作为社会生活的特殊群体,在道德规范上有着特殊要求。我军的政治本质,决定了网络道德对我军官兵具有特定的政治属性要求。军人在进入网络这个独特的生活空间时,要自觉地讲政治。自觉严格遵守有关的政治纪律，自觉抵制不良信息的影响，保持革命军人的政治本色。在建立并维护网络社会基本公德基础上，要特别增强官兵的政治意识、大局意识、核心意识、看齐意识，经常、主动向党中央看齐，向党的理论和路线方针政策看齐。提高官兵对网络文化的识别能力，不仅要能识别网络信息的真伪，更要能识别一些信息的本质，能自觉抵制反动、落后、腐朽信息的影响。要具有拒绝网络上文化垃圾，如关于色情、迷信、暴力等信息资源腐蚀的意识和能力，自觉地拒绝访问那些提供不良信息的网站。要慎重进行"网上交友""网上聊天"之类的"不知情"交流，严防失、泄密事件的发生。对军人而言，保持政治敏锐性，提高网络文化的鉴别力，保持纯洁的思想道德和高尚的情操，是应遵守的网络道德的核心。

（二）开放性

在网络社会中，由于人们实现了超越时间和空间限制进行信息的交流与沟通，从而使得拥有不同语言、思想意识、道德伦理观念的人们之间的交流和沟通由不可能成为可能。网络全球化的实现，最大的意义在于将来自不同国度、语言不同、文明程度不同的人们在一个平台内连接到一起，为他们的重新交流和交往提供一个新的平台。通过这个新媒介，不同种族、不同信仰、不同习俗的人们通过交流和学习的方式，增进了彼此文明的交流和沟通，增进了相互了解和理解。互联网是世界上众多的计算机网络的集合，它将世界上数以亿计的计算机、网络互联在一起，互通信息，共享资源，又相互独立，各自分散管理，它没有中心，没有领导管理机构，没有人比其他人有更多的特权。在虚拟网络社会里，人人都是平等的，人人都有发言权，每个网民可以自由选择，无须他人控制。每个网民都可能成为中心，人与人之间趋于平等，不再受等级制度的控制。

（三）多元性

在现实社会中，道德作为上层建筑，与社会上存在的生产关系是相对应的。在一个特定的社会中,只有一种生产关系占据主导地位,也只能有一种道德居于支配地位,现实社会的道德是单一的、一元的。构建于现实社会基础之上的网络社会,一方面超越了现实社会的地域和国界,另一方面又无法超越现实社会中特定生产关系的不同性质。在网络社会中,既存在关系到每一个网民的切身利益和网络社会的正常秩序、属于网络社会共同性的主导道德规范,如反对进行恶意的政治宣传,禁止非法闯入加密系统,不偷窃别人的智力成果等;也存在各网络成员自身所特具的多元化道德规范,如各个国家、民族、地区的独特道德风俗习惯等。网络道德的多元化与网络社会遵循的自主自愿、平等互利原则紧密相关。各网络成员原本就来自不同的社会,具有不同的文化背景、价值观念和道德追求。如果在网络社会强求类似现实社会中统一的道德,势必违反创建网络的初衷,同时也难以实现。所以,只要各网络主体的网络行为不违背网络社会的主导道德,就不需要为进入网络社会而改变自己原有的道德意识、道德观念和道德行为。网络道德的多元化,就意味着各网络主体在遵守网络主导道德的前提下,仍然可以按照他们自己的道德准则从事网络行为,也为道德相对主义提供了发展空间,不同性质的道德冲突日益激烈。当然,随着网络空间的进一步发展,网络道德历经长期的冲突和碰撞后,将形成求同存异、并行不悖、各得其所的状态。

(四)自主性

网络是人们为资源共享、互惠互利建立起来的。网民必须自己确定自己干什么、怎么干,"自己对自己负责""自己为自己做主""自己管理自己",自觉地做网络的主人。网络社会的虚拟性导致人们的真实状态容易隐蔽,网络道德主要依靠网络主体行为的自主性来保证。网络道德的建立在很大程度上是整个网络主体自身道德水准的整体表现。每个人都是网络社会的主人,每个人都应当自觉维护网络社会的良好有序发展。网络不道德行为的发生,不仅影响网络自身的发展,而且网络用户的切身利益将受到损害。为了维护广大群体的正当利益,人们必将自发地站出来扶正祛邪,与道德失范者势不两立,这正是网络道德体现的自主性。与现实社会中具有强制性的法律法规约束相比,这种自主性不是建立在权威之上,而是人们自动选择的结果,是为了维护广大网络用户的主体利益与自主行为的结果。在自主前提下,网络道德是人们主动选择的约束依据,网民更愿意遵守和维护它。因此,网络道德与传统的现实道德相比,更是一种自主的新道德。

三 军队网络道德建设的意义

随着军队信息化建设的深入,国际互联网、军网和各种局域网逐步渗透到官兵的工作、学习、生活中,深刻影响着官兵的思维方式和道德观念。加强军队网络道德建设,发挥网络的正面作用,对遏止和消除网上不良现象,占领军队网络文化主阵地具有重要的现实意义。

(一)确保军队网络文化建设的正确方向

军队网络道德建设是军队网络文化建设的重要内容,是确保军队网络文化向着正确方向前进的前提。军队网络道德建设不仅关系到官兵思想纯洁和政治坚定,而且关系到官兵是非辨别能力的提高,因此必须以党的创新理论坚定理想信念,以党在新形势下的强军目标引领汇聚信念力量,筑牢官兵精神支柱,强化举旗铸魂功能。一方面,加强网络道德建设有利于官兵保持思想上的纯洁性和政治上的坚定性。近年来,随着军队信息化建设步伐的加快,信息网络已经对军营生活和官兵思想产生了巨大影响。网络信息的参差不齐,对广大官兵思想道德和价值观念产生了前所未有的冲击。思想道德上的滑坡,很容易导致政治上的动摇和变节。只有大力加强军队网络道德建设,才能坚决抵制腐朽思想文化的侵蚀,使部队官兵能够拒腐蚀、永不沾，始终保持思想道德的纯洁；才能使部队官兵在进入网络这个独特的虚拟空间时，自觉地讲政治，严格遵守有关的政治纪律，自觉抵制不良信息的影响和诱惑，保持革命军人的政治本色。另一方面，加强网络道德建设有利于提高官兵的是非辨别能力。在具有海量信息的虚拟网络世界中，既有大量有用的知识，也有种种诱惑甚至陷阱。要用好网络之长，防止网络之弊，一个很重要的措施就是加强网络道德建设，筑牢官兵的网络道德防线。使官兵能够清醒地认识到网络的利害关系，弄清"网络是什么、上网为什么、用网干什么"，增强官兵对网络错误信息的辨别力和自制力，明确什么是好什么是坏，什么该支持什么该反对，做到"遵守上网规定、健康文明上网、纯洁网络交往"，自觉地不去访问不良网站，不传播不健康信息，不沉迷于网络，并能够旗帜鲜明地与不健康网站和不良信息作坚决的斗争。

（二）提高军队网络文化的建设水平

网络道德建设的水平，是体现军队网络文化建设水平的一个重要风向标。官兵是网络文化建设的主体，由于网络世界中的信息交流存在着隐匿、自由的特点，官兵在网络上的活动受他人影响更少，自由度更高。网络行为是建立在官兵道德自律的基础上，要求官兵必须掌握网络社会发展趋势，把握自己的真实道德需要。良好的军人网络道德，确保官兵在网络社会中具有敏锐的道德认知力、高度的自律精神、强烈的道德情感和坚强的道德意志。如果某单位官兵能够做到文明上网、科学用网，军队网络道德建设水平高，那么可以肯定地说，该单位的网络文化建设程度高、成效好。反之，如果官兵在上网过程中，由于缺少强有力的监督，暴露出许多网络道德方面问题，就表明该单位官兵道德自律意识不强，道德意志不坚，精神文明建设还有待进一步提高。官兵必须明确自己的道德权利、道德责任和道德义务，并通过自我反省，去发现、克服自己的恶念与陋习；必须在实践中改造自我，践行道德规范，锻铸高尚的人格。由此可以看出，大力加强军队网络道德建设是网络文化建设主体自我约束、自我提升、自我发展与完善的过程，也是提高军队网络文化建设水平的需要。

（三）发挥网络积极作用的可靠保证

加强网络道德建设有利于网络优势的充分发挥。网络以其自由性、平等性、开放性等基本特点，受到广大部队官兵的欢迎，但同时网络的匿名性、虚拟性也引发了信息权利滥用、网络诚信缺失、网络人格异化等一系列网络道德问题。网络是建立在现代计算机通信技术进步的基础上的，但只靠技术本身并不能解决一切问题，许多问题在很大程度上需要依靠道德去解决。因此，只有把网络平台的构建、使用与管理建立在牢固的网络道德基础之上，技术才能发挥其最佳的综合效益。如果缺乏网络道德的支撑，就无法实现其综合效益的最大化，甚至有可能对社会产生负效应。道德是以"应当怎样"为行为准则，凭借社会舆论、疏导沟通等方式，通过唤起人们内在的义务感和良心来发挥作用。网络道德的培养，对于纯正网络风气，减少消极影响，树立正确导向，最大限度地发挥网络技术在信息传递、资料查询、远程教育、寓教于乐等方面的特有功能，具有十分重要的作用。

第二节　军队网络道德建设现状

随着计算机网络技术在军事领域的充分应用，网络建设成为军队现代化建设的重要内容，互联网、军网和各种局域网，逐步渗透到官兵的工作、学习、生活中。网络在改变官兵生活方式的同时，也引发了官兵精神文化和道德理念的深层次嬗变。从总体的情况上看，军队网络道德的发展呈现出了喜忧参半的现状。

一　军队网络道德发展的积极方面

网络是由计算机、远程通信等技术联结世界各个国家、部门和个人的高速信息交换系统，是人们学习、工作、休闲和通信等最高效的信息传播载体。作为高科技的卓越代表，网络在给官兵带来便利和高效的工作、学习、生活条件的同时，也赋予官兵的道德行为、思维方式、价值观念、伦理精神及道德交往、关系、结构许多新的内涵，它以独特方式和丰富内容为官兵提供了一种全新的认识和把握事物的环境，从时间和空间上根本改变了传统道德的信息交流方式、道德评价标准和人的道德互动方式，成为现代社会文明道德和军队道德的组成部分和内在原动力。在网络化的社会进程中，形成了许多与时代共鸣的军人价值观念和伦理精神，其积极因素主要表现在以下几个方面。

（一）交往领域明显拓宽

交往是人的社会存在的基本特质之一，是社会发展和个体自我满足、自我认识、自我完善的必要和普遍的条件。作为世纪之交璀璨的科技景观，网络改变了官兵传统的道德交往模式，拓宽了官兵道德交往的空间，赋予官兵交往以全新的内涵，深刻改变了官兵与官兵、军人与社会的各种道德关系。传统意义的道德交往一般是基于血缘、地缘、业缘关系建立起来的，道德交往过程受制于人的社会地位、社会身份和社会角色等因素，道德交往的范围也基本限于权力、地位、职业和利益相近的社会阶层，道德规范和道德评价标准相对稳定。现实社会中人与人的主要交往形式是面对面的直接交往，道德活动范围受制于物理空间，定时定点、单向面窄；网络化交往的形式是间接的、虚拟的、符号化的，交往的范围和道德活动的领域超越了物理时空的限制，突破了以往点对点交往的局限性，实现了一对一、一对多、多对多、多对一的多种交往形式。网络化的交往是点对面的交往，社会成员可以在任何时间、任何地点，就任何内容和自己所关心的对象同时进行交流。官兵在道德交往过程中更多的基于同一单位、同一职业、同一地位、同一爱好、同一地区并且是在相互认识的前提条件下展开的，因此，可以说军人的道德交往更多的体现现实性、直接性特征。军人道德关系的形成也相对较为单一与统一。网络化道德交往是虚拟空间的反映，它超越了物理空间的限制，道德关系不仅仅是纯熟人之间的善恶评价关系，大量陌生的、不同民族的、不同地区的、不同语言的人，在网络中发生着直接和间接的交往关系，这是传统军人伦理道德关系中没有涉及的。尽管它使社会道德关系日趋松散，并表现出短暂性、间接性和功利性，带来人际关系疏远、人情冷漠等社会问题，但网络加快了社会交往的速度，大幅度拓宽了道德活动的范围，引发了社会价值观念和人的道德互动方式的更新。网络道德空间的拓宽与道德交往关系的扩大，有利于官兵开阔视野，增强社会认知，丰富官兵的精神世界生活。网络化交往将世界各地区、各民族的风俗习惯、文化传统、价值观念和行为方式呈现在官兵们面前，使官兵可了解到不同的文化传统、价值观念和行为规范的评价，拓宽了官兵的社会认定范围；不同的风俗习惯、文化传统、价值观念、生活方式在网络上的交汇、碰撞、竞争，可以使官兵领略到异质伦理文化的风情，为官兵道德社会化提供了一个广阔的舞台。

（二）建设理念不断更新

网络化加快了社会信息的流动和加工，激活了传统价值观念、伦理机制的内部因子，为新文明秩序的建立构建了一个技术框架，从而也必然为官兵的网络道德形成及发展提供前提条件，特别重要的是进一步充实了官兵的传统道德价值理念，发展了许多为官兵个人和军队群体认同的价值取向。

开放观念。人类的道德认识沿着封闭—半开放—开放—全开放的路线不断上升，"老死不相往来"、终生难相见的人们瞬间变成了近在咫尺的网友，庞大的地球在不知不觉中演变成了"地球村""电子社区"，每一名上网官兵都可以进入这个"地球村"，成为这个"电子社区"中的一员；官兵可以在网络上使用最新的软件和资料库，不同的道德意识、道德观念和道德行为的冲突、碰撞、融合就变得直接和现实；网络化还把异质的宗教信仰、价值观、风俗习惯、生活方式呈现在官兵们面前，经过频繁洗礼和自主的选择，不同国家、不同民族、不同生活方式的人们通过学习、交往、借鉴，达到共识、沟通和理解。因此，网络强化了官兵的开放思想和开放意识，铸就了时代所需要的开放精神。

创新意识。网络技术的发展和知识经济的兴起，对创新的要求，由个别专家创新转变为集体创新，由单个创新发展到系列创新。网络不断开拓创新的思维领域，又使具体思维成果精确化、严密化、可操作化，网络实现了人类思维方式的浪漫与严谨、幻想与务实、逻辑与形象的统一。网络已不单是科学和技术、主题和形式，它深入到人类文化的各个层面，为道德认识、道德评价、道德活动、道德教育提供了有力的辅助工具和信息处理手段，赋予了平等、正义、自由、权利、义务、民主、犯罪等道德范畴新的含义。官兵在上网过程中必然会受到这种道德理念潜移默化的影响，从而形成和建立与网络道德需求一致的创新意识。

共享观念。网络是基于信息共享建立起来的。网络诞生之初，网络用户通过网络获取信息，同时也无偿地为网络提供资源。信息和文化共享已成为网络社会基本的道德精神。网络化的最终目的是在一个健康和自然的环境里培育以文化共享为特征的全球文化，它必将推动人类社会进入共享文明的新时代。官兵的上网过程是其道德精神的外化过程，共享观念的网上道德要求充实官兵的道德精神，使共享意识日益成为官兵内化了的观念与意识，这其实是官兵奉献精神的另一种表现形式和现实要求。

（三）人格品质日渐完善

网络化交往具有开放性、全球性和虚拟性的特点，它在人类进程中的价值和对道德主体的塑造是前所未有的。网络化交往突破了物理空间和时间的限制，向官兵展示了一个由多元伦理文化所组成的道德世界，它以先进的电子技术手段向道德个体和群体快捷、高效地传播全人类的优秀道德遗产、当代最新的科技成果、社会倡导的价值规范和行为准则，帮助官兵在一个更广泛的社会环境学习和积累社会知识与道德知识，发展自己的个性。当官兵在平等、宽松的网络化环境中感知和审视异质的文学艺术、宗教信仰、伦理文化、价值观念和行为规范，并通过比较和选择将之内化为自己的信念和行为准则时，官兵高层次的自我需要就会得到满足，其潜能和价值就会得到全面的展示，面对面交往形成的心理压力随之化解。平等、和谐和自由的网络交往能使官兵获得更多的尊重和尊严，其心理、人格和意志品质将得到砥砺、磨炼和升华。

二 军队网络道德发展的消极方面

尽管网络的发展一日千里，但它永远处于一种趋于完善而不是完美的境地，技术的新功能总是伴随着新的漏洞和弱点。高度发达的科学技术使其正负效应呈愈来愈大之势,在给人们带来物质殷实、信息丰富、交往便利的同时,也带来了情感危机、道德滑坡、人性异化。在巨大的经济利益获得背后隐藏的是道德价值的残缺,信息丰富、超载的背后是庸俗文化、精神垃圾的肆虐,技术主义、工具理性对技术的盲从与崇拜导致对人的全面发展的漠视与偏离。科学永远是把双刃剑。网络作为科学技术的产物,在丰富和充实官兵伦理道德精神、拓宽道德交往领域、提升道德意志的同时,也必然给青年官兵的道德素质建设带来强大冲击,甚至在道德建设的许多方面产生消极影响。

（一）道德认知冲突

网络的普及对官兵的道德建设影响越来越大,特别是网络上各种文化冲突日益表面化和尖锐化,传统社会制约力在网络社会中逐步减弱,网络中人们思想活动的独立性、选择性、多变性、差异性明显增强,对青年官兵的价值观念产生一定程度的影响,官兵网络道德认知的矛盾与冲突日益显现。

网络社会呈现出多元价值标准并存的局面,青年官兵易被表面现象所迷惑而出现道德认知上的混乱。一是精神财富与物质财富认同的冲突。保家卫国,为了国家和人民的利益牺牲自己的个人利益,这是军人职业道德的内在要求。军人做出一定的个人物质利益上的牺牲,精神上的收获却十分丰厚。但目前网上对于职业和事业的成功标准多是以物质财富来衡量,军人与高收入阶层的收入差距拉大,当兵光荣的观念受到冲击和挑战。二是发扬集体主义与个性发展的冲突。现代社会崇尚个性发展,网络更是青年人张扬个性、展示自我的舞台,这种价值追求促进青年官兵关注个性自由,然而军营高扬的集体主义精神,要求军人高度集中统一、令行禁止,严格遵守部队的条令条例和规章制度。这种网络与现实军营的反差造成其体验上的冲突。三是军人角色与其他社会角色道德的冲突。军人处于复杂多变的社会关系中,一名军人也同时是儿子、丈夫或者父亲,不同的社会角色所担负的道德义务各不相同,不同的道德义务并存就使冲突的形成和激化成为可能。如网络当中宣传的照顾家庭、孝敬父母的传统美德要求军人留在家中尽责尽孝,然而保卫祖国、为国捐躯的美德却要求军人奔赴战场精忠报国,这种冲突导致军人处理二者关系时选择更为艰难。

(二)道德情感疏远

人际情感是需要人与人的交往来维持的。网络改变了官兵人际交往的方式,使官兵之间、官兵与社会之间的交流变成了人与机器之间的交流,人际关系日益间接化,这与现实生活中人与人的直接交往相比,人与人之间的距离不是减少,而是增大了。

网络交际为人类创造了独具特色的交往空间和全新的交往场所。网上空间具有虚拟性,可以相识不相见,从而免除交往者的奔波之苦;网上交友可以匿名进入,官兵可以对对方的真实身份一无所知,便于他们以平等的身份进行交往,使交际变得更加自由和轻松;网上空间具有开放性、交互性且覆盖广袤,上网官兵可以定向抵达一点,也可以同时抵达多点,从而形成颇具规模的交际圈,为官兵在更大的范围内交友、择友提供了前所未有的便利。网络的这些便利条件,使官兵现实生活中的交往机会减少,官兵与机器的接触却日益频繁,而同他人的社会交往会被削弱,使家庭成员之间、同事战友之间的感情联系淡薄,以至于对现实社会生活中他人与社会的幸福漠不关心。尤其是在电子空间中,由于官兵是感觉不到对方作为一个活生生的人的反应的,便以为不是在与人而是与机器人打交道,往往做出一些物理空间难以做出的粗暴、无礼行为,甚至认为盗窃、入侵等犯罪也不过是敲击了几下键盘,点击了几下鼠标而已,没有紧张恐惧的犯罪感,模糊了罪与非罪的界限。人是社会的动物,人类的发展过程便是相扶相携、相互作用的过程。心理学家马斯洛认为,人的需要层次由低到高依次分为生理需要、安全需要、爱的需要、自尊的需要和自我实现的需要。[1]人的基本生理需要和安全需要得到满足以后，就要寻求爱与归属、尊重的需要的满足。广大官兵如果由于各种各样的原因无法与他人交往，得不到爱与归属、尊重需要的满足，则有可能引发情绪障碍，导致忧郁症。在高度信息化、自动化的网络社会中，官兵之间的依赖关系被人对网络的依赖关系所取代，官兵之间的交往变成了人与机器之间的交往，这有可能导致官兵产生紧张、孤僻、冷漠和其他心理健康问题，失去传统的亲情、友情等道德情感与平等互助、和谐一致的道德关系。

（三）道德控制削弱

网络社会是人类为自己开拓的另一个生存空间，这个崭新的信息世界，基本上还没有法律规范。现实社会中，用以消除军人道德失范现象、维护军人道德秩序的管理、监督、约束、制裁机制，在网络社会中也遇到了前所未有的挑战。网络社会没有传统社会的人际、法律、道德、舆论的约束，亦不需要面对面打交道，官兵在网上缺少"他人在场"的压力，"快乐原则"支配着个人欲望，日常生活中被压抑的人性中假、恶、丑的一面，会在这种无约束或低约束的状况下得到释放宣泄。这对建立在现实社会基础上的传统道德规范形成巨大冲击，传统道德规范的控制与约束力明显减弱。

在传统社会中，由于广大官兵交往面狭窄，在一定意义上说是一个熟人社会，官兵的交往对象大都是熟识的人，如战友、朋友、亲戚、邻里、同事等。依靠熟人的监督，慑于道德他律手段的强大力量，传统道德得到相对较好的维护。在这样的熟人社会里，官兵的道德意识较为强烈，道德行为也相对谨慎。然而，由于人们符合道德的行为常常是做给他人特别是可能对自己有影响的人看的，所以一旦进入"反正没有人认识我"的界

---

[1] 〔美〕亚伯拉罕·马斯洛：《动机与人格》（第三版），许金声等译，中国人民大学出版社2007年版，第72页。

域，那条由熟人的目光、舆论和感情筑成的防线便很容易崩溃。传统道德基础因此会逐步消解。目前，网上的道德规范是非强制性的，官兵的网络道德行为靠自己个人的内心信念来维系，这往往会产生道德失范的意识和行为。一是言行随意。网络世界的隐匿性使部分官兵在网上随心所欲设定自己的身份，言行放纵。比如浏览迷信、黄色等不良信息网站，对其他用户肆意攻击谩骂，传播小道消息和政治谣言等。二是弄虚作假。由于缺乏监督约束，部分官兵在网络中的行为与现实社会中的行为相悖。比如在使用网上资料时不注明出处，甚至把网络上的资料下载下来当成自己的原创来使用。三是沉迷网络。网络世界信息丰富，精彩网络游戏极其吸引人，很容易使人沉迷其中。青年官兵网络成瘾现象随着网络不断深入而日益突出，他们长期沉溺于电脑娱乐或者网络聊天、游戏，不善于与人交流，严重损害身心健康。

（四）道德素质滑坡

网络已成为军人生活中越来越不可或缺的重要组成部分，但由于青年官兵过多依赖电脑网络，书本阅读、亲身实践、人际交往等方面的弱化，使之获取知识的方式成了一种"快餐模式"，这必然使官兵的知识水平下降。首先，网络信息爆炸并不等于知识爆炸，放弃书本阅读和亲身实践，过度依赖电子媒介，这必然造成文化退步、知识匮乏。电脑给予官兵们的知识是有限的，只提供官兵有关"何时""何地""何事"的信息，却无法代替官兵去思考，只能告诉官兵结果，无法带给官兵对过程的思索与解决问题的方法。其次，网络形成的以文化一律化、标准化、程序化为特征的"快餐文化"模式，使官兵的思维简单化、线形化、直观化，导致官兵的知识贫乏、审美能力下降，优秀道德传统遭遗弃。第三，网络技术的高度发达有可能以官兵的文化素质下降为代价。网络的高度综合性、声像多维一体化和高度图像化的特点，导致官兵的思维能力、表达能力、抽象能力、阅读能力退步。第四，实践能力下降。网络技术的发展已使地球成为

"地球村"或"电子社区",而作为个体的军人却越来越趋向部落化,用于人际交往的时间大大减少,具有社会温情效应、家庭温情效应的人际传播机会被剥夺,官兵的实践、社交能力下降,心理趋向封闭。

(五)道德人格挤压

广大官兵道德人格的形成,既是官兵个体社会化发展的过程,又是军队这个群体对全体官兵的共同要求,它是社会环境、军队环境和官兵相互作用、相互磨合后留下的"烙印",是官兵适应社会环境的稳定心理特征。网络是一个交往的平台,也是一个交往的屏障。它为人类展示自我提供了一个自由、开放、没有约束的空间,同时又掩盖了网络人的真实身份。官兵在自我系统中至少存在三种自我,即真实的自我、现实的自我和网络的自我。这三个"我"的含义有时相互交织,有时相互冲突。官兵在网络中常会产生这样的追问和困惑:我是谁?我还是原来的我吗?网络为"性格内向"的官兵提供了展示自我的平台,但另一方面,也使他们变得更加内向和自我封闭。"网上""网下"的性格错位,可能会导致多重人格问题的产生。网络在整合世界的同时,也有可能分裂和肢解官兵的自我性格结构。另外,网上许多具有地域性、本位性的道德文化体制和范式,通过网络的强大的辐射力和渗透力,影响官兵个体人格的形成。网上的多元道德构成只会使官兵经常性地处于矛盾的、相互冲突的道德选择中,给官兵健康的道德人格形成与发展造成强大的挤压和扭曲。

(六)道德评价困难

在网络社会中,道德的评价是超柔性的。青年官兵的身份很难明晰,传统意识上的社会舆论、风俗习惯的监督和评价作用无法发挥,道德评价只能依据个人内心的信念来维系,每一名官兵成了网络道德的自我制定者、自我实践者和自我仲裁者。

在缺乏公德而仅凭自我道德来运转的网络社会里,唯我独尊、服务于我、为我所用的理念必然不断自我强化与膨胀。网络社会的符号化、隐匿化和自由化特点，使得网络主体的道德关系比起现实关系更加错综复杂，道德评价也更加困难。一是网络评价道德客观标准难以把握。只有真正看清网络行为动机与效果，才可能对其作出正确合理的价值评价。但网络空间是虚拟空间，官兵在这个空间中的一切行为都是"自由"和隐性的，网络行为的动机和手段具有隐匿性特点，行为结果具有一定虚拟性和不确定性，这使得网络行为的道德属性必然难以准确把握。二是网络道德评价主体难以把握。网络道德评价的发生是随时随地的，官兵可以用匿名的方式完全平等交流、评价和使用各种信息资源，发表自己的意见和观点，不用受到任何约束和限制。这也是网络上有些道德评价失当的原因。三是网络道德评价的"度"难以把握。由于网络道德评价载体和机制的特殊性，官兵在对社会行为进行道德评价时，所依据的标准是自己的主观感性认识。如果道德评价是错误的，对评价客体所涉及的个人或群体必然造成一定伤害，从而产生用道德评价"不道德"的情况。

三　影响军队网络道德建设的因素

当前，军队网络道德建设存在空缺、滞后、低效的现象。在军队网络发展过程中客观存在的教育、管理、法规等方面建设不到位的问题，使官兵网络道德失范行为不能得到有效控制和及时制止，从而影响和制约了军队网络道德水平的提高。

（一）军队网络道德教育重视程度不够

一些单位对军队网络道德教育存在模糊认识。比如，有人认为不存在网络道德问题。网络中存在的不道德行为是虚拟的，虚拟的网络不道德行为没有现实危害性，即使偶有发生，也完全可以用现实的办法来解决。这种认识实际上带有一定的普遍性。目前军队开设的计算机和网络课程中，内容基本上都是关于技术层面的，很少涉及网络道德问题。有人认为部队不需要网络道德教育。《内务条令》明确规定，军人不得进入网吧等娱乐场所，不上互联网就不存在网络道德失范问题。所以把《内务条令》中的规定当成"尚方宝剑"，严格控制军人上互联网。在这种情况下，以堵代疏，以管代教，忽视了实行网络道德教育的必要性。由于没有受到系统的网络道德教育，网络中的官兵往往毫无顾忌，网络道德行为没有受到应有的约束。

（二）军队网络道德建设施教效果不佳

在网络的发展中，网络道德的教育者与教育对象是同步的，教育者无法达到现实社会德育中所具有的那种"优先性"和"主动性"。相当多的教育者对于网络知识的了解和运用网络技术的水平甚至要低于教育对象，这就大大增加了网络道德教育的难度，影响了网络道德教育的效果。在网络世界中，官兵大都遵循自己的意愿行动，自由地表达自己的思想，自由地进行交往互动，促进了官兵自我意识的觉醒和张扬。网络的特殊性使传统的灌输式道德教化理念和方式无法复制到网络世界之中，而作为实施者的政治干部尚未形成适应网络环境的道德教育理念和方式方法，这种状况影响和制约着网络道德教育的效果。

（三）军队网络道德政策法规不够完善

对网络行为的约束单靠道德是不够的，从根本上讲还需要依靠法规制度的有效保障。从目前情况看，我国网络方面的法律法规还不系统、不配套，有些方面还存在盲区，因而难以完全适应网络迅猛发展的现实需要。《中国人民解放军计算机信息系统安全保密规定》和《总参军训部网络安全管理八项规定》等有关纪律规定，虽然为我们进行网络管理提供了基本的依据，但这些规定还不够系统、不够完善，特别是对军队网络道德的规定更是少之又少，这就使军队网络道德建设缺乏明确的目标导向和政策依据。

（四）军队网络管理监督力量相对薄弱

互联网采用的是离散结构，而不是由中央控制。在这种状况下，互联网就不存在一个绝对权威的机构或组织，管理与监督起来也就会有很大难度。目前，我国网络管理与监督主要采取区域管理模式，局域网管理"条块分割"较为严重，各单位网络管理人员"责、权、利"不清，管理力度不够。这是军队网络中出现不道德行为和网络犯罪行为的外在原因之一。为了实现网络有序健康的发展，有必要打破区域限制，设立专门的执法机构，建立专门的执法队伍，制定统一的执法标准，以适时的监控和管理为网络世界营造一个良好的环境。

（五）军队网络道德规范体系建设滞后

网络道德失范行为的存在，与网络道德规范体系建设的滞后有一定关系。当前军队网络道德规范体系建设存在的问题主要有三个方面：一是网络道德规范的含混导致道德约束功能减弱，即规范内容含混不清，在全军范围内对于提倡什么、反对什么没有作出统一明确的要求，由于缺乏统一规范的网络道德评价标准，降低了道德规范对军人网络活动的约束效果。二是网络道德规范的不完善引发官兵的道德冲突。目前，我军的网络道德规范正处于逐步完善过程中，还没有形成完整的体系。在有些方面，对官兵在虚拟的网络环境中的道德要求，与官兵在现实生活中的道德要求可能还存在差别。例如，现实生活中要求官兵遵守纪律，承担责任，而在虚拟网络中，则更强调言论自由和张扬个性。虚拟与现实两种情况下道德要求的冲突，会使个别官兵陷入选择困境，甚至可能引发道德失范行为。三是网络道德规范缺失使网络出现道德真空现象。建立在现实社会中的道德规范不适应网络运行的新环境而形同虚设，从而在某些方面造成网络道德领域的真空现象。相应的网络道德规范没有真正确立起来，造成网上行为处于既不受旧规范的制约，又无新道德规范可依的真空状态，这种情况也容易诱发个别官兵的道德失范行为。

　　总之，网络技术对军人道德影响是双重的。我们绝不能因为网络的诸多负面影响而因噎废食，远离或拒绝现代科技文明。广大官兵在享受这一现代技术文明的快捷、便利和高效的同时，对它的负面影响不可掉以轻心，应着力制定有效的干预手段和防范措施，把道德意识贯彻到网络技术规划和发展的全过程，真正为我所用。

第三节　军队网络道德的基本内容

军人作为社会的特殊群体，对道德规范有着特殊要求，这种特殊的要求与内涵在网络世界中仍然具有规范意义。军队网络道德的基本内涵，是建立在网络空间基本公德的基础上，维护军队特有的价值观念，是对军人网络道德行为的概括和总结。军队网络道德特定的内容要求，具体包括以下几个方面。

一　忠诚品质

忠诚作为人类社会的基本伦理规范，是军人最重要的道德品质。我军的忠诚，既不是通常某些人所理解的单纯的个人知恩图报，也不是盲目的迷信和献身，而是指对党、对人民、对社会主义祖国赤诚无私、尽心竭力的思想觉悟和道德情操，是新一代革命军人的世界观、人生观和价值观的集中体现。我军是中国共产党缔造和领导的人民军队，是执行党的政治任务的武装集团，是中华人民共和国的武装力量，是人民民主专政的坚强柱石。我军的性质决定了军人必须永远忠诚于党、忠诚于人民、忠诚于社会主义祖国，做绝对忠诚的新一代革命军人卫士。在网络空间，军人的忠诚主要体现在以下几个方面。

忠诚于党。这是新一代革命军人最重要的政治品格和应当恪守的最高行为准则，也是军队网络道德建设的核心内容。"忠诚于党，就是要自觉坚持党对军队的绝对领导，高举中国特色社会主义伟大旗帜，坚定中国特色社会主义理想信念,任何时候任何情况下都坚决听党指挥。"[1]马克思主义关于阶级、政党、国家、军队及其相互关系的理论,是坚持党对军队绝对领导的根本理论依据。马克思主义认为,军队作为执行政治任务的武装集团,是一定社会阶级斗争的产物,是一定阶级及其政党的工具。无产阶级只有掌握军队,才能推翻资产阶级统治,取得无产阶级革命胜利。正如习近平所指出的:"军队思想政治建设的根本,是毫不动摇地坚持党对军队的绝对领导。坚持党对军队的绝对领导,是我军永远不变的军魂,对巩固党的执政地位、保证社会主义红色江山永不变色具有极其重要的意义。"[2]要坚定中国特色社会主义理想信念。人生如屋,信念是柱,理想信念是人类精神生活的内在需求,是人安身立命和精神寄托之本。一个人如果没有理想信念,就没有主心骨,就缺乏对事业和生活执着追求、奋斗进取的精神动力。科学的理想信念可以引导和激励革命军人自强不息、奋发进取;可以使革命军人养成浩然正气,抵御各种错误和腐朽落后思想的侵蚀,走正确的人生道路。在网上多元文化相互冲击的空间里,西方媒体占据着相对的主导地位,他们利用互联网这块阵地,利用各种手段大肆宣扬西方哲学,宣扬资产阶级自由、民主、人权,宣扬政治多元化、多党制,兜售反动的资产阶级价值观、政治观。他们妄图运用网络实施攻心战、演变战,潜移默化地搞垮社会主义国家的军队,颠覆无产阶级专政,达到不战而胜的目的。这是一场尖锐的阶级斗争,是一场看不见硝烟的战争。因此,在网络中必须认清西方敌对势力的野心和心理战的手法,掌握对敌对势力心理战、策反阴谋作斗争的主动权,针锋相对,坚决斗争。从思想上、政治上认清"军队非党化、非政治化"和"军队国家化"错误思想的实质,对复杂的斗争形势具有清醒的认识,保持高度的警觉。要建好以全

---

[1] 总政治部:《中国特色社会主义理论体系基层读本》,解放军出版社2009年版,第429页。

[2] 总政治部:《深入学习贯彻党的十八大精神军队领导干部学习文件选编》,解放军出版社2013年版,第225页。

军政工网为重点的网络教育平台，紧紧围绕坚定政治信念、强化军魂意识这个根本，紧贴强军目标，着眼发展先进军事文化，把握促进官兵全面发展的基本要求，充分发挥网络的功能优势，打牢官兵高举旗帜、履行使命的思想基础。

服务人民。军队网络道德建设必须坚持全心全意为人民服务的根本宗旨，自觉把人民利益作为最高利益，把人民需要作为第一需要，把人民满意作为唯一标准。我军作为一支新型人民军队，除了人民利益，没有也不允许有超越人民之上的特殊利益。始终把人民利益放在高于一切、重于一切的位置，是新一代革命军人必须坚持的利益观，也是检验革命军人是否真正全心全意为人民服务的"试金石"。在全面建成小康社会和实现中国梦、强军梦的今天，官兵面临的利益诱惑和考验越来越多，对自身利益关注的程度也越来越高。如何正确看待和处理个人利益与人民利益的关系，是新一代革命军人必须回答的时代课题。我军从不否认官兵的个人利益，而且非常关心官兵的切身利益，重视维护官兵的正当权益。但是作为军人，要始终坚持人民利益高于一切、重于一切，时时、事事、处处把人民的利益放在首位，把维护人民利益作为最高责任；当个人利益与人民利益发生矛盾时，要自觉地牺牲个人利益，保全人民的利益，当人民生命财产安全受到威胁时，要挺身而出，冲得上去、豁得出去，为广大人民的利益可以牺牲自己的一切，甚至生命。

热爱祖国。强烈的爱国主义情感，是一种对祖国的深厚热爱之情及为之献身的崇高精神和崇高情感，集中体现为对祖国锦绣河山、悠久历史、灿烂文化、乡土乡亲及广大人民群众的无比热爱，具有强烈的民族自尊、自信、自强意识以及为国家和人民的利益英勇斗争、勇于献身的精神。军队网络道德建设，必须把培养官兵的爱国主义情感作为重要内容，激励官兵爱国奉献。我们伟大的中华民族，历来有爱国主义的光荣传统。几千年来，中华民族之所以历尽劫难而不衰，屡遭侵略而未亡，不断地发展壮大，繁衍至今，爱国奉献精神是巨大的凝聚力和推动力，这种力量把中华民族凝聚成坚不可摧的核体，把祖国不断推向文明进步。广大官兵有强烈的民族自尊心和自豪感，以热爱祖国，贡献全部力量为最大光荣，以损害祖国利益、尊严和荣誉为最大耻辱。在网络的虚拟空间中，官兵应当树立高度的民族自尊、自信、自强精神，自觉主动地维护祖国的荣誉和民族的尊严，维护国格和人格，坚决抵制和反对西方国家毁坏扭曲我国形象的反动宣传，坚决抵制一些别有用心的人群在网上发布的消极言论，以强烈的爱国热情为祖国增光添彩。

二 敬业精神

敬业，顾名思义，"敬"包含了尊敬、敬重、恭敬等意思，强调的是个人的心理、态度和志趣等；"业"对应的是业务、专业和事业。主要是指人们的岗位、工作和职业等。综合起来看，敬业主要是指专心致志以事其业，认真负责做好本职工作，是人们对自己所从事的职业充满热爱、珍惜和敬重，以明确的目标、专精的志趣、负责的态度，不惜忘我地为之付出和奉献，获得至高精神快乐的思想品质。敬业是一种高尚的职业操守，体现着一个人远大的理想追求和积极进取的精神风貌，表征着他的强烈事业心和责任感。敬业是各行各业对职业道德最一般、最普遍的要求。虽然不同行业在职业道德上都有各自的标准，体现出一定的差异性，但对敬业的要求历来都是一致的。可以说，敬业是任何行业职业道德都不可或缺的重要组成部分。

军队网络道德建设要把培养官兵的敬业精神作为重要内容。军人必须切实认识到人民军队的地位和作用，认识到自己肩负的职责所具有的社会价值及其意义，自觉认识到军人这个职业是社会中最光荣、最豪迈的职业，发自内心地热爱保卫祖国的事业。军人还要自觉珍惜和维护军队、军人的荣誉，视荣誉如生命。道不可坐论，德不可空谈。军人敬业应该是一个知与行相统一的过程，相比之下实践环节更为重要。在网络社会中，要扎实做好网上舆论宣传和引导工作，不断提高军队软实力，塑造我军良好形象。习近平在视察解放军报社时强调："现在，媒体格局、舆论生态、受众对象、传播技术都在发生深刻变化，特别是互联网正在媒体领域催发一场前所未有的变革。读者在哪里，受众在哪里，宣传报道的触角就要伸向哪里，宣传思想工作的着力点和落脚点就要放在哪里。"[1]当今时代，哪一方的传播理念先进、传播手段领先、传播能力强大，哪一方的思想文化和价值观念就能更广泛地流传，对受众的影响也就越大。军队媒体也在积极适应这一新的特点，利用新媒体开展网络宣传工作。2011年9月，新华社军事频道与兰州军区政治部宣传处的同志来到全军海拔最高的哨所神仙湾，以"你在天边，你在眼前"为主题，72小时全程微直播官兵的中秋，到了当日收获了1200万的点击量，这次直播后来也被称为"中国海拔最高的微博直播"。[2]

我军是一支英雄辈出的军队，从战争年代到和平时期，从黄继光、邱少云，到雷锋、杨业功，他们都是一个时代的军人典范。近年来，我军也涌现出了一批新时代的军人楷模，例如执行国际维和任务期间牺牲的申亮亮、李磊，为保护战机牺牲的张超，还有武警部队扎根新疆的"当代雷锋"庄仕华等，利用网络对这些英模人物进行宣传，对于树立军队良好形象、凝聚强军力量，起到了很大的激励作用。在网络上大力宣传部队先进典型的同时，还要坚决抵制网络损害军人形象的不道德行为。广大官兵要增强政治敏锐性和新闻意识，遇到突发问题，积极主动应对，以正视听；防止出现不当言辞被别有用心的人利用，在网络上进行大肆炒作，从而损害军队和军人形象；加强军地协作，主动与地方职能部门加强协作，建立涉军有害信息互相通报、监测管控等工作机制，及时发现，依法应对；对

---

[1] 王士彬、安普忠：《坚持军报姓党坚持强军为本坚持创新为要为实现中国梦强军梦提供思想舆论支持》，《解放军报》2015年12月27日，第1版。

[2] 贾永：《新闻宣传授课之军队典型宣传现状》，http://www.js7tv.cn/news/201604_42801.html.

网上涉军有害信息涉及的相关单位和个人，要积极拿起法律武器，通过依法维权以正视听；对恶意制造、传播虚假涉军有害信息，造成恶劣影响的典型案例，各级要积极向地方职能部门通报情况，军地协作及时侦破案件，把事实真相公布于众，使网上谣言不攻自破。

三 守法观念

随着改革开放的不断深入，官兵同社会联系、交往的渠道和机会增多了，思想受到各种复杂因素的影响，民主意识、平等意识逐步增强，但组织纪律观念受到一定程度的削弱。有的官兵身上出现了自由主义、极端民主化等错误倾向，一些单位我行我素、有令不行、有禁不止的现象屡见不鲜。军无法不立，法无严不威。党的十八届四中全会决定强调，要深入推进依法治军、从严治军，紧紧围绕党在新形势下的强军目标，构建完善的中国特色军事法治体系，提高国防和军队建设法制化水平。[1]依法治军、从严治军这一治军思想，科学回答了新的历史条件下治军带兵的一系列重大问题，深刻揭示了我军在信息化条件下和改革开放大环境中部队建设的客观规律，为党的军事指导理论赋予了新的时代内涵。一支能打仗、打胜仗的军队，必然军令如山、军法如"刀"。当前，我军部队建设中还存在聚焦打仗不够、训风演风不实、训练水平不高等问题，解决这些问题的关键点和突破口就是依法治军、从严治军。只有依法治军、从严治军，严格按条令条例规范部队的行动，建立正规的战备、训练、工作和生活秩序，才能实现部队整齐划一、令行禁止；只有依法治军、从严治军，狠抓作风纪律建设，依靠严格教育、严格管理、严格训练、严格要求来统一思想、统

---

[1] 《中共中央关于全面推进依法治国若干重大问题的决定》，《解放军报》2014年10月29日，第1版。

一意志、统一行动，才能培养部队顽强的战斗意志、过硬的战斗作风；只有依法治军、从严治军，坚决贯彻落实战斗力这个唯一的根本的标准，从实战需要出发从难从严训练，以重典除积弊、猛药治沉疴的决心力度严整训风演风，才能真正提高部队能打仗、打胜仗的能力。

把培养官兵的守法观念作为军队网络道德的一个基本内容。网络虚拟社会与现实社会一样，也有一个社会公共秩序与安全的问题，这就要求广大官兵遵守网络规范，维护网络秩序。一方面，牢记军人身份。作为一名军人，必须严格遵守条令条例。《中国人民解放军内务条令》第二百零五条第七款规定：严禁在联接国际互联网的计算机上存储显示军人身份的资料。第一百三十五条规定：军人不得在大众媒体上征婚、求职和交友。不得在国际互联网上开设网站、网页、博客、论坛。这就是说，无论是否以军人身份，只要是军人就不能在互联网上开博客。网络世界的复杂，出乎我们的意料，必须要时刻注意网上的陷阱。首先，网络是一个虚拟世界，任何人都可能以虚拟身份在网上发言、交友，这种看不见的匿名上网方式必然带来网络诈骗、网上"钓鱼"等一系列问题。这其中就包括某些别有用心的人打着征婚、交友旗号拉拢腐蚀官兵，达到其不可告人的目的。其次，交友网站往往要求用户注册时填写详细个人信息，上传个人照片。这样一来，如果有官兵在网上注册，就难免要填写包括个人姓名职务、单位名称、部队地址、电话号码等资料，或上传个人着军装的照片，这就为暴露军人身份、网络泄密埋下隐患，可能被人利用。再次，有的交友网站既不承诺为注册用户资料保密，又缺乏足够的信息安全防护措施。更有甚者，在网页设置大量木马病毒，等着不明真相的人"自投罗网"。一旦官兵登录这样的网站浏览、注册、传播，危害更大，后果更严重。另一方面，时刻规范网上言行。在当前错综复杂的网络环境中，一些敌对势力和不法分子总是把军人作为渗透、腐蚀和拉拢的对象。一些婚恋和交友网站公然出现征募军人男（女）友的帖子，蛊惑官兵参与进去，从而暴露自己的军人身份。这就等于主动为网络敌特分子提供了套取军队信息的机会。

官兵们通过互联网社交平台与朋友、同学交流联络，分享工作和生活时，可能会在不经意间透露了自己的工作性质，张贴的照片也会暴露部队的相关信息。"说者无心，听者有意"，这些看似零碎的信息片断一旦被别有用心的敌对分子收集整理，就会成为国外情报机构获取我军情报的重要来源。

四　诚信态度

所谓诚信，即诚实与守信。诚，即真实不欺的品德。信，即遵守诺言的品德。诚实侧重于对客观事实的反映是真实的，对自己内心的思想、情感的表达是真实的。守信侧重于对自己应承担、履行的责任和义务的忠实，毫无保留地实践自己的诺言。所以，诚与信相通，人们常将"诚""信"合称。诚信是立人之本，也是立网之本。孔子云，"人而无信，不知其可也"，[1]意思是说，人如果失去了信用或不讲信用，不知道他还可以做什么。诚信作为现实社会传统美德，也是网络文化的道德基础。网络互动中诚信与否，决定了信息内容的真与假、行为后果的善与恶、关系环境的虚与实、交往质量的高与低。如果没有诚信，互联网将成为不用为自己言行承担责任的代名词，人们将避之唯恐不及，无人愿意参与进来。当互联网要求公众需要重重设防之日，也就是互联网分崩离析之时。军队是一个特殊的武装群体，其担负任务、生活方式、组织形式的特殊性，决定了军人比其他社会阶层的人，更需要诚实守信的道德品质。随着我国改革开放的不断深入，体制变动与利益调整等各种矛盾交织在一起，对官兵的思想观念、思维方式、价值取向产生很大冲击，引发了少数官兵的价值失落和道德困惑，"诚信就意味着吃亏"的观念不同程度存在于某些官兵的头脑之中。在网络虚拟世界中，由于人的行为方式更趋隐蔽，导

---

[1] 《论语·为政》。

致一些官兵在网络世界中忘记诚信，随意传播网络谣言，危害之深，愈演愈烈，严重污染网络环境，扰乱社会秩序，损害人民群众利益，败坏军人良好形象，影响整个军队建设。因此，必须培养官兵网络诚信的道德品质，激发广大官兵高度的政治责任感，切实在官兵中形成诚信上网的良好氛围。

军队网络道德建设要求军人在上网过程中必须做到忠实不欺。一方面，坚持美德，真情交流。网络道德中的诚信，就是要心口一致，表里如一，它是待人接物应有的道德底线，也是良好道德品行的本质内涵。就广大官兵而言，通过微博、微信等社交平台的发言和分享必须合法、真实、诚实，拒绝造谣、信谣、传谣。官兵以互联网作为过渡性的掩护工具，通过真情的逐步释放将网上的情感默契延续到现实中来，有助于他们人际空间的扩大和人际问题的解决。另一方面，维护秩序，诚信交易。诚信是网络秩序之本，也是网络赖以运行的基石。诚信是一种公序良俗，很难想象在一个缺乏诚信的环境中会有什么良好的秩序。现实生活中的诚信道德规范同样适用于网络诚信。官兵在网络社会中，除了与网友交流和娱乐外，一个重要内容是通过网络进行商业活动。这一新的商业活动方式，必须以诚信为其基本法则，坚持公开、公平、透明的交易方式，拒绝假货和欺骗，不轻信网络空间免费的优惠活动，到信誉良好的正规商家购买自己所需物品。

五 自律意识

自律性是最能反映道德本质的道德特征。任何时代、任何人离开了自律，都难以进入真正的道德生活。随着新媒体的不断出现，在网络竞争日趋加剧的情况下，少数网站为吸引网民关注，唯利是图，热衷于选发黄、赌、毒等不健康信息，给社会带来前所未有的挑战。面对庞大网络，即便监管体系再强大，也不可能解决所有问题，这就要求广大官兵不断强化自律意识，提高自律能力，自觉维护网络文明环境。新一代革命军人的网络自律意识主要包含两个方面的内容。

慎独。慎独是指一个有道德修养的人即使独自一人，无人监督，也能坚持自己的道德信念，实践道德行为。网络社会的超时空性和人们交往的匿名在线的特点，决定了网络崇尚自由与自我。E空间是以完全自由编辑为标志的，这就使上网官兵的网络行为具有较大的自由度和灵活性，现实道德所依靠的公共监督功能在网络社会中大大弱化。因此，把崇尚慎独、倡导道德自律作为军队网络道德的一项内容就显得尤为重要。官兵在网络这一缺少社会和他人监督的虚拟空间中，需要自觉地强化自律精神和责任意识，坚守网络道德防线，按照网络规则和公约行事，履行一个网民应尽的社会责任，切忌乱发言论，乱传小道消息，乱发各种评论，乱传灰色段子。

节制。节制又称自我控制，是指个体自觉用至善的理性要求对其感性予以限制，体现为面对各种干扰和诱惑的个体在意志活动中所体现出的自我约束能力。从道德上讲，一个有所节制的人不是一个贪求快感、耽于物欲的人，而是一个具有理性自律、人文关怀的人。网络生活中，官兵虽然在虚拟空间里借助他对网络资源的意识自信，能够放纵自我的感性欲求，但由于虚拟世界总是连着真实的世界，对网络资源的任意窃取、破坏和践踏，或总想利用互联网玩一把、骗一把、捞一把，这都将给官兵自身的社会化和社会的正常运作带来极大的危害。用节制主宰网络生活，在互联互通中走好人生旅程，掌握网络技术的广大官兵最重要的是要用道德上的人文关怀指导其技术的发挥。即在挥洒其网络本领时，坚持把人的发展和社会的良性运行放在第一位，以自由取代放任，以理性取代恣意，不能在网络诱惑下对网络技术可能产生的效应视而不见，让互联网遗憾地成为反对自己、对抗社会的工具。

六　健康情趣

习近平总书记指出："只要中华民族一代接着一代追求真善美的道德

境界，我们的民族就永远健康向上、永远充满希望。"[1]健康向上的生活情趣，不仅有利于人的身心健康，还能开阔人的眼界，丰富人的知识，焕发人的精神，形成一股无形的、内在的力量，在一定程度上启发着人们最大限度地发挥自己的创造性，为获得事业的成功进行不懈努力。情趣反映的是一个人的精神境界，健康的情趣来源于良好的人文素质。因为一定的思想观念总是以一定的文化底蕴为基础，一定的人文意识又总是蕴含着一定的价值观念。道德素质固然是根本，人文却是提高道德感、责任感的基础，重视人文素质的培养，实际上就是教育引导官兵养成健康向上的生活情趣，做有智慧、有修养的人。

官兵在网络环境中，应该保持高昂的精神、高雅的情调、高涨的审美激情和较高的审美能力。近朱者赤，近墨者黑。当前，网络上充斥着大量的不健康信息，特别是色情、暴力内容，对青年官兵的生理心理健康带来严重危害。网上传播的部分文艺作品"有的搜奇猎艳、一味媚俗、低级趣味，把作品当作追逐利益的'摇钱树'，当作感官刺激的'摇头丸'。"[2]有些参与网络文化活动的基层官兵由于好奇、从众或心理抵制诱惑的能力较差等原因，经常在网上使用格调低俗的语言、观看内容庸俗的信息、散布五花八门的消息、发表不合时宜的议论，这既破坏了网络的有序环境，又影响了我军的良好形象。所以，官兵需要提高包括网络图片、文字在内的信息审美情趣和包括广告、影视、风土人情等在内的文化审美情趣。官兵应当崇尚真善美，抵制假恶丑，做到无论在任何复杂形势下，都能够正确判断什么是健康的，什么是腐朽的，哪些是该吸收的，哪些是该批判的，什么是能做的，什么是不能做的，努力做有健康情趣的上网人。

---

1 习近平：《在文艺工作座谈会上的讲话》，《人民日报》2015年10月15日，第2版。
2 习近平：《在文艺工作座谈会上的讲话》，《人民日报》2015年10月15日，第2版。

第四节　军队网络道德建设举措

军队网络道德建设既是一项长期的、艰巨的历史任务，也是一个复杂的系统工程。网络道德的矛盾与冲突日益显现，要有效应对来自各个方面的冲击和影响，就必须超越技术层面，从道德层面上考察和研究网络现象、网络行为，建立健全具有可操作性的军队网络道德规范和监督机制，积极探索有效的对策措施，确保军队网络道德建设健康持续稳步向前推进。要本着一切从实际出发、实事求是的态度，克服消极畏难、盲目乐观或急于求成思想，通过多种方法和途径的有机结合进行综合治理。

一　筑牢官兵网络道德防线

坚定的政治信念，是军队网络道德建设的核心内容。当前，国际形势风云突变，影响国家安全和发展的不稳定因素日益增多。网络的开放性、虚拟性、隐蔽性、蛊惑性、共享性，对官兵理想信念带来了新的冲击影响。网络已成为意识形态领域斗争的主战场，敌对势力利用网络这个自由开放的平台，极力宣扬资产阶级意识形态和价值观念，组织越来越周密，手段越来越多样，具有很大的诱惑力和欺骗性。"网上有政治，网上有敌情，网上有陷阱"变得更为现实而直接。网上意识形态斗争虽无炮火硝烟，却充满"文明的血腥"，本质上是两种制度、两种价值观的对立，是敌我之间的殊死较量。敌对势力利用互联网这个便捷手段，构设"价值陷阱"，实施"文化冷战"，培植"第五纵队"，对领袖的泼污，对英雄的诋毁，对体制的嘲弄，对党政军的攻击等，可以说到了肆无忌惮的地步，把互联网当成倾销西方意识形态的"租借地"。[1]在网络这个看不见的战线，面对各种不良言论的腐蚀影响和偏激变态行为的冲击干扰，如果没有坚定的理想信念，就容易是非不分、思想迷茫、价值错位，做出有悖网络道德规范甚至违法犯罪的事情。高举旗帜、坚定信念、捍卫和发展中国特色社会主义道路从来没有像今天这样现实而紧迫，必须始终坚持用强军目标铸魂育人。

党的理论创新每前进一步，网上理论武装就要跟进一步。筑牢官兵网络道德防线，就要教育引导官兵做到以下方面。一要头脑特别清醒。通过军队政工网络载体，抓好中国特色社会主义理论体系武装，引导官兵不断坚定对党的信心和信赖，不断坚定对中国特色社会主义的道路自信、理论自信、制度自信、文化自信，自觉做中国特色社会主义共同理想的坚定信仰者和忠实践行者。例如，某旅运用网络普及最新理论知识，该旅一营的几名理论骨干创办了"理论学习小课堂"，选择"暴走漫画"等网络流行元素，采用通俗易懂的事例和诙谐幽默的语言，精心编写脚本，制作动漫短片，上传到旅局域网上供大家学习。短短一周时间，视频点击量就超过了3000次，引来众多官兵点赞。[2]二要态度特别鲜明。针对当前深化国防和军队改革中网上出现的种种不良信息，通过军队政工网络载体，教育引导官兵无论部队内外环境怎么变化，建设形态如何特殊，都要坚定党对军队绝对领导的政治自信和政治自觉，充分认清"军队非党化、非政治化"和"军队国家化"等错误观点的本质危害。深刻认识党对军队绝对领导的真理性、法理性、唯一性，自觉站在确保人民军队性质和宗旨永不变色的政治高度，始终不渝坚持党对军队绝对领导。只有这样，我们才能在互联网提供的信息海洋中明辨是非、分清真伪，才能在各种错误思潮面前站稳脚跟，树立改革强军的必胜信心。三要行动特别自觉。通过军队政工网络载

---

[1] 伍正华：《决不能让互联网成为人心流失地》，《解放军报》2015年5月13日第6版。
[2] 邹菲、王飞、陈壮军：《架起通往理论殿堂的阶梯》，《解放军报》2016年7月18日，第5版。

体，教育引导官兵自觉坚持党的领导，拥护党的方针政策，坚定不移执行党的决策部署，不折不扣落实党的要求任务，坚决维护党的形象和权威。相信"中国梦、强军梦"定能成真，积极投身军队改革的伟大实践。在任何时候都要把国家利益置于高于一切的位置，牢记军人职责使命，把个人的理想和抱负融入军队的使命和责任之中，追求高尚的精神生活，自觉抵制网络中各种不良信息的影响。

二　弘扬网络道德主旋律

网络文化领域是意识形态斗争的重点领域，军队是敌对势力渗透的重点对象。抽样调查发现，青年官兵部分信息获取来自网络，57%的新兵入伍前几乎不收听收看新闻，对国家举什么旗、走什么路、执行什么制度漠不关心，政治常识比较欠缺；6%的战士对敌对势力宣扬的一些似是而非的论调不能正确辨别，容易被蒙骗，甚至产生认同感。网络中传播的良莠不齐的价值观念、生活理念、文化形态，对青年官兵人生观、价值观和行为方式产生了不可低估的冲击和影响。要突出抓好思想引导，提高官兵分析、鉴别网上信息是非美丑的能力和欣赏品味，自觉纯洁网络行为。

加强思想引导，要坚持团结稳定、正面宣传为主，弘扬主旋律、传播正能量，巩固壮大主流思想舆论。一要用党的创新理论教育引导。当今时代，军队必须紧跟信息化步伐，加强政治工作网络平台和网络信息内容建设，拓展网上思想教育、学习成才、咨询服务、文化娱乐等功能，实现网络载体与政工本体有机结合，传统优势与信息技术高度融合，为生命线加载"数据链"。要在网上旗帜鲜明地宣传党的创新理论，宣传中国梦和强军梦；要在网上宣传社会主义制度的优越性，提高广大官兵贯彻执行现阶段党的路线、方针、政策的自觉性和坚定性；要在网上弘扬科学精神，提高广大官兵识别、抵制和反对各种伪科学和封建迷信活动的能力。例如，某团在政治工作信息化建设中，通过下载中国军网"军报每天读"视频，彻底改变了传统的读报模式。他们将读报的"半小时"细化为"三个十分钟"：十分钟观看"军报每天读"、十分钟干部领读重要文章、十分钟战士评报。该团创新的"三个半小时"模式，借助四级电子信息发布系统、覆盖团队的局域网，通过多点播放、滚动播出，把听广播、读报、看新闻的时间，从定时向全时覆盖、从纸上向网上扩展、从室内向室外延伸，有效扩大了主流声音的受众面、影响力。[1] 二要用光荣传统和优良作风教育引导。人心是最大的政治，得人心者得天下。必须牢固确立"影响力就是战斗力"的观念，积极行动，直面挑战。要密切关注网络舆论动向，深入进行网络舆情分析研判，敏锐把握群众和官兵的心理动态，不做看不到舆情的"鸵鸟"；要大力加强网络新媒体建设，综合运用网站、微信公众号、手机客户端等新兴媒体，增强主流信息对网友的吸引力、感染力和影响力；要汲取我国传统道德精华，在网上加强中华民族优秀文化传统和革命传统教育，增强民族凝聚力和民族自豪感；要在网上加强爱国主义和集体主义教育，反对和抵制拜金主义和极端个人主义思想，培养新一代革命军人；要在网上加强我军的根本职能教育，培养官兵为祖国利益而献身的革命精神和全心全意为人民服务的高尚道德情操。三要在解疑释惑中教育引导。要针对深化国防和军队改革中出现的热点和难点问题、官兵关心的问题，积极做好引导工作，抓住官兵的切身利益问题做好思想教育；要针对网上错误信息和错误言论做好纠正和批判工作，运用马克思主义的立场、观点和方法做出有说服力的批驳。

三 提高官兵网络道德修养

网络对人的心理具有正负两面的双重影响，既能帮助人健全和完善

---

[1] 司徹、张维新等：《勇闯网络关过好时代关》，《解放军报》2016年4月8日，第5版。

自身的心理机制，开辟心理健康工作的新天地，又可能使人认知混乱，情绪冷漠，交往能力下降，对人格产生不良影响，使人成瘾影响健康。目前，一些网站片面追求经济效益，难免将带有色情、淫秽、凶杀、暴力、迷信、恐怖等内容的书刊、杂志、光盘、电子产品投放于网络空间。这些网络负能量给军人道德建设带来极为严峻的考验和挑战。在这种客观环境下，必须做好对广大官兵网络道德修养的引导工作，采取积极有效的措施来避免官兵网络道德失范行为的发生，提高他们的网络道德修养，使之成为社会的网络道德模范，推动全社会的网络道德水平提升。

提高官兵网络道德修养，要引导官兵明辨是非，提高网络道德意识和水平。习近平指出："一个人只有明大德、守公德、严私德，其才方能用得其所。""踏踏实实修好公德、私德，学会劳动、学会勤俭、学会感恩、学会助人、学会谦让、学会宽容、学会自省、学会自律。"[1]在网络上，要把培育文明道德风尚作为重要着力点，坚持正确的价值取向、舆论导向，坚持以文化人、以文育人，弘扬真善美、贬斥假恶丑，推动形成知荣辱、讲正气、作奉献、促和谐的社会风尚。例如，某部积极创新网络思想政治工作途径，对教育引导官兵树立正确网络道德观起到了很好的效果。2015年以来，智能手机落户基层部队后，该部党委主动作为，乘势而上，建立健全网络政治工作"信息观察员""思想引导员""教育协理员"队伍，积极拓展延伸政治工作生命线。"思想引导员"积极传播正能量，引导官兵依法规范用网。前不久，该部一名待转业干部思想波动较大，在微信群中发文有所体现。"思想引导员"不仅及时对这名干部进行提醒，还积极做好转业政策解读和思想引导工作，使这名干部以良好心态正确面对。[2]提高官兵网络道德修养，要教育引导官兵养成优雅的网络情趣和审美格调，不断提

---

[1] 《习近平在北京大学师生座谈会上的讲话》，http://www.gov.cn/xinwen/2014-05/05/content_2671258.htm.
[2] 戴斌亮、朱达：《网络"三大员"延伸拓展生命线》，《解放军报》2016年5月8日，第1版。

高信息审美情趣和文化审美情趣。

四　完善军队网络道德法规

目前，互联网的巨大作用已经为大多数人所认识，但是，网络被滥用的现象时有发生，在政治、经济、文化乃至国家安全等方面造成了一些负面影响，甚至还有一些人蓄意用网络进行非法活动，严重损害了国家和军队利益。如何正确引导官兵对网络暴力、网络色情的认识，防范暴力犯罪、色情犯罪事件的发生，是军队网络道德建设所面临的重大课题。2016年7月，国务院印发了《国家信息化发展战略纲要》，其中第37条规定要"综合利用法律、行政、经济和行业自律等手段，规范网络信息传播秩序。坚决遏制违法有害信息网上传播，巩固壮大健康向上的主流舆论。"[1]因此，除了从技术的方面寻找解决的办法以外，还必须加强法规制度建设，对那些散布精神污染和精神垃圾的行为，要追究法律责任，从法规制度上为军队网络道德建设营造良好的环境。

网络社会的一切是现实社会的映射，需要建立比较完善的法规体系，来惩治网络犯罪。法律在总体上是一个社会的最低道德准则，没有法律作坚强的后盾，仅仅依靠道德规范人们的行为，是软弱和苍白无力的。只有根据网络社会特点，制定相关的网上管制法规，充分发挥法律的威慑作用，通过法律手段惩治网上非法信息的传播者，才能尽可能地预防、遏制和减少网上各种不道德行为和犯罪行为的发生。开放的社会没有封闭的军营，过不了网络关就过不了时代关。各单位要结合官兵对网络的迫切需求，在严格遵循国家制定的网络法律法规之外，还应制定出体现军队特点和自身特色的管理措施。这些措施既要体现基本的网络道德准则，又要符

---

[1] 《国家信息化发展战略纲要》，《解放军报》2016年7月28日，第4版。

合军队的特殊要求，对规范官兵上网要有明确具体的便于操作的规章制度，如"上网行为规范""上网违章处罚细则"，既保护官兵学习应用网络的积极性，又坚持具体问题具体分析，促进军队网络道德建设与其他各项工作的顺利开展。某部党委在推动基层官兵手机网络的规范使用上做出了有益探索。该部在上级出台的《进一步加强手机网络使用管理的具体措施》的征求意见稿基础上，秉持以人为本、方便官兵、保密安全、正规秩序的基本原则，制定了符合部队实际的手机使用配套管理措施。在具体实施办法中规定：课外活动时间、休息日、节假日等个人支配时间，探亲、休假、请假、住院等因私外出期间，外出执行非涉密任务等情况下，可以携带使用智能手机。同时，也明确了指挥所、情报室、值班室等重要涉密场所禁止携带使用手机等。一些官兵在接受采访时说，他们会严守保密规定，自觉抵制网上不良信息。[1]

五　优化军队网络道德环境

习近平指出："要创新改进网上宣传，运用网络传播规律，弘扬主旋律，激发正能量，大力培育和践行社会主义核心价值观，把握好网上舆论引导的时、度、效，使网络空间清朗起来。"[2] 浓厚的道德建设氛围能够激励官兵、感染官兵，良好的道德环境，能够净化官兵的心灵，陶冶官兵的情操，对提高官兵道德素质起到积极的促进作用。为此，必须按照以文化人、铸魂育人的要求，用先进军事文化占领军队网络文化主阵地，提振官兵精气神，塑造良好网络道德。

1　李建文、代烽、张雷：《"第十二条"越难落实越要落实好》，《解放军报》2015年9月14日，第2版。
2　习近平：《总体布局统筹各方创新发展努力把我国建设成为网络强国》，《人民日报》，2014年2月28日，第1版。

优化军队网络道德建设环境，需要把握以下三个方面。一是各级要严格把关。部队各级要建立规章制度，明确各级对信息内容入网把关的责任。军队网站，主要从国家和军队的正规渠道获取信息，对来自其他方面的信息要加强辨析选择，不能猎奇，坚持把那些政治倾向有问题、格调低下的东西拒之门外。二是内容要体现军味兵味。要针对青年官兵身份和特点，深入研究军队网络文化建设的特殊规律，组织制作一批军味浓、思想性高、教育性好、趣味性强的网页网站，适应广大官兵的需要。某团在野外驻训点运用信息化手段开展"苦累观"教育，通过该团和有关部门合作研发的移动思想政治工作平台，利用平板电脑在帐篷里实施远程视频教育，取得了良好效果，被战士亲切称为"可随身携带的指导员"。[1] 三是要定期清理网上信息。要有专门人员对军队网络进行监控管理，通过审查、监控来发现网上对官兵身心健康有毒害的信息，做到防微杜渐，努力将不良信息驱逐出去，从而为官兵提供一个积极健康向上的军队网络文化环境。四是要及时更新网站。信息更新慢，网站就失去吸引力，军队网络主阵地就容易被其他信息占领。针对这些问题，要及时引进最新信息，部队建设的最新动态要及时发布于网上，使军队网络成为始终吸引官兵的新天地。

---

[1] 欧阳浩、陈云：《网上政工入脑入心》，《解放军报》2014年10月9日，第4版。

第六章

军队网络文化机制建设

机制，主要是指事物的结构和活动原理。"机制"一词，最早来源于希腊文中的Mēchanē，本意是指机器的构造及其运转过程中各零部件由于某种机理而形成的因果联系和运转方式。机制有多重含义，它泛指一个工作系统的组织或部分之间相互作用的过程和方式等。对军队网络文化建设实施科学管理，提供有力保障，确保有序运行，需要一定的机制来保证工作的落实、推动、纠错、评价等，避免建设的随意性和无序性。军队网络文化机制建设，是指军队网络文化建设过程中，各组成部分、各要素之间相互联系、相互作用的过程和方式，主要包括管理机制、运行机制和保障机制。建立完善的机制，对于完成军队网络文化建设任务，提高工作效益，起着十分重要的作用。

第一节 军队网络文化建设的管理机制

军队网络文化建设的管理机制是指军队网络文化建设管理系统各组成部分和各要素之间相互联系、相互作用的过程和方式。建立科学的管理机制，就是运用合适的方法，把复杂的问题简单化，把混乱的事情规范化。在军队网络文化建设的管理机制中，起主要作用的是齐抓共管机制、目标管理机制和分类管理机制，在实施中要把它们结合起来，发挥综合效能，做到依法管理，科学管理，有效管理。

一 齐抓共管机制

齐抓共管机制是为了保障军队网络文化建设两个以上管理机构为达到同一目标在完成共同任务中相互联系、相互作用的过程和方式。军队网络文化建设之所以需要建立齐抓共管的机制，是由军队网络文化建设领导体制的特点决定的。军队网络文化建设的领导体制从纵向上看，从全军、各军兵种部队到集团军、师、团等，是各级政治机关各司其职，共同抓建；从横向上看，每一级政治机关及下属宣传部门，在本级军队网络文化建设的领导和管理上，都要通过齐抓共管的机制来组织协调，形成合力。

（一）领导科学决策

科学的决策机制，需要有科学的决策体制、先进的决策手段、严密的决策程序和正确的决策方法作保障。军队网络文化建设，如何快速、高效、准确地决策成为影响军队网络文化建设成败的关键因素。各级根据工作需要，适时成立军队网络文化建设领导小组，对其职责作出明确规定，建立相应的工作制度，注重以下几方面：一是建立完善专家辅助系统。网络技术创造了空前浩瀚多姿的网络文化，也给网络文化监管带来了一个又一个新课题。每一次技术创新，都会让管理部门重新思量突如其来的网络文化新现象，寻求新的技术支撑，对领导干部实施专业性决策要求越来越高，必须高度重视知识在决策中的作用，充分发挥专家智囊机构的作用，整合相关资源，建立不同层级的专家咨询和服务体系，形成支持科学决策的知识平台。二是建立完善官兵参与平台。军队网络文化建设的服务对象是广大官兵，官兵的需求就是决策的主要依据。要在保密允许范围内，让官兵参与进来，集中官兵智慧，倾听官兵呼声，使决策建立在广泛的群众基础之上。三是建立完善技术支持系统。科学的决策离不开先进的技术手段作保障。要特别重视信息技术手段的运用，注重网络安全、网络监控、网络拦截技术的研究、开发和运用，保障网络信息安全，确保网络传播畅通。四是建立完善制度保障体系。要克服长官意志和家长式作风，强化制度的权威性，以制度化的决策程序确保决策科学。

（二）机关计划协调

军队网络文化建设涉及方方面面的因素，在决策确定之后，需要制订完善的计划规划。仅凭老经验，看一步走一步的老办法肯定是行不通的，搞"无蓝图施工"只会带来灾难性的后果。在军队网络文化建设领导小组的领导下，机关各有关部门要主动沟通，互相配合，搞好密切协同，做好军队网络文化建设的组织、指导和保障工作。一是明确建设需求。需求是计划的前提。要克服各职能部门自行提需求的习惯做法，以作战指挥系统为主体，以政工网络为依托，形成自下而上、由分到合的需求提出机制，以此作为相关部门进行管理的重要依据和评估的基本标准。二是加强顶层设计。顶层设计包括顶层机构设置和顶层机构职能划分两个方面。通过顶层设计，重点解决军队网络文化建设的顶层是哪一层或哪几层，各层之间的领导隶属关系，新建立的顶层机构与其他已经存在的顶层机构之间的隶属关系，顶层机构有哪些职能，管理哪些事物，上下级之间的权力如何划分等问题，达到预期目的。三是完善统一规划。在信息社会，知识、信息将全球联为一体，军队网络文化建设要适应时代潮流，将其纳入国家整个战略规划计划中，统一规划、统一发展、统一管理。同时要统筹考虑军队网络文化建设的总体性、全局性问题，加强自身的规划计划。

（三）基层组织实施

正确的决策和科学的规划，终究是观念的东西，如果没有健全的实施机制，计划就只能变为一纸空文，就无法实现管理的目标，必须通过实施机制才能把计划变为行动，把设想化为现实。一是进行科学分工，明确职责权限。按照优先顺序合理分配资源，统筹安排各项工作任务，妥善处理军队网络文化建设与军事训练、思想教育、行政管理等工作的关系，军政主官要步调一致，密切配合，齐心协力推进军队网络文化建设，把军队网络文化融入先进军事文化，融入军事训练、思想教育、行政管理和装备后勤等工作，使其落地生根，发挥威力，不断推动部队中心工作和各项任务的圆满完成。二是完善组织结构，加强横向协调。信息化条件下的军队网络文化管理组织是一种扁平式、网络化的结构，要进一步增强管理机构的协调性，引进矩阵管理模式，克服垂直机制由于横向协调不够带来的周期长、费用高、效率低等缺陷，切实增强横向协调性。三是依靠先进技术，实施灵敏控制。现代管理理论和实践证明，控制越灵敏，就越能及时发现问题，造成的损失就越小，用于纠偏的成本也最小。因此，要充分运用现代先进的信息技术手段，建立健全灵敏的控制系统，做到早发现问题，早采取措施，早解决问题。

二 目标管理机制

自彼得·德鲁克1954年在《管理实践》一书中率先提出"目标管理"这个概念后,目标管理就进入现代管理科学的视野,其成果应用于各个管理领域,产生了巨大影响。目标管理机制是在完成军队网络文化建设任务中,通过制定目标管理体系来控制本单位建设和每个成员行为的管理过程和方式。目标管理是面向预定目标的管理,是重视建设成果的管理和重视人的管理。实施目标管理,单位的全体成员都应参加目标管理体系的制定,使每个成员在工作中都实行自我控制,努力实现自己的工作目标。这对于动员全体成员参与管理,提高全体成员完成军队网络文化建设任务的责任心和积极性,提高管理水平和建设质量效益有积极的推动作用。目标管理过程通常分为目标管理体系的制定、实施和结束三个阶段。

(一)制定阶段要发扬民主,科学决策

有了目标才能确定军队网络文化管理的运行方向,确定合理的目标才能启动军队网络文化管理活动。第一,把握确定目标的依据。军队网络文化建设目标的确定,以习主席系列重要讲话精神特别是国防和军队建设重要论述为指导,着眼实现党在新形势下的强军目标,培养新一代革命军人,始终聚焦政治建军、改革强军、依法治军,根据军队网络文化建设总体目标和上级要求,分析外部环境,考虑内部环境,结合本单位具体情况,首先确定本单位军队网络文化建设的总目标,然后根据总目标,按建设过程阶段划分可分别制定若干阶段性目标,按建设内容可分别制定若干分目标,按单位组织结构可分别制定若干层次目标,形成一个全员、全过程、多层次的工作目标管理体系,把建设总目标落实到每一项建设任务和每一个成员。第二,明确确定目标的要求。确立军队网络文化建设目标,一要做到整体性和局部性相一致,既要使本单位目标服从国家和军队建设

大局，与上级网络文化建设目标一致，又要符合本单位实际情况，形成上下一致的具体目标系统；二要做到定性与定量相统一，既要有质的规定性，确保建设的正确方向，又要适当用量来表示，一目了然，便于考核；三要做到坚定性与灵活性相协调，建设目标一经确定，就要竭尽全力一抓到底，确保目标实现，又要兼顾各基层单位的具体目标，不宜统得过死、管得过细，给予基层一定的自主权，并根据工作中遇到的新情况适时进行协调。第三，掌握确定目标的程序。在制定军队网络文化建设目标时一般应当遵循以下程序：一是军队网络文化建设有关职能部门通过搜集信息、分析情况和研究讨论后，提出初步的目标方案，提交决策机构；二是军队网络文化建设决策部门对初步方案进行讨论评议，交付管理部门和执行部门广泛征求意见，反复协商修改，综合论证，形成最终目标；三是将讨论确定的建设目标交上级审批，经审批后成为正式目标。在确定目标管理体系和研究落实措施的过程中，要充分听取广大官兵的意见和建议，群策群力，科学决策。

（二）实施阶段要加强检查指导，实施反馈控制

组织实施是军队网络文化建设过程的中心环节。没有对军队网络文化建设的组织实施，根本谈不上军队网络文化建设目标的实现。具体要把握以下几个方面：一是严密组织。这是军队网络文化建设过程中不能停止的连续工作，始终不可缺少的组织工作。各级机关和领导干部要有计划地组织调研和检查，掌握网络文化建设的进展情况，发现问题及时研究解决；注重发挥军队网络文化专家组的作用，给予咨询和具体指导。二是正确指导。对军队网络文化建设过程中出现的各种问题，及时实施正确指导，对普遍性和影响较大的问题，要及时予以纠正，对基层单位反映的问题和困难，要及时采取措施予以解决，保证建设顺利实施。三是密切协同。及时实施反馈调控，使系统内部各要素之间及系统与外部之间加强联系和沟通，减少摩擦、消除内耗、解决矛盾、理顺关系，使整体步调趋于一致。

四是激励士气。采取各种措施，激发参与者的动力和活力，调动各种积极性，使他们始终处于一种奋发进取、昂扬向上的精神状态，保证军队网络文化建设目标的实现。

（三）结束阶段要正确评价，做好总结

总结考评既是上一管理周期的结束，又是下一管理周期的开始。它是军队网络文化建设过程中不可缺少的环节。所谓总结考评，就是通过科学的方法，对已经做过的军队网络文化建设作出质的评价和量的分析，肯定成绩，提炼经验，找出问题，吸取教训，进而提出下一周期管理活动的改进意见。因此，总结考评是促进军队网络文化建设管理科学化的重要环节，是提高军队网络文化建设效率的重要途径。在军队网络文化建设的结束阶段，要根据目标管理体系及其实施情况，研究制定考评体系和考评标准，实事求是地对考评单位实现军队网络文化建设目标的情况作出客观公正的评价，肯定成绩、指出问题，总结经验、制定措施，及时推广好的做法和经验，进一步探索军队网络文化建设规律，促进军队网络文化建设协调发展、整体推进，并准备进入下一轮的军队网络文化建设目标管理循环。

三　分类管理机制

军队网络文化建设是一个复杂系统，要应用分类管理机制进行系统管理，实现军队网络文化建设的有序开展。分类管理机制是针对大系统的各个子系统的特点分别进行管理的过程和方式。分类管理机制有助于提高管理的针对性，提高管理效益。实施分类管理的同时，不要忽略各子系统之间的相互关系和对大系统的综合作用，应当与大系统的整体管理结合起来。军队网络文化建设要运用分类管理机制，根据部队担负的任务差异确立建设的重点，根据部队的实际进展情况确定管理的侧重点。

（一）基于军队网络文化建设内容的分类管理机制

从军队网络文化建设的内容看，包括网络精神文化建设、网络制度文化建设、网络行为文化建设和网络物质文化建设四个方面，每一个方面又包含多项内容。不同的建设内容，形成和发展的规律不同，建设的侧重点不同，采用的方法也不尽相同。第一，网络精神文化建设管理机制。网络精神文化，就是网络虚拟环境下的精神文化，是指基于网络虚拟环境下的社会心理和社会意识形态，通过网络外化的各种文化资源、文化环境和文化交往，包括网络环境下所有精神生活和精神生产过程的总和。对网络精神文化的管理，要尊重群众的首创精神，充分发挥专家和网络文化骨干的作用，在理论研究上下功夫。对于提出的网络文化思想理论，要通过有组织的传播和教化，使广大官兵能够普遍理解接受，融入军事训练和日常生活中去，化为自觉行动，在提高自身网络文化素养和履职尽责能力上见成效。第二，网络制度文化建设管理机制。加强军队网络文化建设，首先要依法治网，网络制度文化为军队网络文化的健康发展提供了重要保障。要积极响应国家法律政策，严格依法治网，广泛发动官兵参与到军队网络文化的建设和管理中来，以民主的方式制定管理条例，相互监督、相互督促，建立良好的网络文化环境。第三，网络行为文化建设管理机制。网络行为文化为军队网络文化的健康发展提供了重要支撑。要加大官兵的参与力度，提高网络的利用率，利用网络的虚拟性和开放性，促进官兵之间的沟通交流，不断提高官兵的自我修养，强调身体力行，注重习惯养成，持之以恒，形成风尚。第四，网络物质文化建设管理机制。网络物质文化建设，是军队网络文化建设的途径和载体，它直接影响军队信息化建设的进程，关系军队网络文化的形成和发展。要紧跟信息化时代步伐，采用先进的信息网络技术，结合部队的特殊保密要求和财力状况，与部队整体文化环境保持和谐。应用分类管理机制，应当针对上述内容的不同特点，在建设中分别采取针对性措施。

（二）基于军兵种网络文化建设的分类管理机制

从军队网络文化建设的发展状况来看，各单位担负的任务和具体情况不同，军队网络文化建设也各有特点，侧重点各不相同。各军兵种在历史发展中，创造了具有本军兵种独特的价值理念、精神追求等文化形态。一是陆军丰富多彩的部队文化与兵种文化。如第1集团军的"硬骨头文化"、第21集团军的"拂晓文化"、第26集团军的"攻坚豹子军文化"、第40集团军的"旋风文化"、第41集团军的"塔山文化"、第47集团军的"猛进雄狮文化"、第54集团军的"铁军文化"等，炮兵的"战神文化"、工程兵的"开路先锋文化"、装甲兵的"铁骑文化"等。二是海军"蓝海文化"。以"爱舰、爱岛、爱海洋"为核心理念，包括海军舰艇部队的"甲板文化"、海军保障部队的"军港文化"、海军守岛部队的"岛礁文化"、海军陆战队的"雄狮文化""猛虎文化"等。三是空军"蓝天文化"。包括空军航空兵的"天鹰无敌文化"、空军场站的"天港无垠文化"、空军机务兵的"天梯文化"、空军导弹兵的"天箭文化"、空军雷达兵的"天网文化"等。四是火箭军"砺剑文化"。以"铸魂、扎根、历练、家园"为引领，以"爱二炮、爱阵地、爱本职"的"三爱"精神为支撑，打造的"砺剑文化"。五是"忠诚卫士文化"。它是武警部队立足职责使命，根据自身性质和特点创造出来的"以忠诚为至真、以爱民为至善、以阳刚为至美"的特色文化，包括警卫内卫文化、国门卫士文化、消防灭火文化、探宝寻金文化、爱林护生文化、水电铁军文化和开路先锋文化等多种形态的系列文化，是具有浓郁武警气息和武警特色的军旅文化。军队网络文化的管理，必须依据各军兵种不同的特点，采用分类管理的方法，因地制宜，讲求实效。注意把握以下四个方面的要求：坚持正确方向，始终把听党指挥摆在第一位，坚定理想信念，保持人民军队的性质、宗旨和本色；突出能打胜仗，坚持战斗力标准，凝聚改革发展意志，激发练兵打仗热情，深入培育战斗精神，不断推进战斗力建设；注重特色发展,在弘扬军兵种优良传统的基础上,不断赋予军兵种文化新的时代内涵,不断发展军兵种文化的特色优势;发展联合文化,通过联合教育培训、联合训练演习、联合比武竞赛等活动,打造具有普遍共识的联合文化,丰富发展强军文化,为我军联合作战提供有力的文化支撑。

(三)基于军事行业网络文化建设的分类管理机制

军事行业文化是中国人民解放军各行业在军事实践中形成的,具有本行业特色,为官兵认同的价值理念、精神追求、道德准则和行业规范以及由此产生的思维方式、行为方式的文化形态。军事行业文化既具有我军文化的共性特点,也具有各自领域的价值导向和精神追求。例如:军事情报技侦行业,倡导"无形战线、无私奉献、无名英雄、无上荣光"的"四无精神";电子对抗部门与部队,创建形成了以"忠诚使命、甘当无名、创新图强、决胜无形"为内涵的"电磁利剑"文化;医疗卫生系统,大力弘扬白求恩精神,着力建设以"姓军为兵、服务人民、精益求精、和谐温馨""重德唯实,尚勤求精"等为理念的医疗文化;在武器装备建设领域,创建形成了以"两弹一星"精神、载人航天精神、银河精神等为引领的科研试验文化;军队纪检与政法系统,着力构建"公正、廉洁、诚信、勤俭、守法"为主要内容的廉政文化,等等。军事行业文化,对于增强军队行业的归属感、认同感、使命感、荣誉感,激发广大官兵的敬业奉献精神,提供了有力保证,是我军军事文化的有机组成部分。军队网络文化的管理,必须根据各军事行业的特点及特殊要求,实施科学管理,在实践中不断发展网络行业文化,使之成为"行业强军"的巨大精神力量。另外,从军队网络文化建设的进程来看,各项建设内容的基础不同,积淀不同,所处的建设阶段也不同,在建设中需要区别对待,分类管理,不能一刀切。

第二节　军队网络文化建设的运行机制

军队网络文化建设的运行机制是军队网络文化建设在趋向目标的运行过程中，管理系统各组成部分和各要素之间相互联系、相互作用的过程和方式。它是引导和制约决策并与人、财、物相关的各项活动的基本准则及相应制度，是决定行为的内外因素及相互关系的总称。要确保军队网络文化建设的目标和任务真正实现，必须建立一套协调、灵活、高效的运行机制，这对于提高运行效益具有重要作用。主要包括激励约束机制、检查监督机制、调节控制机制、考核评价机制和责任追究机制。

一　激励约束机制

激励约束机制，是军队网络文化建设运行过程中调动官兵积极性、规范官兵网络行为的有效方式。激励约束一般包括激励约束主体、客体、方法、目标和环境条件，是解决谁去激励约束、对谁激励约束、怎样激励约束、向什么方向激励约束以及在什么条件下激励约束等问题。激励与约束有着不同的功能，二者相辅相成，缺一不可。只有把二者很好地结合起来，才能调动广大官兵的积极性，并与广大官兵利益相一致，实现激励与约束兼容，确保广大官兵朝着所期望的目标前进。

（一）运用好激励机制

人力资源中的激励指的是对人行为的心理进行激发的过程。换句话说，就是以组织成员的需要作为出发点，通过各种方法对组织成员的行为进行激发、引导以及规范，目的是让组织及其成员的个人目标得以实现。因此，激励的内涵可以归纳为以下几点：第一，就目标而言，人力资源在开发上的最高目标就是激励，是激发、推动和加强人的行为，从而使组织目标与员工目标实现一致，对用于激发员工创造力的环境与机制进行塑造。第二，就手段而言，唯有实施正确的评价机制才是科学的激励机制，就是说既要对业绩突出者给予重奖重用，又要惩罚那些与组织期望不相符合的员工，使其行为得以修正。第三，就过程而言，激励在员工的整个工作过程中都有体现，只有这样，员工才能了解工作行为的实际效果，从而使员工的工作效率得以提高。

现代管理科学认为，激励是行为的钥匙，又是行为的按钮，按动什么样的激励按钮就会产生什么样的行为，经过激励的行为和未经过激励的行为在效果上存在很大的差异。哈佛大学教授威廉·詹姆士发现，按时计酬的职工一般只发挥20%～30%的能力即可胜任工作，而如果受到有效激励的话，人的潜力发挥则能达到80%～90%。这其中50%～60%的差距系数即为激励机制所为。军队网络文化建设的主体是广大官兵，服务对象也是广大官兵，官兵的行为是由动机决定的，而动机是由需求支配的。要在建设中采取各种措施满足广大官兵的需求，从而激发官兵的行为并使个人行为与建设目标相一致，就需要发挥激励机制的作用，健全和完善多种手段相配合的激励机制。

注重发挥精神褒奖和物质利益的双重激励作用。在制定激励措施时，应根据官兵的性格特点及需求，围绕实现军队网络文化建设目标，实施公平激励。一是坚持以精神激励为主。精神激励是从满足官兵的精神需要出发，对官兵的心理施加必要的影响，从而产生激发力，影响官兵的行为。精神激励具有成本低、持久性强等特点，是一种高层次的激励形式，是激励机制的重要内容。要通过搞好教育引导，坚持用党的创新理论成果武装官兵头脑，用强军目标激发官兵斗志，激发官兵献身国防的精神和力量，争做新一代革命军人。在完善精神激励过程中，还要注意吸收心理科学、行为科学等相关学科的研究成果,增强精神激励的科学性和有效性。二是加大物质激励力度。物质激励就是运用物质的手段使官兵得到物质上的满足,从而进一步调动其积极性、主动性和创造性。众所周知,利益是决定人的行动的直接动因,人的每一次行动总能找到物质利益的诱因。对此,邓小平曾指出:"如果只讲牺牲精神,不讲物质利益,那就是唯心论。"[1]物质激励多以加薪、发奖金的形式出现。随着国防和军队改革的不断深化,应根据军事职业的特殊要求,对军事职业进行科学定位,进一步完善与国家保障、社会保障相衔接的军人利益保障机制,从根本上解决物质激励机制乏力的问题。三是不断丰富发展激励机制。物质激励和精神激励作为激励机制的两种基本手段,虽然在满足人的需要方面各有侧重,但其基本着眼点都是为了调动官兵的积极性,它们各有其不可代替的独特作用,只有将二者结合起来,才能形成合理、有效的激励机制。在军队网络文化建设过程中运用激励机制,把军队网络文化创新和实现个人价值统一起来,把弘扬牺牲奉献精神与强化政策制度激励统一起来,结合军队网络文化建设开展创先争优活动,建立健全表彰奖励制度,进一步激发广大官兵参与军队网络文化建设积极性。

(二)运用好约束机制

孟德斯鸠曾说:"从事物的性质来说,要防止滥用权力,就必须以权力约束权力。"[2]一个完整的军事管理系统不但要有动力机制,而且还应具备必要的约束机制。约束机制是对动力机制的完善和补充,是军队网络文化建设的控制器和调节器,可以对军队网络文化建设的运转情况进行及时的反馈和控制,形成完整、闭合的管理系统。所谓约束机制,就是在管理

---

1 《邓小平文选》第2卷,人民出版社1994年版,第146页。
2 〔法〕孟德斯鸠:《论法的精神》(上册),张雁深译,商务印书馆1997年版,第154页。

过程中采用思想教育和行政管理等手段，限制或制止被管理人员影响系统运行的错误行为和负面作用的过程和方式。建立健全约束机制，就是搞好宏观调控，及时主动地纠正军队网络文化建设过程中出现的各种偏差，保证管理功能的正常发挥。军队网络文化建设过程使用的约束手段，主要有思想教育、行政管理、技术管理等。

开展网络道德教育，启发官兵的思想觉悟，增强自我约束能力。网络的出现导致了青年官兵德育环境的巨大转变，致使社会总体的网络道德环境不良、家庭网络德育环境较弱和部队德育环境更为复杂。网络所传输的低俗信息、一些网络主体的不良行为对青年官兵的道德意识、身心健康、人际关系、人生观等方面都存在负面影响，致使少数青年官兵网络道德行为失范，主要表现为网络言行恣意放纵、网络价值观念模糊、道德观念偏激、人格冲突显著、双重人格倾向明显等方面。我们必须依据一定的德育目标和相应的道德规范及标准，结合网络和官兵的特点，有目的、有计划、有组织地对官兵开展各种有关网络道德方面的教育活动，促使官兵形成符合社会发展所需要的网络道德素养。一要注重教育对象主体性的发挥。网络世界中人们的思想言行有极大自由，缺乏外界制约，能否在网络世界中保持良好的道德品质、坚守自己的道德信念且表现出高尚的道德行为，关键取决于用网者自身。因此，网络道德教育必须在尊重官兵的主体性地位的基础上，充分发挥官兵的主观能动性，提升其自我教育能力。二要注重教育内容和方法的时代性。网络信息具有更新速度快的特点，网络道德教育要想取得实效，就必须赢得独立意识和好奇心强的青年官兵的认同，加快网络道德教育内容和方法的更新速度。三要注重教育起点和终点的一致性。所谓教育起点和终点的一致性实际上强调的是教育活动的一贯性，强调网上教育和网下教育的有机结合，注重教育和监管的一致性，达到教育的最佳效果。

强化行政管理，规范官兵的网络行为，实行强制性约束。网络行为指人们在网络空间中带有目的性的社会行为。在网络行为的开展中，包含了网民有目的、有意识地引发并实践的一种思想、技术、意识、感情等因素相结合的过程。不同网络行为主体就网上信息和话语主题的供给、传输、交换和讨论之间对抗与和谐的互动关系以及同一网络行为主体在网络行为的目标选择上的内在角色冲突和调适关系。网络空间中，青年官兵的生活方式也因信息化而表现出虚拟性、选择性、交替性等特征，进而决定了其道德运行、评价方式、功能机制等都与现实社会有显著的区别，必须坚持唯物辩证的观点，使网络社会中的青年官兵真正摆脱"虚拟"与"现实"的困惑，找到理想与现实的"结合点"，摆脱网络信息异化的控制。第一，不在网上发表不负责任的言论。虚拟的世界无法脱离现实世界，网络行为势必影响着现实主体，一个有正义感、责任感的人，在生活中会处处以负责任的态度行事，主持正义，反对邪恶。第二，不做"网虫"，不做"黑客"。网络容易引发青年官兵的心理疾病，严重时可能带来"人性异化"和出现"数字化人"，易造成青年官兵逐渐远离集体，形成消极处世态度，逃避现实，减少社会活动，不愿意与人交往，对他人漠不关心。黑客及其行为对网络信息、网络安全构成了巨大威胁，扰乱了网络社会的基本秩序，给社会、他人造成了损失，不仅是一种严重的不道德网络行为，而且是一种新的犯罪形式。因此，青年官兵必须控制自己的上网时间，不做黑客危害他人。第三，不迷失自己的政治方向。要在混乱中寻找方向，从诱惑中学会拒绝，从迷茫中找到希望，使自己在享受现代科技的成果中完善自我，成为适应信息时代发展的新一代革命军人。

　　加强技术管理，过滤拦截不良信息，防止泄密行为的发生。网络空间是以高技术、高智能为基础的，有关网络道德、网络法规等相关规范的实施都离不开信息技术的发展。如果技术上无法知道和查控网上行为由谁所为、谁违反了规范，那其威慑和监督的作用就大大降低了。目前，除了在教育、法律上对网上的道德失范行为、违法犯罪行为进行约束和惩罚外，加快高科技手段的开发和运用，是屏蔽负面信息和监督人们失范行为的最有效的方法。要采用一系列技术手段,如网络监控技术、网络追踪技术、屏蔽和过滤技术等,对硬件设施实施物理隔离,控制信息源头,过滤、屏蔽各种不健康的、违法的信息,禁止其在网络终端的传播,为规范网络不良行为提供可靠的技术保证,对网络行为失范加以预防和控制。同时,还可以成立专门机构,加强"网警"的执法能力和效率,通过高科技加强对网络犯罪的侦查力度,达到"若要人不知,除非己莫为"的目的。

二　检查监督机制

马克思认为:"人的道德的内在自觉性和自律是从外在制约性和他律转化来的。"[1]在网络空间里,官兵的行为被无约束的本能意识所扭曲,在主体行为无法自律的时候,就必须求助于道德的他律约束力,用制度和法律来保证网络道德行为的规范。检查监督机制,是为了掌握军队网络文化建设的进展情况,及时发现问题,分析问题,以保证军队网络文化建设按照既定目标稳定有序进行而采取的过程和方式。检查监督机制,既是对军队网络文化建设目标的正确性、可行性的检验,也是对军队网络文化建设过程的监督。要采取平时检查和阶段性检查、全面检查和专项检查以及领导检查、自我检查和第三方检查相结合的方式,深入实际,掌握第一手材料,进行具体和深入的分析,肯定建设成绩,指出存在问题,切忌流于形式和走过场。

(一)高度关注网络舆情

网络舆情是以网络为载体,以事件为核心,是广大网民情感、态度、意见、观点的表达、传播和互动,以及后续影响力的集合。带有广大网民的

1　《马克思恩格斯选集》第1卷,人民出版社1995年版,第178页。

主观性，未经媒体编校和包装，直接通过各种形式发布于互联网上。[1]网络时代的来临开创了一个即时互动的新时代，各种不同的网络平台，给人们的意见表达提供了更为广阔的空间，同时也给网络舆情的形成提供了有利条件，我们必须提高对网络舆情重要性的认识，把握网络舆情匿名性和多元性、即时性与交互性、难控性与可控性、广泛性与局限性、突发性与蔓延性等特点，掌握网络舆情规律。一是网络舆情信息的传播，首先从权威网站、较高人气的网络论坛、聊天室、微博或者博客开始，经由各种媒体，如知名网站、网民的转帖等，信息迅速传播开来，而后会经历意见领袖的评论和网民的跟帖，使信息在传播的过程中实现转化，从而使得网络舆情信息经过刊发和传播过程，开始形成网络舆情。二是网络舆情的形成过程要经过热点凸显、相互辩论、施加压力、政府表态的过程。热点凸显主要体现在网站对舆情信息的集聚和网民的"狂顶"，在相互辩论环节，主要通过论坛讨论、专题讨论、群媒讨论和"权威"收题形成。在施加压力方面，主要是对一些事件中的人群、法人和公共权力部门施加压力，从而促使政府表态，主要通过政府发布权威信息，澄清事实真相，从而引导社会舆论。三是网络舆情的蔓延与升温主要通过媒体的交互使用、内容放大、多个社会阶层的卷入来实现。媒体的交互使用，包括主流网站的转载、传统媒体的加入和个人化的社会媒体、自媒体的相互使用等。而内容放大主要通过主题的衍生、对细节的挖掘、各种谣言的传播以及网络流行语的出现来实现。多个社会阶层的加入主要是在传播过程中，涉及的各个阶层和关注社会动态的各界人士加入网络舆情的传播中，从而使得网络舆情蔓延和升温。四是网络舆情的内容从最初国外针对中国人的反华行动，到后来发展为对突发性事件的报道，以及政府部门的不当行为及关注全国性的衣食住行等民生问题。在舆情不断发展的过程中，最受关注的是政府官员的执政问题和民生问题，这类问题

---

[1] 邹鸿强主编《领导干部网络舆情各种指南》，人民日报出版社2015年8月版，第3页。

牵扯到老百姓最敏感的神经，稍有不公，就会引起群情激愤，形成网络暴力。这就要求我们在面对网络舆情时，要正确认识网络舆情的影响力和引导作用，搞好分析研判，实施正确引导。

（二）搞好网络舆情分析研判

网络舆情分析研判的核心在"明"。通过分析研判，准确把握和预判网上舆论态势，是军队网络文化管理的一个基础性环节。及时发现倾向性、苗头性问题和重大舆情，是增强网上舆论引导工作主动性、针对性，切实提高引导效果的必然要求。一是准确把握网上舆论态势，准确判断舆情处于潜伏期、爆发期、发展期和回潮期等不同阶段，做到耳聪目明、见微知著。通过建好舆情信息员队伍，抓好汇集、研判、处置三个关键环节，建立完善社情民意综合分析、不和谐因素研判、阶段性稳定形势预测、突出隐患动态监控、重要信息即时报送等制度，对矛盾抓早抓小抓苗头，牢牢把握主动权。二是围绕舆情信息的真实性、所属类型、总体态势、具体细节、价值时效等，进行更为深入、专业的分析梳理，判断是一般性信息、苗头性信息、舆情危机信息，还是重大危机事件等。三是在充分汲取专家意见的基础上做出综合判断，区分常规舆情报告、专题舆情报告和综合舆情报告三种类型，用最精当准确的语言，高度精练地概括出报送的舆情信息，用精炼易读的文字形式表述出来。

三　调节控制机制

调节控制机制，是针对军队网络文化建设运行中出现的问题和偏差，适时地采取调节和控制手段，以保证军队网络文化建设按照既定目标运行。调节，是对军队网络文化建设过程各组成部分、要素和运行环节之间出现的问题，视情采用计划调节、随机调节、领导调节和协商调节等形式，进行调整和化解，达到排除干扰、化解矛盾的目的。控制，是针对运行中出现的偏差，视情况采取预先控制、现场控制、反馈控制等方式，及时纠正偏差，使军队网络文化建设重新趋向目标正常运行。军队网络文化建设调节控制机制，重点是建立网络突发事件应急处置机制，确保重大突发事件发生后在最短时间内做出相应反应，从而实现有效化解网络舆论危机的目的，对于军队网络文化建设和发展具有十分重要的意义。要抓好监测、预警、应对三个环节。

（一）舆情监测

突发事件的内部关系复杂，发展趋势难预测，相关信息纷繁复杂，给管理机构的信息判断和决策增加了难度。另外，由于事件中的矛盾双方处于对立状态，影响或阻碍了原有信息沟通渠道的正常功能，从而给"小道消息"提供了填补信息真空的机会。此类事件突发性强、社会影响大、给决策者思考的时间短，在突发事件出现时，完善的舆情监测机制、及时有效的舆情信息汇集和分析，全面掌握与该事件密切相关的各种信息，极其重要。一要熟悉舆情监测常用工具。目前舆情监测的常用工具很多，如百度指数（http://index.baidu.com），是以百度海量网民行为数据为基础的数据分享平台，它能够告诉用户：某个关键词在百度的搜索规模有多大，一段时间内的涨跌态势以及相关的新闻舆论变化，关注这些词的网民是什么样的，分布在哪里，搜索了哪些相关的词。再如新浪微博—微指数（http://data.weibo.com/index/），是通过对新浪微博中关键词的热议情况，包含热词趋势、实时趋势、地域解读、属性分析等功能，反映某个词微博舆情走势。此外还有谷歌趋势（http://www.google.com.hk/trends）、淘宝指数（http://shu.taobao.com/）、中国网络视频指数（http://index.youku.com/）等。二要构建舆情监测平台。利用技术工具如采集检索技术、文本挖掘技术、知识管理方法，对互联网海量舆情信息自动进行获取、抽取、分类、聚类，把握舆情走向，了解网络民意民声，形成原始舆情库。三要进行媒介传播效果评估。充分利用计算机技术，依托传播学、统计学，对一个事件或多个主题传播源头、传播媒介、传播路径、传播规律等，通过软件进行定性和定量分析，得出相关统计分析，并由舆情专家进行点评分析得出结论报告。

（二）舆情预警

网络舆情预警是指从危机事件的征兆出现到危机开始造成可感知的损失这段时间内，化解和应对危机所采取的必要、有效行动。危机预警能力的高低，主要体现在能否从每天海量的网络言论中敏锐地发现潜在危机的苗头，以及准确判断这种发现与危机可能爆发之间的时间差。这个时间差越大，相关职能部门越有充裕的时间来准备，为下一阶段危机的有效应对赢得宝贵的时间。一是制订网络舆情应急预案。在处置突发公共事件时，为及时回应、解答公众对突发公共事件有关的言论、热点和疑虑，积极稳妥地化解网络舆论危机，最大限度地避免、减少和消除因舆情造成的各种负面影响，营造良好的舆论氛围，制订网络舆情应急预案是必不可少的。二是密切关注事态发展。新媒体信息的传播超越了时间和空间的限制，比传统媒体传播的速度更快、扩散面更宽、影响更广泛，这决定了对网络舆情在时间和空间的把握上难以进行有效控制，这也使对网络舆情的引导更具挑战性，一个热点事件的发生加上一种情绪化意见，很快就能成为舆论导火索。而且一旦不能及时引导，波及面和影响程度就会迅速扩大。因此，在预警时必须密切关注事态发展，及时传递和共享信息，随时作出应急反应，防止一时反应缓慢而造成不必要的被动。三是准确进行舆情分级。网络舆情按照重要程度、影响范围、扩散趋势、导致后果等因素可分为一级、二级、三级和四级舆情。一级舆情即一般性信息，主要指那些未扩散的、个别的、带有明显倾向性的，且不至于造成较大影响的负面舆情信息。二级舆情即苗头性信息，主要指那些具有扩散苗头或已经显示出扩散趋势的，可能会造成一定影响的，如不及时采取应对措施可能会迅速传播开的负面舆情信息。三级舆情即舆情危机信息，主要指那些已经扩散并仍在继续扩散的，且已经造成一定影响的，如不及时处理可能会引起社会广泛关注并造成严重影响或后果的舆情信息。四级舆情即重大危机事件，主要指由于对已经产生的舆情危机应对不当、处理不及时，以致造成恶劣影响或严重后果，引起社会广泛关注的舆情事件。

（三）舆情应对

面对网络突发事件，如果拖延应对，采取"瞒、压、拖"的"鸵鸟政策"，或是信息发布不慎重，应对失当，就会导致网络舆论引导不当，影响军队形象和社会的和谐稳定。必须在准确监测和预警的基础上，做到正确应对、果断处置。一是及时发布信息。网络舆论之所以能够快速形成并扩散，在很大程度上是因为网民掌握的信息不对称，如果能在第一时间及时发布信息，让网民了解事实真相，网民就不会胡乱猜疑。因此，必须建立网上新闻发言人制度，在第一时间发声，客观真实公布信息，向网民全面完整地提供信息，速报事实，慎报原因，既不失语，又不妄语，保证信息的公开性和透明性，有效遏制和消除谣言的干扰。二是搞好沟通协调。沟通是媒体危机处理的重要手段。沟通担负着上传下达、保证信息畅通的重要任务，在媒体、政府和公众之间，形成了一个三角互动关系，即媒体一方面受政府的制约，充当其喉舌，传达其声音；一方面引导公众，满足公众信息需求，并将其意见反馈给政府，影响政府的决策。实践表明，媒体沟通不是一种表面形式或应景之举，而是一种理念或顶层设计，也就是在层出不穷、形式多样的媒体沟通背后，是政府对公共舆论的柔性调控，是政府新闻议程设置的巧妙运用，最终是执政形象的树立和执政地位的稳固。在应对网络舆情时，领导者要建立稳定、顺畅、高效的沟通渠道，坚持从"网上来"到"网上去"，实现从"应对媒体"到"媒体沟通"的转变，更加重视新闻媒体的功能发挥，更加主动、自觉、有效地进行媒体沟通，以实现媒体、政府和公众之间的沟通与互动。三是加强舆论引导。在危机事件发生后，通过疏导流言蜚语、设置舆论焦点等方式，最大限度地压缩小道消息、政治谣言和攻击性言论在网上的传播空间，对公众认知、态度和行为进行全面引导，使舆论朝着有利于将危机转变为转机的方向发展。

2008年3月14日，西藏拉萨发生一起骇人听闻的打砸抢烧严重暴力犯罪事件，激起中国公众及海外华人华侨的强烈愤慨，网民通过各种形式表达对打砸抢烧不法分子的痛恨，以及对达赖集团分裂势力通过残害无辜群众实现分裂祖国之企图的厌恶之情。但是，CNN对拉萨"3·14"打砸抢烧事件进行不实报道，一些网民发现CNN报道中使用剪裁过的照片，经过对图片局部而非整体的突出展示，将照片所反映的事实进行歪曲。在西方其他媒体的报道中，也存在大量歪曲事实、掩盖真相，偏袒打砸抢烧犯罪分子的不实报告。3月17日，BBC在网站上刊登了一幅图片，图中显示中国公安武警协助医务人员抢救受伤群众，而照片配发的说明却带有暗示性地称"拉萨有很多军队"。德国NTV电视台在报道西藏拉萨"3·14"事件时，使用的是尼泊尔警察抓捕藏人抗议者的电视画面。美国FOX网站刊登的照片称"中国军人将抗议者拉上卡车"，而图片显示的是印度警察。西方媒体这些带有偏见、歪曲事实真相的不实报道，令中国网民极度愤怒，网络舆情热度迅速蹿升。面对这种情况，我们采取了一系列应对措施。新华社和《人民日报》相继发表一系列评论文章，呼吁国内公众理性表达爱国之情，保持克制与冷静，将愤怒转化为力量，投入到国家经济发展建设中，对引导网络舆情走向理性与建设性起到积极的推动作用。

自西藏拉萨"3·14"打砸抢烧事件开始的一系列网络舆情，展现了中国公众强烈的爱国热情，体现了中国网民捍卫国家尊严和民族荣誉的信念，体现了中国网民对事实与真相的尊重。网络舆情反映了民众的呼声，个体的呼声通过互联网得以汇聚，最终成为强大的舆论力量，推动事件的解决。同时需要指出的是，网络舆情事件中，民众的感性情绪经过网络汇集和放大，容易走向非理性的极端，产生偏激行为，对现实世界形成不良干扰，这也是网络舆情引导应对的重要课题之一。

四 考核评价机制

考核评价机制是运用绩效评价标准，围绕军队网络文化建设目标任务，对军队网络文化建设的业绩和成效进行评定、估价的过程和方式。其对象包括军队网络文化建设单位和个人。对军队网络文化建设单位，主要是评价军队网络文化体系建设，军队网络文化环境建设和营造网络文化氛围的成效，以及提高广大官兵网络文化素养、开展网络文化工作能力的成效。对官兵个人，主要是评价军队网络文化成果内化于心、外化于行，对军队网络文化建设贡献的成效等。建立科学有效的评价体系，对促进军队网络文化建设有着重要作用。

（一）建立科学的评价指标体系

从本质上说评价是一种认识活动，是对事物本质的反映。如同判断认知正确与否需要一定的标准一样，对军队网络文化建设进行评价也离不开适当的评价标准。对军队网络文化建设实施科学评价，应从重视程度、制度建设、经费投入、装备建设、网管骨干、官兵素质、信息内容、功能发挥、典型引导和网络研究等方面建立评价指标体系，并根据本单位的实际情况，进一步细化每项具体指标，体现特色，突出针对性。一是重视程度。主要指单位领导对军队网络文化建设的关注程度，包括组织领导、资金投入、工作开展等。领导对军营网络文化的认识和态度将直接影响到军营网络文化的建设。二是制度建设。主要指与军队网络文化建设相关的各项规章制度。要建设好军队网络文化，需要有比较完善配套的制度来监督。三是经费投入。军队网络文化建设需要充足的资金作为保证。军队网络文化建设中，版块内容、使用功能、信息容量需要不断更新、升级和维护，人力、物力投入大，需要一定的经费保障。四是装备建设。主要指用于军队网络文化建设的各种装备，是军队信息化建设的重要基础，包括硬件和软件。五是网管骨干。是军队网络文化建设的重要组成部分，他们的能力、素质、喜好等将直接反映在军队网络文化中，从而影响广大官兵对网络文化的认识、喜好和投身军队网络文化建设的积极性。六是官兵素质。官兵是军队网络文化建设的直接参与者、使用者，他们的科技素质、文化素质、参与积极性等都对军队网络文化建设有直接影响。七是信息内容。主要指网站的具体内容，这里具体指官兵上网的场所、时间、电脑数量等。八是功能发挥。主要指军队网络的学习教育、互动交流、内容整合、调查研究、心理咨询、娱乐休闲和工作指导等功能是否得到较好发挥。九是典型引导。主要指要在军队网络文化建设过程中，注重宣传教育，树立先进典范，提高广大官兵积极性。十是网络研究。主要指在军队网络文化建设过程中，对出现的各种问题要进行深入剖析，总结经验，增强时代性，把握规律性，富于创造性。

（二）组成独立的评价主体

评价从根本上说是一种认识活动，但与作为认识的另外一种活动——认知不同，评价虽然与客体有关，但是却以主体的尺度为标准，反映的主要是客体对主体需要、发展、目的的满足程度。因此，明确评价主体是准确评价的起始环节，评价的主体构成是评价活动的关键因素，它对评价活动的顺利开展起着重要的影响和制约作用。确立评价主体需要把握以下三点要求：一是评价主体的组成要多元化。军队网络文化建设是一项复杂的工程，涉及诸多因素，必须从多个角度、多个层面对其进行全面综合评价。确定评价主体，就不能只考虑某一个领域的评价主体，必须考虑各方面评价主体，既要有单位主管领导，又要有专家，既要有理论工作者，又要有实际工作者，防止以偏概全，确保评价的全面性。二是评价主体数量要充足。军队网络文化建设评价中的主体是对军队网络文化建设的合理性、科学性等进行判定时处于主导地位的一方。个人总是通过自己的喜好、认知、目的等做出评价。个人的需要、目的是多样的，对军队网络文化建设做出的评价往往不同，这是一种常见现象。导致这种现象出现的原因，一方面是因为军队网络文化建设的复杂性，但更重要的是主体的多样性。为克服个人评价的随意性、主观性、零散性等缺点，防止少数人的意见左右评价结果，必须扩大评价主体的数量，以确保评价结论的准确性。三是评价主体素质要优良。评价主体既要有良好的思想道德素质，又要有良好的专业素质，站在客观公正的立场，实施公开公平评价。

（三）采取正确的评价方法

评价方法很多，比如定性评价方法、技术经济分析法、多属性决策方法、统计分析方法、运筹学方法、模糊数学方法等。由于各种方法出发点不同，解决问题的思路不同，适用对象亦不同。例如，定性评价，其特点是利用专家知识、操作简单、主观性强，适用于不能或难以量化的对象；技术评价法，其特点是方法的含义明确、可比性强、模型建立困难；统计分析方法，其特点是对评价对象的分类，结果客观合理，但需要大量数据；层次分析法，其特点是定性与定量相结合，可靠度高，评价对象因素不宜过多；模糊数学方法，即模糊综合评价法，其特点是可对涉及模糊因素的对象系统进行评价，但隶属度函数难以确定；智能化评价方法，其特点是实现过程复杂，需要大量的训练样本。军队网络文化建设评价方法的确定，必须考虑其特殊属性、建设的特殊要求和单位的实际情况，一般采用比较研究法、访问研究法和统计分析法等。在评价过程中，要充分利用计算机技术，发挥网络的相关功能，坚持定性评价和定量评价相结合、动态评价和静态评价相结合、全面评价和重点评价相结合，以确保评价结果客观真实。

五　责任追究机制

责任追究与"责任"密切相关，"问责"一词来自西方国家，"问"

就是分内之事，应该做的事，违反了"责"就要承担相应的不利后果。责任追究机制是军队网络文化建设者在履行职责过程中发生失职、渎职、失误或其他个人原因，对军队网络文化建设造成不良影响时对责任者的追究和处理机制。从本质上讲，责任追究机制强调的是权力与责任、利益与义务之间的平衡。在军队网络文化建设中，应坚持谁主管谁负责、谁审批谁负责、谁建设谁负责、谁运营谁负责、谁办网谁负责的原则。因此，不能把责任追究机制简单地等同于追究责任，它所关注的是确保管理者在平时的管理中承担相应的责任，而不是仅局限于事后追究责任，通过建立健全责任追究机制，可以最终确立"有权必有责、用权受监督、失职负责任"的责任监管系统，进一步促进建设者全面、认真履行职责，有利于形成科学决策、民主决策的机制，避免"拍脑袋"等随意决策发生的概率，减少因决策错误造成的损失，这对于加强和推进军队网络文化建设具有重大意义。

（一）明确责任追究的主体

责任追究的主体，即解决"谁来问"的问题，指依照有关法律法规的规定，有权启动问责程序、决定问责方式、实施责任追究的上级领导机关。军队网络文化建设是一项长期而艰巨的任务，明确责任主体是完成该项任务的关键所在。责任追究的主体不明或责任追究的渠道不畅，是影响责任追究机制实际效力的重要因素。按照问责主体的不同，分为同体问责和异体问责。同体问责是指行政机关系统内部上级对下级的问责，异体问责是指行政系统之外的国家机关、政党或公民、社会力量对责任对象的问责。确立责任追求主体，要贯彻多元化原则，坚持以人为本，真正尊重并落实广大官兵的问责主体地位，建立起以广大官兵为基础，以权力机关为核心，行政系统为主导，职能部门有序参与、相互配合的责任追究体系。

（二）确定责任追究的对象

责任追究的对象，即问责客体，解决的是"问谁"的问题。界定问责的对象，应该以是否行使权力为依据。按照权责一致的原则，凡是行使权力的组织及其工作人员，都应纳入责任追究机制的范畴。各级党委和领导、各业务主管部门、网络文化的专职监管人员和广大官兵，在享受权力的同时，也应履行相应的责任：各级党委和领导要肩负起确保军队网络文化正确的建设方向这一义不容辞的政治责任；各业务主管部门既要按照业务分工负责对军队网络文化建设和管理的具体指导，又要与其他行政管理部门一起，共同担负军队网络文化建设和管理的职责；网络文化的专职监管人员要定岗定责，落实安全保护技术措施和管理人员岗位责任，落实信息通报、网情研判等制度，如建立IP地址使用信息数据库和IP地址分配使用逐级责任制；广大官兵要明确自己在军队网络文化建设中应负的责任和义务，既文明上网用网，又发挥好监督职责。责任追究对象的范围，不能随意扩大或缩小，涉及多人时还要注意区分主要责任人和次要责任人。特别注意的是，在对组织进行问责时，必须追究主要领导人的责任，防止集体"闯红灯"现象的发生。

（三）明晰责任追究的事由

责任追究的事由是对有无失职事实的判断，是追究责任主体相关责任的基础。并非所有的失职行为都要通过问责来追究责任，问责也不能仅局限于重大事故的责任追究，而应该包括各级人员的隐性失职、领导过失等造成的问题。重点是对军队网络文化建设工作不负责、任务不落实的失职行为以及发生重大问题单位的有关责任人员和领导人员进行责任追究，如制度不健全、管理失职、监督失职、决策失误、执行不力、处理不当等范围，即使领导没有直接参与，不属于当事人，也会追究其失职失察的责任，最终受到责任追究。在确定问题的事由时，应对所问责的内容以适当的形式予以公布，实现问责事由标准的制度化和公开透明化，强化问责机制的严肃性，杜绝问责事由的主观性和随意性。

(四)规范责任追究的程序

所谓责任追究程序,是指责任追究的受理、立项、调查、决定、执行、申诉等依次推进的一系列过程,要有具体、规范、操作性强的规定,以保证问责的实体内容的公正公平。建立和完善责任追究机制,必须有一套统一实施、规范明确、便于操作的责任追究程序,对实施责任追究的步骤、程序、时间、方式等作出明确而具体的规定,以制度化的程序,保证责任追究机制的有序进行。责任追究的程序涉及内容很多,重点要规范以下三点:一是启动程序,规范在什么时机、通过什么样的方式进行责任追究;二是认定程序,把责任真正追究到相关人的头上,防止出现"替罪羊"现象;三是回应程序,对责任追究对象以什么样的程序作辩护进行相应的规范。

(五)追踪责任追究的后果

责任追究机制的一个重要内容就是要对责任人进行责任追究,使其承担相应的责任。责任追究后果是对责任追究对象的影响,就是要落实责任追究对象承担责任的种类和形式,视情况给予经济处罚、组织处理、纪律处理,重者可追究其刑事责任。一要注意追踪责任后果处理的是否恰当,如果失当就要及时纠正,同时发现并弥补管理体制机制的漏洞,把对具体人员的处理上升到弥补体制机制上来,最大限度地发挥责任追究机制的约束功能。二要明确责任追究只是实施手段,并不是实施目的,责任追究的作用重在警示教育和预防,来增强领导责任,而不是给领导找麻烦。通过追究有关人员的责任,给予其党纪、政纪、法律惩戒,既可以教育本人,也可以教育其他领导人员,从中吸取教训,引以为戒,增强其履行职责时的责任心,有效提升领导者决策的风险意识和责任心,达到谨慎行使权力,促使领导者决策更科学,履职更尽责。三要健全和完善网络管理规章制度,把网络纳入有效管制和依法管理的范围之内,如在网络管理上,部队对什么信息能上网、什么信息不能上网，如何保证信息安全，如何进行信息审查，如何保证足够的用网终端，如何解决上网场所等，都要结合本单位的实际作出规定，实行严格的责任制，真正把上级的要求与官兵的需求有机结合起来，使官兵有规可查，有章可循。四要加大违法行为打击力度，加大群众监督力度，通过建设相关网上监督平台，提供开放透明的群众网络监督渠道，对利用网络散播谣言、扰乱社会稳定、传播不良信息、盗用他人账号上网、窃取钱财等违法行为以及恶意攻击网络等行为，严厉查处，实施责任追究。

第三节 军队网络文化建设保障机制

军队网络文化建设，离不开强有力的物质、技术保障和人才支持。要科学统筹谋划，搞好整体设计，优化资源配置，为开展军队网络文化建设创造良好条件。军队网络文化建设保障机制，是为了完成军队网络文化建设任务、达到建设目标而实施的人力财力保障机制、技术装备保障机制和法规制度保障机制的总称。大力推进中国特色军队网络文化建设，充分发挥军队网络文化在强军兴军中的重要作用，建立健全军队网络文化建设保障机制尤为重要。

一 人力财力保障机制

人力财力保障机制是军队网络文化建设的重要基础。军队网络文化往往处于网上意识形态斗争的第一线，其思想交锋和舆论斗争异常激烈，必须引起各级领导和广大官兵的高度重视，在人力财力方面给予大力支持，既需要建立一支政治素质高、业务能力强、工作作风硬的网络文化人才队伍，同时也需要雄厚的物质基础、较大的资金投入作保障。军队网络文化建设人力财力保障机制主要包括以下内容。

（一）编制保障

编制主要指组织机构的设置及其人员数量的定额和职务的分配。确定军队网络文化建设的编制，要从军队网络建设的全局考虑，积极协调解决各级机关网站人员编制问题，这个问题解决了，其他问题的解决就水到渠成。如果编制一时难以落实，应以相关职能部门的名义下发文件予以明确，便于部队执行。一要严格规范编制标准。编制标准是制定编制和编制表的基本依据，只有严格规范才能确保其监督执行。要按任务需求统一编制标准，注重普遍与个别统一，不能搞"一刀切"，力求做到任务与编制的高度统一。二要灵活可行。编制标准应有一定的弹性，以适应不同性质、不同任务单位需要。在不违背有关原则的前提下，应给各级组织编制管理职能部门一定的调整空间，使编制更符合实际需要。三要适时调整。根据情况的变化，适时调整编制标准，使其始终符合军队网络文化建设实践的要求。

（二）人才保障

从当前工作需要和岗位急需的情况看，军队网络文化建设需要四个方面的人才队伍：管理员队伍、编辑队伍、通信员队伍和网络评论员队伍，尤其要加强对网络文化安全人才特别是高精尖人才队伍的培养，建立和完善网站从业人员资格认证和准入制度，网站新闻、时政论坛负责人年度考评制度、培训轮训制度等。培养和建设这四支队伍，主要从三个方面下功夫。一是军委相关职能部门应定期举办军以上单位网络管理使用骨干培训班、网络评论员培训班，举办编辑、作者笔会等。各大单位每年应举办一期基层网络骨干培训班，各级要采取送出去学、请进来教、办班轮训等多种形式，下功夫提高网络骨干的综合素质。对表现优秀、成绩突出的网络文化人才，要给予表彰奖励，努力创造有利于网络文化人才培养、成长、保留的良好环境。二是通过部队院校培育人才，可在士官学校开设网络文化建设专业，通过各方不断努力，培养锻炼一支结构合理、素质优良、作风过硬的网络文化人才队伍。三是每年可从地方大学接收一些有文化基础、学习信息技术专业的大学生，为部队网络文化建设提供人才支撑。通过培训培养，努力提高他们从政治上把握全局的能力、熟练掌握网络技术的能力、研究解决矛盾问题的能力和组织编辑信息稿件的能力。

(三)经费保障

军队网络文化建设正常维护经费应考虑多方面因素,包括网站扩容、系统升级、软件更新、线路维护、信息采编、骨干培训、设备折旧、添置音像资料及配合重大节日、主题教育活动开展等。解决经费问题应由军委相关部门顶层运作、统筹考虑,将网站正常维护保障经费列入年度预算,并每年下拨各单位,以确保网络文化建设持续健康发展。一要严格经费管理。各级财务部门和财务人员必须严格执行有关经费管理规定,严格掌握和执行有关经费的领报标准,增加经费开支的透明度,严禁多头审批经费。上级财务部门要认真审核决算,及时给予核销和经费划拨。二要完善财务监督机制,严格管理和控制经费使用。突出监督的重点,搞好事前调查,及时抽调人员对相关商品物资价格、市场行情进行调查摸底,以防止借建设高消费和"只讲任务、不讲标准,有钱就花、没钱就要"等问题发生,及时对经费活动情况进行全面普查,监督经费使用的合理性、合法性、有效性。三要健全审计监督机制,确保建设经费到位、支出合理。上级财务部门、审计部门对经费进行监督审核,客观反映建设经费投入和使用情况,看其经费开支的真实性、合法性和有效性,确保建设经费到位、支出合理。

二 技术装备保障机制

军队网络是一种对技术依赖很强的传播载体,许多网络道德问题和网络法律问题也与其技术特点有关。与之相应的,对与网络道德失范和一些网络犯罪的控制和防范也必须通过技术手段来解决。军队网络文化建设需要信息技术做支撑,必须不断创新技术手段,改进网络文化装备,提高优秀网络文化产品的供给能力。军队网络文化建设技术装备保障机制主要包括以下方面。

（一）技术保障

随着现代科技的飞速发展，应用在军队网络文化建设保障中的技术要能够不断进行更新，借助现代化手段对网络技术进行改进与创新，使其从形式转变为方法，真正发挥其在军队网络文化建设中的重要作用。一要不断对技术进行研究与开发。在加强军队网络文化技术研究方面，应瞄准世界文化科技发展的战略前沿，加强数字技术、数字内容等核心技术的研发和应用；进一步加大新一代网络、防火墙、数据加密等重点领域的技术攻关和研究开发力度，在抵御破坏性信息侵袭的同时，保证网络文化的优秀成果能更快地传输到各个相关领域。二要加强网络安全防护。通过在部队局域网出口设置高性能防火墙，对核心服务进行入侵检测，对出口访问日志保留一定期限等策略，对部队主题网站定期进行漏洞扫描。在主干网部署网管系统对部队的骨干网以上的网络设备与主服务器进行网络监控，对"垃圾"邮件过滤与提示，在营区中心节点部署机房网络监控系统，对机房安全、空调、UPS、漏水、漏电等进行实时跟踪监控，在官兵上网区域实行IP-MAC地址绑定策略，对网站进行定期维护检测，定期对存在的系统垃圾进行删除，使系统的运行能够更加轻松，更有效地防止病毒入侵，从技术手段上保证部队网络的物理系统安全。三要加大软件开发力度。创新网络文化技术手段，开发集思想性、知识性、教育性、艺术性、娱乐性和易操作性于一体的宣传教育软件，占领军队网络文化前沿阵地。

（二）装备保障

装备保障是指从事装备工作的人员和组织，运用保障装备、设施和相关资源，通过物资保障等手段，保持或恢复装备良好状况，以确保军队作战和建设等军事需要的各项活动的统称。军队网络文化建设的装备保障主要指物资、器材保障等。目前全军师以上单位都建有政工网站，这些规模不等的网站均配有交换机、服务器、工作站、微机终端、存贮器材、信息采编、UPS电源、防火墙等硬件设备和网站发布、数据库、杀毒、扫描等软件系统，耗资比较大。同时，受网络信息技术迅猛发展的影响，这些IT产品的升级换代周期较短，需要不断更新。从调查了解的情况看，上网电脑终端不足仍是当前制约军队网络发挥功能作用的"瓶颈"。要像解决文化装备器材那样，解决网站设备的列装问题，积极争取上级领导机关的支持，积极协调地方共建单位支援，不断充实基层单位电脑终端数量，力争达到每3名官兵配备一台电脑。

（三）场地保障

场地是开展军队网络文化活动的重要依托和基本条件，没有与之相适应的场地和设施，军队网络文化活动的质量就难以保证。因此，必须在现有基础上，拓宽保障渠道，着眼开放共享，形成特色鲜明、功能互补的场地保障模式。部队经过多次调整精简，基层的住房条件相对宽松，大多数团以上单位都有军事训练中心和指导员之家，普遍建有学习室，一些部队的新建营房专门为基层建立了网络学习室。网络学习室是以现代网络技术为依托，以各种信息设施为支持，以教育资源和软件为基础，以实现政治工作信息化为目的，为官兵提供全方位应用服务的信息化学习环境，为开展网络文化活动提供良好的环境条件。住房紧张的单位要把网络学习场所作为硬任务来抓，按照"统一规划、分步实施、分类建设"的原则，采取合并利用、功能整合的办法，保证每个基层单位都有放置网络终端的场所。

三 法规制度保障机制

习近平总书记指出："随着互联网媒体属性越来越强，网上媒体管理和产业管理远远跟不上形势发展变化。特别是面对传播快、影响大、覆盖广、社会动员能力强的微客、微信等社交网络和即时通信工具用户的快速增长，如何加强网络法制建设和舆论引导，确保网络信息传播秩序和国家安全、社会稳定，已经成为摆在我们面前的现实突出问题。"[1]军队网络文化建设法规制度保障机制坚持用法治思维和法治方式建设军队网络文化，它既是军队法治建设、制度建设的重要方面，又是军队网络文化建设的重要保障。军队网络文化的健康发展离不开法律的保障，只有运用法律手段防范和阻击网络失范行为，才能够最大限度地限制网络给军队和社会带来的负面效应，保障军队网络文化向弘扬社会主旋律和强军目标方向健康发展。

中国在1994年颁布了第一部信息网络安全相关的法规《中华人民共和国计算机信息系统安全保护条例》之后，随着信息社会的发展和互联网的不断普及，网络空间中各种失范行为的出现和演变更新，中国还相继颁布了很多与网络行为相适应的法律法规，逐步形成一定的法律政策体系。主要有：《中华人民共和国计算机信息网络国际联网管理暂行规定》《互联网信息服务管理办法》《互联网电子公告服务管理规定》《计算机病毒防治管理办法》《计算机软件保护条例》《文化部关于加强互联网上网服务营业场所连锁经营管理的通知》《互联网上网服务营业场所管理规定》等十几部法律法规。在这些法律法规为我国建立、完善网络空间安全法律体系打下了良好基础，对促进我国信息社会健康发展起到了积极作用和有力保障。

不可否认，我国的互联网相关法律法规体系的建设还有诸多不足，主要表现在：互联网相关的法律法规滞后于信息社会的发展，不能很好地规约日新月异的网络行为和复杂的网络纠纷等现实需求；很多网络行为规范过于宽泛，内容也重复交叉，对网络行为的约束力基本为零，而且还出现了很多法规的真空地带，很容易失去对网民网络行为的引导力；由于政府

---

[1] 习近平：《关于〈中共中央关于全面深化改革若干重大问题的决定〉的说明》，《人民日报》2013年11月16日，第1版。

对网络失范行为的危害认识不足，网络法律法规的处罚力度不够，无形中削弱了法律法规的威慑力和约束力。这些互联网法律法规的不健全，很大程度上导致了网民网络行为失范。

目前在网络文化建设中法律的运用总体表现在以下两个方面：一是保障广大网民合法的言论自由权。对网民依法行使言论自由，利用网络表达或传播积极向上、内容健康的思想、言论或信息的，给予鼓励和支持。二是防范网络技术的滥用。对那些滥用计算机网络来表达、传播暴力、色情、假新闻等不良思想、信息和言论的行为，以及侮辱、诽谤他人或侵犯他人知识产权等网络违法犯罪行为，予以坚决禁止和打击。采取有效措施防止网络暴力。所谓网络暴力，是指网民在网上的暴力行为，是社会暴力在网上的延伸。其表现形式主要有：以道德的名义恶意制裁、审判当事人并谋求网络问题的解决；通过网络追查并公布传播当事人的个人信息（隐私），煽动和纠集人群以暴力语言进行群体围攻；在现实生活中使当事人遭到严重伤害并对现实产生实质性威胁。有网民这样总结"网络暴力"：以真假难辨的事实，行道德判断之标准；聚匿名不负责任之群众，暴普通人之隐私。

针对网络色情、网络暴力等网上违法行为，现有法规还不能很好地来进行界定、规范，与时俱进地补充完善、制定健全相关法规十分重要。在加强对包括《电子签名法》《互联网信息服务办法》《电子出版物管理规定》《互联网文化管理暂行规定》等在内的现有网络监管立法的执法工作，强化这些立法对网络运营商监管责任的规定，增强网络运营者的社会责任感，自觉履行好网络监管职责的同时，制定《网民文明上网法》，对宣扬语言暴力、色情、虚假信息等网络不良行为进行明确规范；完善现有的法律法规，在刑法中增设"利用计算机网络发布、传播虚假信息罪"，"利用计算机网络发布、传播淫秽信息罪"等罪名，借助刑罚手段惩治有关网络失范行为。加大网络侵权行为的行政处罚力度及民事赔偿责任，使违法者惧于违法成本而自觉规范自己的行为。推行"电子警察制度"开通并健全网络不良信息举报和控诉的网上渠道，提高网络监管部门对网络违法犯罪活动的发现和处置能力；推行网络实名制，利用实名制增强网民自我约束能力，实现对网络失范行为的制约。

军队网络文化建设法规制度保障机制，既要依靠我国法律的保障，又要适应军队的特殊要求。一是广大官兵要时刻牢记自己的特殊身份和职责使命要求，不断提高自身网络文化素养，自觉遵守《电子签名法》《互联网信息服务办法》《电子出版物管理规定》和《互联网文化管理暂行规定》等法律法规，在享有法律权利的同时，更要担负起法律责任，带头遵纪守法，传播正能量，坚决抵制网络暴力，正确运用法律手段为军队网络文化的良性发展保驾护航。二是部队各级组织和管理部门要把官兵上网作为基层思想政治教育、活跃官兵文化生活的重要内容，明确上网的时机和组织形式，把官兵上网的时间以制度形式固定下来。三是坚持疏导与防范并重，管理与使用并举，克服"谈网色变"的思想和怕出问题的顾虑，采取签订信息安全保证书、制定文明上网公约、加强技术防范、落实责任制等形式，为官兵提供上网用网的良好环境。

第七章

军队政工网络建设

军队政工网络建设是军队网络文化建设的基础工程和重要支撑。如何适应信息技术的发展要求，研究军队政工网络建设的目标、原则、内容和评价标准，把先进的信息存储、信息处理、信息安全、信息传递等技术应用于军队网络文化工作中，创新信息化条件下军队网络文化工作模式，既是军队网络文化建设的重要内容，也是提升信息化条件下军队政治工作最有效的方法手段，更是实现军队现代化建设急需解决和突破的重大课题。

第一节　军队政工网络建设目标

随着国际互联网技术的迅速发展，网络应用正在成为我军政治工作信息化建设的一项重要内容。习近平在全军政治工作会议上指出："我们对信息化、网络化研究不够，存在不适应、不合拍问题。"同时强调："要顺势而为、因势利导，研究把握信息网络时代政治工作特点和规律，用好用活网络平台，占领网络舆论阵地。"[1] 习主席站在时代和战略的高度，指明了军队政治工作创新发展的方向，也为军队网络文化建设提供了科学遵循。因此，要加强军队网络文化建设，让政治工作融入信息网络时代，必须抓好军队政工网络这个重要载体。

一　加强军队网络文化阵地建设

党的十八大以来，党中央、中央军委高度重视网络文化建设，习近平多次强调，要根据形势发展需要，把网上舆论工作作为宣传思想工作的重中之重来抓，并强调要充分运用新型传播手段创新军队思想政治工作，掌握网络舆论主动权。[2] 我们要切实把网络舆论引导作为军队网络文化阵地建设的重中之重，推动广大官兵成长为让网络空间清朗起来的一支重要力量，引导军队网络文化健康发展。

1　总政治部：《习近平关于国防和军队建设重要论述选编（二）》，解放军出版社2015年4月版，第124页。
2　鲁炜：《把网上舆论工作作为宣传思想工作的重中之重》，《人民日报》2013年9月17日，第16版。

（一）充分认清军队网络文化阵地建设的重要性

习近平多次就信息化发表重要讲话、做出重要批示，深刻阐述信息化工作的重大意义、战略目标和重要举措，强调要积极探索运用网络技术拓展宣传思想工作的新手段，加强网上思想舆论阵地建设，发展健康向上的网络文化，做好网上舆论引导工作，开展生动活泼的网络思想政治教育活动。近年来，全军各级坚决贯彻习主席关于信息化、网络化的决策指示，大力加强军队网络文化阵地建设，积极探索开展网络文化活动，加强基础建设，丰富内容形式，拓展网络文化教育功能，取得明显成效。同时要看到，军队网络文化阵地建设处于初始阶段，网络文化活动方式方法不够灵活、工作机制不够完善、专业队伍建设比较薄弱等问题客观存在。各级一定要从永葆我军性质宗旨、有效履行历史使命的高度，从推动思想政治建设创新发展，从巩固扩大先进思想文化阵地、打好意识形态领域斗争主动仗的高度，深刻认识加强军队网络文化阵地建设的极端重要性和现实紧迫性；积极探索运用网络技术拓展军队网络文化阵地建设的新手段，加强网上思想舆论阵地建设，发展健康向上的网络文化，做好网上舆论引导工作，开展生动活泼的网络文化活动；进一步解放思想、与时俱进，不断总结实践经验，把握特点规律，加大工作力度，形成工作体系，牢牢把握军队网络文化阵地建设主动权。

加强军队网络文化阵地建设，为有效开展网络思想政治教育提供了有利条件。网络思想政治教育能够发挥即时性、移动性、互动性等网络特点，可以紧密契合当代青年官兵"无人不网""无处不网""无时不网"的生活状态。同时，又充分发挥其线上线下官兵同构、学习生活资源同步、官兵交流同行等独特优势，把强军目标落细为线上线下活动，落小为数以百计千计的应用功能、讨论议题和学习心得，从而最终落实为满满的网络正能量和昂扬的强军梦。

通过军队网络文化阵地建设，创新思想政治教育方法。思想政治教育是我军优良传统和特有优势。始终紧跟时代发展和社会进步的步伐，善于吸收运用科技创新的最新成果，是我军思想政治教育保持蓬勃生机和强大生命力的重要因素。信息化是当今时代最鲜明的特征。信息网络作为当今世界最重要的科技创新成果，已深度融入经济、政治、文化、军事等各个领域，深刻影响着人们的生产方式、生活方式、思维方式和思想观念。运用信息网络开展思想政治教育，是加强新形势下思想政治教育、保持和发扬我军强大政治优势的必然要求和重要任务。

通过军队网络文化阵地建设，创新思想政治教育手段。信息网络技术的迅猛发展，给军队思想政治教育既带来难得机遇，又提出新的挑战。网络信息内容海量、传播快捷，极大丰富了思想政治教育资源。网络技术运用广泛、表现形式多样，有力拓展了教育方式方法。网络空间虚拟开放、氛围相对宽松，有利于迅速准确把握官兵思想脉搏。网络交流民主平等、沟通互动性强，便于广大官兵开展自我教育。同时，网络特别是互联网信息复杂多样、良莠不齐，一些虚假信息、负面言论对官兵的消极影响不可低估。网上意识形态斗争尖锐复杂，敌对势力加紧利用网络进行思想渗透和政治煽动，对保持部队政治坚定和纯洁巩固带来很大考验。这就要求必须正确认识信息网络特点，大力加强网络思想政治教育，切实用先进思想文化占领网上阵地，更好地凝聚思想意志，促进各项任务完成。

通过军队网络文化阵地建设，创新官兵成长途径。成长才干、从军习武、保卫国家、建功立业是新一代革命军人的迫切期待。要使思想政治教育对官兵产生持久而深入的吸引力和影响力，只有按照能打仗、打胜仗的要求，深层次地服务官兵成长成才需要，才能使网络的黏合力透过"眼球"直达"心灵"。为此，加强军队网络文化阵地建设，可以通过汇聚优质教育教学资源，服务官兵学习需求；通过整合精品文艺文化资源，服务官兵精神需求；通过拓宽丰富专业知识资源，服务官兵发展需求；通过提供日常便利资源，服务官兵生活需求。

（二）突出军队网络文化阵地建设的思想性和科学性

网络是我们做思想政治工作的重要舞台和载体，方法必须创新，更加注重春风化雨、潜移默化的方式。新时期军队网络文化阵地建设只有符合青年官兵需求，采用他们喜爱的方式，遵循认知规律和网络特点，青年官兵才会欢迎，才能起到良好效果，从而引导青年官兵自觉投身军营。这就要求我们在军队网络文化阵地建设过程中，必须突出思想性和科学性。

立足思想引领，遵循"内容为王"的建设规律吸引青年官兵。网络新媒体建设内容为王，对于创新网络思想政治教育而言，教育资源则是它的"王牌"所在。为此，必须充分发挥军队组织资源优势，抓住官兵学习的刚性需求，最大程度汇聚机关和基层、军队和地方的优质资源，并从优化官兵体验出发，按照互联网等新媒体传播规律进行内容再造，用碎片化、互动化、交互性的方式来传播学习内容，让官兵通过教育主题、生动的视频自然而然地学习，同时把思想政治教育内容以潜移默化的方式融合在各类教育活动中。比如，我们可以把青年官兵的需求在第一时间转化为触手可及的资源，将社会上的热点话题、事件进行互联网改造，使之成为网络平台上的学习素材。组织官兵通过互联网及时了解国内外大事，重点浏览党、国家和军队主流网络媒体内容，搞好时事点评，开阔眼界、增长见识。利用网上优秀理论文章、先进经验事迹等，充实部队教育和官兵学习内容；运用互联网组织学习有关知识和技能，促进官兵自学成才活动；借助互联网优秀文化产品和服务，丰富官兵精神文化生活；通过网络即时通信等手段，加强官兵与家庭、社会沟通交流，实现军地共教共育。

坚持以服务为先导，以网上网下深度协调来牢牢黏住青年官兵。网络文化要想成为"战场"必须先成为"市场"，成为官兵喜欢、爱进的"市场"。针对官兵报效祖国、建功立业的实际需求，我们可以在创新网络思想政治教育中，增加丰富英模人物的文字、视频事迹资源，激励官兵热爱军营，献身国防的满腔热血；有的官兵可能面临退伍转业，我们可以依托网络教育资源，举办各类创意创业、实用技能赛事，帮助这部分有需求的官兵掌握创业必需的知识和技能；通过借助网络教育资源建设，与社会媒体和企事业单位开展广泛合作，为官兵提供未来离开部队到社会的发展机会、就业信息，逐步实现在军网可以提供与社会人才市场需求互联互通的实用信息。针对当前营区官兵在管理上有着一站式贯通需求和个性化精细服务需要，在创新网络思想政治教育中，应不断完善基于云计算的大数据中心和云应用的综合互动平台，为官兵提供营区一站式服务，将营区的战备、训练、宣传、教育、后勤保障等系统和互动栏目实现双向对接，提升网络思想政治教育的服务黏合度和使用影响力。运用网络开展咨询服务，帮助官兵及时解决工作学习生活中的实际问题。加强政策法规服务，及时挂载军事政治后勤装备各领域的法规制度，解答涉及官兵切身利益的政策制度问题。加强心理和法律服务，组织心理咨询师、法律顾问提供在线咨询，普及相关知识，解答官兵心理和涉法问题。加强婚恋家庭、卫生保健等服务，为官兵提供有力帮助。

　　坚持共建共享，促进官兵在开放互动的技术平台建设中加强自我教育。青年官兵富有创造力，创新网络思想政治教育尤其要善于发现引导青年官兵的新思想、新点子，充分发挥他们的潜能、积极性、创造性，从而促使军队网络文化阵地建设呈现"大众创业、万众创新、生动活泼"的局面。当代青年士兵普遍学历高、阅历丰富、主体意识强烈，几乎都是网虫，不喜欢被动灌输说教，崇尚追求自我展现。针对这一特点，创新网络思想政治教育要秉承开放、共建、共享的理念，把士兵作为军队建设主体，探索形成一套充分发挥青年士兵首创精神的创新驱动机制，使他们能自主开发各类网络应用功能、创造各种网络文化产品，把自己创造的各种教育资源纳入进来，从而形成强大的"教育物流网"，以此着力提高他们的实践创新能力，同时在潜移默化中引导他们创造各种符合自身接受兴趣的网络文化教育产品。对于基层干部，我们可以通过新型网络思想政治教育机制建设，努力打造基层政治干部思想教育平台，探索开设政治干部博客和优秀"四会"政治教员工作室等网络载体，积极引导专家学者，尤其是军内外具有影响力的学术大师、教学名师、军政主官参与军队网络文化阵地建设，使思想工作从过去面对面拓展到现代网络空间的键对键。

（三）全面创新军队网络文化阵地建设的内容和形式

创新网络思想政治教育是一项系统工程、合力工程，必须整合各种优质资源、各类优势力量合力推进网络思想政治教育创新。应当着力在以下方面下功夫、求突破。

着力培育典型项目。努力构建网络育人新机制，以探索创新军队政工网络建设和管理机制为核心，推动培育一批网络人才、开办一批网络名站名栏、发表评选一批网络名篇名作，探索优秀网络新闻纳入各单位宣传报道成果统计、列为立功受奖评审条件，使之成为推动广大官兵参与内容建设和网络引导的有力"指挥棒"。目前，军队政工网已经涌现出很多富有特色的网站和栏目，下一步要依托相关网络互动栏目和主题网站，通过网络形象生动地宣传先进典型事迹，鼓励在政工网开设先进集体和英模人物博客，开展先进评选、励志签名等活动；运用网络通信平台，进行遂行任务要求教育，围绕部队日常教育训练管理编发相关信息，搞好宣传教育；采用"机关组织、网络搭台、官兵唱戏"的模式，形成更多更好的网络特色项目和品牌，让官兵及时了解国内外大事，学习党的理论和路线方针政策。办好部队新闻频道，宣传党中央、中央军委和习主席的决策指示，反映部队工作动态和建设成就，展示官兵精神风貌。

实现网络信息资源共享。信息资源共享是军队政工网络建设的基础。如果把信息网络比作"路"，把应用系统比作"车"，那么信息资源就是"货"。没有"货"，再宽的"路"、再好的"车"都没有意义。要加大信息资源整合力度，从组织上、制度上保证信息资源共享，打破信息孤岛、信息壁垒，努力把零散的信息汇集起来，把庞杂的内容系统起来，把军队政工网络信息高速公路的"货"丰富起来，把军队政工网络建设成强大的"信息源"、海量的"知识库"、无边的"集散地"。只有信息资源实现共享，才能真正称得上"网络"，才能真正感受网络给官兵带来的无穷乐趣，才能有效发挥网络的强大功能，才能实现军委的决心意图。通过军队政工网络，广大官兵可以及时了解到生活的方方面面，便于搜索查询，扩大信息容量。这样既能提高工作效率，又能满足知识需求，丰富部队学习教育的信息内容，有利于增强思想政治工作的效果。官兵只要上网，便可浏览整个世界，知晓天下大事，感知最新信息。由于网络信息资源有共享性的特征，通过上网，可以使官兵的眼界更加开阔，观念更加开放。因此，我们可以依托军队综合信息网和指挥网等现有条件，实现网上发布工作资料、网上电子办公、网上开展研讨交流、网上进行咨询答疑、网上开展情况调查、网上进行民主测评、网上组织竞赛评比、网上构建娱乐平台，使思想政治工作网络化，增强思想政治工作的时代性和感召力。

（四）大力培育网络军事文化

先进军事文化是提高广大官兵战斗力的重要保障，网络军事文化作为先进军事文化的重要组成部分，要求我们在建设军队政工网络的过程中，首先应着力培育网络军事文化。加强网络军事文化建设，最根本、最核心、最本质的是宣传党的路线、方针、政策和军队的一系列部署要求，传承我军优秀传统文化，弘扬时代精神，培育新一代革命军人。

打牢网络军事文化建设的基础。把加强网络军事文化建设作为根本性、基础性工程常抓不懈。充分发挥自身优势，深入宣传党的基本理论、基本路线和基本纲领，及时发布党的重大决策、创新成果和先进经验，快速更新军事新闻、部队动态和各级指示，让官兵通过网络第一时间就能了解到国内外大事、军队的要闻，在学习领会中提高思想认识，进一步坚定对马克思主义的信仰，对共产主义的信念，对党的领导的信赖，对军事变革的信心。用先进文化培育官兵，充分利用信息网络传播技术，提高文化熏陶的覆盖面、时效性和影响力。大力弘扬以社会主义、爱国主义、集体主义为主要内容的优秀文化；努力丰富以军事理论著作、战争题材作品、战斗英模人物为主要内容的军事文化；深入宣扬以科技先锋、成才标兵、道德楷模为主要内容的典型文化；广泛开展以网上读书、互动演讲、文艺创作为主要内容的军营文化。引导官兵树立正确的人生观、价值观、事业观和荣辱观，为推动网络军事文化建设和官兵的成长进步打下坚实基础。用战斗精神激励官兵，在军人职责教育中，引导官兵把实现个人理想与履行军人根本职责结合起来，进一步坚定建功立业的远大志向；在形势任务教育中，引导官兵从适应新军事变革、赢得未来战争的战略高度，牢固树立战斗队思想，进一步增强能打仗打胜仗的紧迫感和使命感；在光荣传统教育中，引导官兵在浏览网上发布的党史军史、我军历史上的今天、本单位战斗史或创业史的过程中，激发大家爱党爱国爱军的政治热情，以实际行动投身军队的各项建设之中。

创新网络军事文化品牌。有特色才有竞争力和生命力，有品牌才有点击率和浏览率。要紧贴实际，强化服务意识，做到网上设置的频道是官兵喜欢的，网上挂载的信息是官兵想看的；要紧跟形势，强化政治意识，上级部署到哪里，网络就跟进到哪里，形势发展到哪里，网络信息就推进到哪里，防止因信息滞后使官兵生厌；要紧扣中心，强化使命意识，紧紧围绕强军目标来加强网络军事文化建设，做到建设不偏离中心，不脱离主题；要突出特色，体现亮点，创造性地搞好规划设计，办出具有本级特点、本地风情、本站风格的个性化网络，切忌千篇一律，千网一面，切实增强吸引力和感染力。充分利用网络互联互通的优势，把用好上级网站与本级开发有机结合起来，充实和更新内容，拓宽网络学习、教育渠道。根据基层政治干部教育资料难收集、素材少的实际，可从互联网上下载优秀教案、多媒体课件、成功一课、经验交流和外军知识等资料，整合归类充实到本级政工网，使大家轻点鼠标就会查到相关信息，丰富教育内容，提高授课质量；根据基层官兵求知求学的需求，可开设网上军校考生学习班、计算机等级考试辅导班、公共英语提高班、网络实用技术应用班等栏目，让大家针对爱好需求上网浏览学习，获取知识。把军队政工网站办成军营文化活动的"大舞台"。青年官兵有着爱好广泛、好奇心强、喜欢娱乐等特点，可经常选择一些优秀影视作品、电子图书、报纸杂志、诗歌散文、军旅短信等文化娱乐内容，充实到本级军队政工网站。运用网上的视频点播、文化娱乐栏目，开设电影剧场、连续剧展播、金曲回放、小品集锦、棋牌大厅等官兵喜闻乐见的娱乐节目，让官兵从优秀电影中学习优良传统，从现代军事题材的连续剧中感悟战斗精神，从军事网络游戏中增强精武强能谋打赢的意识，从丰富的图书知识中培养健康向上的生活情趣，从先进事迹报告会中增强党性修养，从事故案件警示片中汲取经验教训，使军队政工网络真正成为官兵陶冶情操、娱乐身心的精神家园。把军队政工网络办成发扬民主的"大论坛"。要充分发挥军队政工网络的交流互动功能，在官兵之间、兵兵之间架起一座谈心的桥梁，开通一条"零距离"交心的专线，让大家在民主平等的交流沟通中，增强部队的凝聚力和战斗力。开辟"领导信箱、建言献策、决策咨询、事务公开、热点评论、维权热线、心理咨询"等栏目，为官兵提供一个平等参与、民主议事的绿色通道，切实推进党委决策的民主化、科学化；在涉及官兵切身利益的敏感问题方面，在网上公开"名额、条件、对象、过程、结果"，自觉接受群众监督；在官兵有思想疑虑、难解烦事时，及时进行心理疏导，解开疙瘩；在干部、战士及其家庭遇有涉法问题时，请法律专家在线开展法律讲座，解答法律难题；在一些官兵当面不好说、不敢说、不愿说的事情上，可消除思想疑虑，直接把意见建议发到领导信箱里，在与领导零距离交流、沟通中，消除思想疑虑，反映真实问题，促进部队建设协调发展。

促进网络军事文化的创新发展。创新是一个民族的灵魂，创新是网络军事文化的原动力。一是在网络系统结构上求创新。部队可根据驻地区域、本单位网络建设状况和担负的作战保障任务，制定网络建设目标和层次，坚持既要立足实用，又要面向未来，既要结构灵活，又要组网方便，既要性能高效，又要便于功能扩展的原则，有针对性地搞好网络系统结构建设，使政工网始终走在部队网络建设发展的前沿，更好地发挥服务保证作用。二是在网络软硬件建设上求突破。在网络硬件方面，要立足现有设备和条件，本着花钱较少、效果较好、性能出色、安全可靠的指导思想，组织技术人员研究适合本部队特点的网络硬件功能和分类方法，瞄准网络硬件发展动态，力争有所突破。在网络软件方面，要坚持立足应用、贴近官兵、突出特色的原则，研究网络操作系统、网络办公、网络通信、网络安全、网站和网页制作、网络文化活动等各类软件的新版本和新功能，在提高工作效率、完善服务功能、引导官兵学习娱乐等方面有所创新，使军队政工网络更具特色、更富成效。三是在网络内容形式上出成绩。要紧跟军内外网络技术的发展动向，汲取对本部队有用的内容和形式。适应新发展，确立新标准，满足新需求。依靠广大基层官兵的积极参与，不断加大网络建设投入的力度，使军队网络技术出现万马奔腾的创新局面；着眼提高官兵信息化素质，努力增强政工网络在教书育人、培养新一代革命军人方面的教育引导和主阵地作用，让政工网络成为广大官兵的良师益友；围绕强军目标总要求，有效发掘政工网络在部队信息化建设和未来信息化战争中的功能作用，不断提高官兵信息化素质和能力，确保在建设信息化部队的创新实践中大展身手，在未来保障打赢信息化战争中崭露锋芒，使政工网络建设发展不断迈上新台阶。

二　加强网络信息技术应用开发

军队网络文化建设涉及政治工作信息资源、内容、方式、手段、机制、人才素质等诸多方面。要实现政治工作具体形态和实践形式的信息化，包括"政治工作指挥网络化、政治工作信息处理实时化、政治工作指挥手段和工作方式智能化"。网络信息技术开发应用的目标任务是构建军队政工网络软件平台基础设施体系、信息资源体系、基本理论体系、技术应用体系、法规标准体系和人才培训体系，实现军队政工网络软件平台资源数字化、信息传递网络化、信息处理智能化、作战指挥一体化、办公政务自动化、教育训练模拟化。

（一）信息资源数字化

政治工作信息资源数字化，是政工网络建设的基础环节和首要目标，是指利用数字处理技术，将狭义上的政治工作信息资源转化为可以在网络上加载并可以压缩转换、互联共享的数字信息的过程，从而提高信息存储效率、传输速度和共享质量，便于网络访问、网上检索、数据库查询。随着军队信息化建设水平的提高和信息技术的发展，数字信息在政治工作中的比重越来越大，最终将成为政治工作信息化的主要存在形态。

（二）信息传递网络化

政治工作信息传递网络化，就是要在信息资源数字化的基础上，利用信息技术和网络技术对政治工作信息资源进行分类整理、建库联网，将各业务部门、各信息子系统联成合理、高效、四通八达的信息网络，使之成为政治工作运行的基本平台和主要渠道。通过信息网络，不仅使信息大量、快速、顺畅传输，还有助于形成政治工作整体信息联网传输，使各级能主动获取各种有用的信息资源，实现信息互联互通和共享。信息传递的网络化，是实现政治工作信息系统一体化的基本要求和重要保证。

（三）作战指挥一体化

一体化与信息化相伴而行，实现作战指挥控制一体化，是信息化系统建设的高级阶段，也是军队信息技术应用开发的核心目标。在未来信息化战争中，军队政治工作是构成战斗力的重要因素，对部队行动具有政治导向作用，对军心士气具有凝聚作用，贯穿作战全过程。新形势下，按照能打仗打胜仗的要求，对军政一体化的要求越来越高，政治工作一切着眼于打胜仗的特点，也决定了政治工作的作战指挥不能游离于军事系统之外，必须与军事行动同步筹划、配合实施、协调一致。因此，军队信息技术应用开发要努力实现军事、政治指挥的"无缝链接"，平时、战时的功能匹配，努力达到人机一体化、军政一体化、功能一体化、平战一体化，提高信息系统的生存和对抗能力，真正实现"平台有席位，网上同指挥"。

（四）决策支持智能化

智能化是信息化的显著特征。政治工作决策支持智能化，是指利用人工智能技术，以数据库、专家系统和数学模型为基础，构建具有人工智能性质的信息系统，通过计算、推理、仿真等手段促进信息处理的实时化、科学化，进而实现政治工作指挥、控制、决策的科学化。信息技术可以为决策指导提供先进的工具、手段和方法，将专家系统、统计数据、动态信息和计算机网络联成一体，形成智能化的"人—机"交互系统，可以使动态的官兵思想、心理、精神、行为信息整合集成，经过程序控制进行定性、定量的分析研究，便于形成正确、科学的结论，为政治工作决策提供可靠依据，辅助政治指挥员和政治机关分析情况，定下决心。

（五）办公政务自动化

为适应信息化的发展，政治工作应该努力在网上开展"电子政务""电子政工"。政治机关借助计算机网络、现代通信和人工智能技术积极开发和利用电子政务系统，对军队信息技术应用开发具有示范和带动作用。办公政务自动化，是信息化在平时政治工作实践领域的必然要求，必将大力促进政治工作方式、手段的现代化，提高政治工作的质量和效益。实现办公政务自动化，关键是要实现由传统的手工作业方式向现代信息技术手段应用的转变。通过办公信息网络建设，使拟制政治工作文书，网上传递、审批文件，重要通知网上下达，网上政治工作的训练、演练、考核等，运用数字化技术，实现政治工作信息的可量化动态采集和控制。

三 促进军队信息化建设

军队信息化建设既包括基础设施、武器设备、军事技术等硬件的信息化，也包括作战理论、体制编制、人才培养等软件的信息化，军队网络文化建设作为政治工作信息化建设的重要组成部分，也是一项硬件和软件建设整体并举的系统工程，通过政工网络建设，促进军队信息化建设任务的完成。依据军队网络文化建设的主要目标，军队政工网络建设任务主要包括信息资源建设、信息系统建设、支撑环境建设三个部分。

（一）信息资源建设

信息必须经过开发才能成为有用的资源。信息资源开发利用的程度，标志着信息化建设的水平和质量。从信息资源角度讲，军队政工网络建设的本质是信息资源形式数字化，信息资源传递网络化，信息资源处理智能化，从而提升政治工作信息资源的利用效率。一是信息资源充分利用。政治工作信息资源建设，根本目的是要通过一定的信息技术手段，将各种信息载体联结起来，对政治工作信息进行组织、加工、传递和利用，实现政治工作信息资源的共建共享。针对信息资源扩散性、流动性、通用性强的特点，增进军地交流与合作，充分利用军内军外两种资源，使丰富有益的信息资源为我所用。二是信息资源深入挖掘。数字化和网络化是信息化的基本特征，也是信息平台发挥作用、产生效能的前提。信息资源只有通过网络信息平台流动起来才能发挥作用。目前我军政治工作的传统信息资源大部分还留存在纸质载体、胶片等介质上，或保管于文档部门或展示在各单位史馆里。我军政治工作的这些"传家宝"，都需要在政工网络建设过程中整理提炼，深入挖掘，系统开发，为政治工作发展注入强劲的动力。[1]三是资源环境共同创建。政治工作信息资源开发利用不能封闭起来孤立搞

---

[1] 沈国权等：《军队政治工作信息化建设研究》，解放军出版社2006年版，第40~44页。

建设，加之目前尚处于初始阶段，受人力、物力、财力等条件限制，更需要充分依托和借助社会信息资源为我所用，借梯登高，充分利用现有的技术力量、技术成果、软件平台，采取移植、嫁接的方式，充分利用现有知识，应用成熟技术，开发新的政工信息平台。

（二）信息系统建设

信息系统建设是政治工作信息化建设的主体。推进政治工作信息化，必须大力开发满足政治工作平时和战时需要的信息系统，加强政务办公自动化、作战指挥信息化、决策支持智能化等系统的主体平台建设，同时搞好信息系统应用软件的开发，加强政治工作网站和局域网的建设和集成。在信息系统建设中，要拓展信息技术运用于政治工作的广度和深度，注重官兵思想和心理素质测评及行为方式动态分析技术、机关办公自动化和电子政务技术、干部选拔测评与分析技术、在线教育以及交互式智能化自动服务系统技术等研究，开发专用的信息化系统和软件，为政治工作信息化提供有力的技术支持和主体平台支撑。

加强统筹协调。信息系统建设内容多，任务重，必须区分主次，突出重点。当前，要在两个方面着力：一要立足于平时，开发政治工作网络信息服务系统和办公自动化系统，增强政治工作的效益和质量。二要着眼于战时，加强政治工作作战指挥平台的建设，实现军政一体化指挥。军队政治工作信息系统平台建设需要各业务工作系统统筹协作，整体推进。我军所处环境复杂，需要政治工作紧紧围绕强军目标、着眼能打仗打胜仗的时代要求。这决定了军队政治工作信息化系统建设不能自行其是，脱离军队信息化建设另起炉灶，而要在军队信息化建设的统一规划下组织实施，与军事、后勤、装备信息化搞好综合集成。

做到互联互通。为了实现与军事、后勤、装备信息系统的纵向贯通、横向联接，达到政治工作与军事工作互联、互通、互操作，必须按照统一的技术体制和标准化规范加强信息系统建设，避免重复建设、重复开发。

要严格按照军队信息化建设的技术标准和要求，建设政治工作各业务系统的信息平台，为构建政治工作信息化的综合网络平台打牢基础。要研究解决面向政治工作的信息建模问题，使政治工作信息系统能够真实、逼真地模拟政治工作的各项活动，走出运用信息技术简单化、表面化的误区。要借鉴军内外信息系统建设的经验，以军队信息化基础设施为依托，针对军队政治工作的特点规律，合力攻关，加强主体平台的功能建设，开发相应的应用软件。要重点加强政治工作作战指挥平台建设，借鉴外军经验，加快建设步伐，在军事作战行动中发挥信息优势。在军事演练中加强政治工作作战信息系统的实践检验，不断优化和完善系统的功能和结构。同时还要不断拓展政治工作信息系统的技术功能，以利于更广泛地获取信息资源，使政治工作的信息优势转化为决策优势、战斗力优势，在军事行动中充分发挥政治工作作战效能。

在应用中不断完善。互联网的广泛普及和深入发展对军队政治工作产生了全局性、深层次影响。习近平强调指出，要提高军队政治工作信息化水平。政治工作过不了网络关，就过不了时代关。信息时代的政治工作只有抓住"信息力"，才能增强"生命力"。这就要求我们大力推进军队政治工作信息化，使网络成为发挥政治工作优势的倍增器。政治工作要紧紧围绕军事斗争准备，围绕服务于军事任务的圆满完成，分层次、分步骤启动作战训练中的政治工作信息化建设。特别是对应用性强的信息资源，一时还很难与信息化平台接口。如在部队战斗精神培育方面，许多单位都探索总结出了行之有效的做法，思想政治教育方面有不少成功的经验，这些好的经验还不能在各单位之间有效互通，利用率很低。虽然政治工作信息平台的硬件设施、软件开发有了长足发展，但与此相配套的政治工作信息资源还比较缺乏；战时政治工作所需的信息资源还需要深入开发，未来执行任务过程中的敌情、社情、民情以及作战环境、社会保障力量分布、电子地图等信息还需要进一步采集、录入和更新维护。

（三）支撑环境建设

政治工作信息化的支撑环境建设，包括人才、技术、制度三个方面。要通过加强人才队伍、信息技术和政策法规建设力度，为政治工作信息化建设提供良好的环境，确保政治工作信息化建设全面、协调和可持续发展。

加强人才队伍建设。设施设备再好，都离不开人这个关键因素。从当前情况看，各级政工网建设水平参差不齐，特别是基层单位政工网，建设维护水平普遍不高，网站设计不专业，信息更新速度慢，出现故障无法排除。究其原因，最根本的是缺乏人才。目前，各基层单位的政工网多数是兼职管理，没有编制，没有指定专人负责，网站维护三天打鱼两天晒网，有的网站架构多年不变，有的网站内容几个月不更新，有的出现故障束手无策，技术力量十分薄弱，难以适应现实需要。要改变这种低层次徘徊的现状，必须下决心解决人的问题，走开专业化路子。同时要加强学习培训，提高管理人员的思想素质、技术能力、创新意识，建好用好管好政工网这个政治工作信息化平台。

着力提升政治干部的信息素质，努力建设一支复合型的政治工作信息化人才队伍。树立人才集群使用的观念，集中调用部队内部既懂政治工作又擅长信息技术的复合型人才，投入政治工作信息化的研究和建设。采取超常措施，拓宽人才选用渠道，在引进高科技、高层次人才时把信息素质作为重要的考察内容，把高素质人才充实到政治工作信息化建设的岗位。加强政治干部的继续教育和在职培训，增大信息科技的教学比重，大力开展新理论、新技术、新装备、新战法的学习和演练。完善人才工作机制，实行政策倾斜，创造有利于吸引、保留、使用高素质人才的良好环境。在军事演练中，进行政治工作信息化装备的演练，在实践中提高政治干部运用信息化平台组织政治工作作战的素质能力。通过努力普及信息科技知识，培养复合型人才，为政治工作信息化建设提供强有力的人才支持和智力保证。

提升信息技术水平。政治工作信息化建设必须依赖技术创新的有力推动。要着力研究标准化、信息建模、训练模拟、信息安全等关键技术，不断促进信息技术和资源技术的应用和完善，为政治工作信息化建设提供有力的技术支持。加大信息技术在政治工作中的应用力度，加速科研攻关和技术创新，使信息科技创新成果运用于政治工作信息化建设。如利用信息技术的仿真性能和仿真演示系统，在虚拟现实技术创造的"人工合成环境"中，对政治工作应对各种情况制定的预案进行全面检验。这种依托信息仿真模拟系统开展政治工作的方法，有利于节约实际建设中研制和试验的费用，又好又快地推进政治工作信息化建设。针对全军各级政工网功能单一、信息量小、传输不畅的实际，发挥网络海量资源、便捷搜索、互动交流、休闲娱乐的优势，学习借鉴互联网上好的做法，扩编信息技术和维护人员，加强维护更新，开设特色栏目，丰富信息资源，方便交流传输，突出时代特点，把官兵的需求作为网站建设的出发点和落脚点，切实把各级政工网打造成官兵的精神家园。

完善法规制度建设。这是政治工作信息化支撑环境建设的一项基础性、长远性工作。要及时总结政治工作信息化建设的实践经验，探索把握其特点和规律，研究制定反映部队信息化建设要求、体现信息化发展趋势、切合政治工作信息化建设实际的政策法规和技术标准规范，以更好地调整和引导各级建设政治工作信息化的实践活动，在机制上为政治工作信息化建设提供动力。建立完善的信息安全保密体系，健全信息安全的法律法规和工作制度，确保政治工作信息资源和信息系统的有效利用和安全运行。

第二节　军队政工网络建设原则

军队政工网络建设的原则，指军队政工网络建设过程中分析问题、处理问题的准绳，是军队政工网络建设的基本依据。确立军队政工网络建设的基本原则，是保证政工网络建设的质量效益、处理建设中各项关系的关键所在。建设军队政工网络是一项系统工程，具有多侧面、多角度、多层次的特点，它的建设和发展既要有正确的指导思想和明确的发展目标，还要有基本的原则作遵循。

一　政治性原则

坚持正确的传播方向、坚持马克思主义一元化指导地位，是军队政工网络建设的最高政治要求，是军队思想政治建设的本质属性，是各级党委和领导义不容辞的政治责任。建设军队政工网络，就是要把传播强军目标、培养新一代革命军人作为军队政工网络建设的首要政治任务，作为网络文化宣传的主旋律，作为网上学习教育的主课堂。当前国内外严峻复杂的政治形势和官兵思想多元多样多变的新特点，给军队思想政治工作提出了新的要求。一是弘扬先进文化。强化网上思想舆论引导，大力宣传科学真理、传播先进文化、倡导科学精神、塑造美好心灵、弘扬新风正气。充分利用网络加强中国特色社会主义理论体系武装，培育当代革命军人核心价值观，发展先进军事文化，唱响网上思想文化主旋律。二是紧贴部队实践。认真贯彻落实强军目标，围绕推动部队建设科学发展、拓展和深化军事斗争准备以及遂行多样化军事行动任务，开展多种形式的网上宣传教育活动，强化使命意识，激发训练热情，培育战斗精神，促进部队战斗力提高和各项任务完成。三是强化综合育人。积极拓展网络信息服务、文化服务、咨询服务等功能，建好网上学习成才平台，为官兵履职尽责、成长进步提供有力指导和服务，帮助解决思想问题、心理问题和实际问题，不断提高官兵综合素质。只有用党的最新理论成果武装官兵头脑，才能永远保持人民军队的性质和本色，才能为有效履行新世纪新阶段我军历史使命提供可靠的政治保证和强大的精神动力。

二 系统性原则

军队政工网络传播内容的政治性、传播状态的动态性及广大官兵需求的多样性，都需要军队政工网建设遵循系统性原则，决不能以孤立的、暂时的、静止的眼光看待政工网建设，而要用全面的、发展的、系统的观点看问题。

加强政治工作信息资源开发利用的组织领导。强有力的组织领导是政治工作信息平台高效率开发利用的根本保证。要加强对信息平台开发利用工作的组织协调、监督管理，指定专人负责，明确职责，规范权限，从机制、人员、经费等方面采取超常措施，强化有关职能部门的作用。要加大"统"的力度，统一思想，统一目标任务，推进政治工作信息平台开发利用的有序发展。积极鼓励、支持各级、各单位按照统一规划和标准，立足现有条件主动搞好建设。

加强政治工作信息平台开发的需求论证。需求是政治工作信息平台开发的重要依据，既是开发的起点，又牵引着开发的方向，需求牵引是政治工作信息平台开发的基本原则。应着眼政治工作根本职能任务需要和部队长远建设发展，按需开发，按级设置功能，有什么样的需求就牵引什么样的开发项目，逐步形成"没有提出需求的信息不开发,未经专家论证评审的功能项目不研制"的良性机制。一是摸清现状,准确把握提出需求的原则。需求的提出必须按照"从实际出发、从实效出发、从实战出发"的原则,以作战需求为核心,根据未来作战的多样性、复杂性要求,把满足战时政治工作需求贯穿始终,防止偏离方向;以现实需要为基点,紧密结合本单位的现实需要,提出系统、规范的需求,防止片面和不切实际。二是明确目的,合理确定政治工作需求内容。综合运用系统分析法、层次分析法,把政治工作建设中最重要、最迫切的问题研究透、论证清,多层次、多方面、多角度分析归纳政治工作需求的内容。三是完善方案,科学评估论证方案。要组织机关领导、政治工作与信息技术专家、基层和机关政治干部,从作战、训练、思想教育、安全管理等方面仔细论证方案的可行性与科学性,提出较为完善的建设方案。

加强政治工作信息平台的整合优化。针对政治工作信息资源分散零乱、重复开发、共享困难等实际问题,急需运用系统工程理论,采取有力措施,把小系统整合为大系统,把分散的集中起来,把零乱的有序串联起来,把不规范的统一起来,使政治工作的多要素、多平台、多系统有机融合,从根本上消除"数字鸿沟",实现信息资源的一体化整合。一是搞好顶层设计,加强统筹规划。统一规划、统一标准是搞好顶层设计的本质要求。政治工作信息平台开发利用要通过规划来指导,通过计划来推动。全军各单位要根据政治工作发展总体要求,制定政工信息平台开发利用的中长期规划。对于急需和重要的信息资源开发利用,要有明确的时间节点,并搞好分工。同时,要根据全军统一规划和部署,结合本地区、本单位实际和担负的具体任务,既要考虑近期需求,又要兼顾长远发展;既要注重系统性和针对性,又要充分利用本地区已有的信息资源,着重就政治工作信息资源管理制度、关键性技术标准等加以建设。二是抓紧构建信息资源共享平台。目前,最重要的是要加快启动军队政工平台数据库建设,促进信息资源优化配置和有效共享。应在统一技术标准、规范数据基础标准和数据接口的基础上，整合政治工作公共信息资源数据的开发与应用。按照"设计科学、技术先进、硬件配套、资源丰富、方便实用"的原则，对已有数据库加以梳理和推广，对需要开发的数据库进行分工，建立起全军兼容共享的大型政治工作综合数据库，开展面向全军的个人账号入网服务，实现网络建设、信息技术、资源开发、信息服务的一体化发展。

三 制度化原则

军队政工网站的一元主导性、有限开放性和资源共享性等特征，意味着必须加强制度建设。只有积极主动为军队政工网络建设的发展制定科学合理的制度，规范其发展进程，才能有效规避其对部队建设带来的消极影响，促进网络持续健康发展。一是制定目标法规。明确军队政工网络建设的目标，进行科学的顶层设计，规定军队政工网络发展方向，以实现军队政工网络建设的最高标准和最高要求。二是制定途径法规。要实现军队政工网络建设的目标，必须要有实现的途径。规定军队政工网络建设实现途径的法规，主要体现在信息技术标准法规、信息基础设施法规和信息安全法规。三是制定条件法规。军队政工网络建设条件法规主要有信息资源共享、信息化人才建设等方面。[1]要体现权威性，不管是什么人，不管在什么时机上网，必须自觉遵守网络规定，用网络制度来规范操作、约束行为；要增强指向性，加强对军队政工网络环境和文化方向的调控，科学预见网络技术和规范的前景，对有可能出现的网络行为，包括失控行为，进行有效规范；要增强发展性，针对网络技术的发展、网络建设中出现的新情况新问题、官兵思想变化的新特点，以及网上斗争的新形势，对现行制度进

---

[1] 沈国权等：《军队政治工作信息化建设研究》，解放军出版社2006年版，第290~291页。

行调整、修改和完善，做到未雨绸缪、防微杜渐。

四 创新性原则

任何文化都是在继承现有文化成果的基础上，不断创新，不断发展的。文化的创造性，是人类文化的基本内涵——社会信息不断生成的运行规律。这就说明：创新是任何一种文化生存和发展的唯一理由，是推进社会主义文化大发展大繁荣的重要举措。军队政工网络，传播党的创新理论，加强思想政治教育，反映中国军事变革的发展态势，体现官兵投身军事斗争准备的政治热情，必须强化创新意识，加大创新步伐，打开新的发展视野，拓展新的发展思路，拓宽新的发展空间，也只有这样，才能增强军队政工网络的覆盖面、吸引力、影响力和生命力。

五 艺术性原则

艺术性原则体现了教育的博大精深，是教育的生命力所在。它"要求教育者向被教育者采用一种最优的方法、措施、手段和办法等来解决教育者与被教育者之间不对等的矛盾关系。或者说是已经提出了过桥的任务，但是需要过桥的工具，也就是船和桥。船和桥的适当运用就是体现了一种艺术性和技巧性。"[1]军队政工网络要发挥其作用、体现其价值，不可能不讲究艺术，没有艺术的网络是枯燥无味甚至不受欢迎的网络。要增强军队政工网站的生动性，借助图像、动画、语言、表情、音像等对客观事物进

---

[1] 张冬生：《试论教育学中的艺术性原则》，《青年与社会·中外教育研究》2009年第3期，第108页。

行描述，利用虚拟技术对真实场景进行模拟再现，充分调动官兵的多种感官，通过多种形式的感受与检验，把抽象的变为形象，微观的变为宏观，静态的变为动态，历史的回到现实，虚拟的变为现实。把官兵的注意力吸引到网络中来，让官兵的眼球关注网络内容，接受网络教育。要坚持军队政工网络的情感性，密切关注官兵在学习、成才、文化、工作、生活上的合理需求，准确把握他们的思想脉搏、心理和行为上的新特点，善于融入各种情感因素，运用不同的网络载体，找到对接点、增强亲情感，激发共鸣点、体现认同感。

六 保密性原则

军队政工网络出于政治目的和战斗力要求，出于维护国家和人民利益考虑，在努力追求信息资源共享的同时，必须把保密性作为一条重要原则突出出来。一是用法规制度规范网络。认真贯彻落实全军关于信息网络安全保密的法规制度，结合实际，制定本部队、本单位的网络操作使用规定，以法促规范，以制度促落实。严格执行指挥自动化网、军事综合信息网与国际互联网"三网"物理隔离的规定，做到专机专网、专网专用；按照切实可行、操作性强的原则，规范上网场所，制定上网计划，明确上网时段，组织官兵有序上网用网；结合部队担负的任务和官兵的需求，统筹好上网与工作、训练和娱乐的关系，确保一日生活正规有序。二是用技术手段监管网络。在实践中，可采取一些行之有效的安全保障措施。在网络的总入口处，安装信息过滤系统，设立防火墙，屏蔽非法信息，防止"黑客"恶意破坏和攻击；在网络的总出口处，设立邮件过滤网，对所有邮件实施入侵检测、漏洞扫描、病毒清除；在机房专门设置用于下载存储信息的公用主机，卸掉其他上网机器的光驱，断开USB接口，防止官兵通过移动存储器造成失泄密；对全体官兵制作上网"身份证"，一人一卡，利用计算机自动登记人员上网信息；安装实时监控软件，随时监视上网计算机运行和浏览内容，发现问题及时处置；对官兵网上收发信息，严格按手续审批，专机专用，科学管理，确保网络通畅、信息安全。三是用道德体系完善网络。在官兵中深入开展网络心理、网络伦理、网络道德规范、网络人格建设等教育活动，引导官兵自觉遵守上网规定，树立正确的荣辱观，防止在网上乱发议论、散布消极情绪和沉迷网络游戏等不良行为。积极开展优秀作品展示、军营短信评选、体育赛事竞猜等活动，引导官兵积极运用军队政工网络开展工作、开阔视野、提高素质。各级领导和网管人员要加强对网上言论的把关和引导，发现格调不高、言论偏激的话题要及时纠正，使军队政工网络始终保持高格调、弘扬主旋律。

第三节　军队政工网络建设内容

在信息化时代，面对网络飞速发展的今天，抓好军队政工网络建设已经到了刻不容缓的地步。部队的发展需要网络，官兵的成长离不开网络。为满足官兵日益增长的上网需求，需要将军队政工网络的基础设施、功能作用、网站内容等纳入军队政工网络建设的总体规划，在这些方面投入更多的经费和精力。加强军队政工网络建设，是一项基础性综合性工程，必须以强军目标为牵引，坚持科学筹划、长远建设的思路，既兼顾硬件软件，又确保网络信息安全。

一　基础网络建设

完善的网络设施设备是军队政工网络建设的基础。要保证军队政工网络健康有序运行，必须有与之相匹配的基础设施设备。改善网络通信介质，努力提高网络带宽，向集声、像、图形、文字等多种功能于一体的网络硬件发展，使网络文化切实动起来、活起来、美起来。为确保网络文化活动在较大的范围内有效展开，必须采用高速、稳定、存储量大的网络服务器，积极探索与实践云技术在军队政工网络中的运用，切实改善军队政工网络硬件环境，提升上网速度。

（一）加快通信网络设施建设

进一步扩大全军政工网联通率和覆盖面，提高带宽网速，搞好镜像网站和数据分发站点建设，加快推进军事综合信息网带宽扩容步伐。本着规模适度、满足需要的原则,科学论证和解决全军政工网装备器材的研发列装,建好通信网络设施。

建设信息"高速"公路。基础通信网络,是信息传输的"高速公路",在军队政工网络建设中起着基础和支撑的作用。要按照"贯穿各级、互联互通、传输快捷、安全高效"的总体要求,依托国家通信资源,建成具有军队特色的基础网络系统,包括有线通信网、无线通信网、卫星通信网、机动通信系统等,横向覆盖各机关业务部门,纵向延伸到基层部队。推进"星网工程"建设,解决边海防、野外驻训部队和小远散单位政工网联通问题。推进互联网有限进军营,积极探索旅团级单位集中建立军营互联网吧,战士使用智能手机的时机、场合和要求。如武警部队有线通信网主要依托国家基础电信网络组建,在此基础上构建了各级电话专网、电视会议专网、计算机专网、查勤专网。有线综合通信网采用三级网的架构,即总部到各总队、机动师、指挥部和院校为一级网;总队到所属支队、机动师到所属团为二级网;支队(团)到所属大队(营)、中队(连)为三级网,每级网络均为星型结构。传输链路采用光纤传输SDH,目前以ATM传输技术为主,并逐步向IP路由交换技术转换。电话专网由程控交换机、电话单机及有线综合通信网的通信信道等构成,用于实现单位内部的电话通信。电话专网通过多业务交换机接入有线综合通信网,实现部队各级单位之间的电话通信。通常还可以通过中继线接入当地市话网,实现与地方单位的电话通信。电视会议专网由多路视频控制单元、电视会议终端及有线综合通信网的通信信道等构成,通过多业务交换机接入有线综合通信网,实现部队各级单位间的电视会议通信。计算机专网,由各单位局域网和广域网组成。本级单位的计算机局域网由路由器、交换机、服务器、安全设备等组成;依托有线综合通信网的通信信道,构建纵向连接的各单位的广域网,军队的各种业务应用子系统均运行于计算机专网之上。

实现多网融合。建成以有线网为支撑、无线网和卫星网为补充的信息网络,确保军队有线通信网、无线通信网、卫星通信网和机动通信系统的互联互通，满足部队指挥及日常保障工作的需要，在部队遂行多样化任务中发挥基础通信保障作用。如武警部队无线通信网主要由短波通信网和超短波通信网等组成。目前已经建设起总部对总队（师）方向的短波通信网；总队（师）对支队（团）的区域短波通信网；支队（团）对大队（营）、中队（连）的局域短波通信网。总队（师）、支队（团）、机动支队的大（中）队、机动师的营（连）和部分偏远地区中队装备跳频自适应电台。部队超短波通信网，目前已经基本覆盖了部队任务区域，350兆手持台配发到了单兵，实现了现场指挥到班组。目前，军队已经依托国家卫星通信资源初步建立卫星通信网，由固定站、车载站和便携站等站型组成，各大单位分别建立卫星地面站，师建立卫星接入站，团一级作战部队配发"动中通"卫星通信车，基层通信部队配发卫星便携站和背负站，确保军事行动过程中，战场环境音像实时传输到各级指挥中心。[1]

（二）完善通信网络功能作用

军队基础通信网络，以保障各级指挥机关和作战单元的语音、图像及数据等多种通信业务为应用需求，以传输速度高、容量大、覆盖全部队为目的，以资源共享、综合多能、安全保密、管理方便为突出特色，通过有线通信网、无线通信网、卫星通信网、机动通信系统等网络系统的建设或改造，提供一个集多种通信业务为一体的综合网络平台，发挥多通信网融合系统的功能作用，为军队网络文化建设奠定硬件基础。

完善通信网络功能作用主要体现在以下四个方面。一是发挥有线通信网功能作用。有线通信网是军队的骨干网，基本实现专网电话到前线、电视会议网到连队、计算机网到班排的目标，网络功能逐步从单纯传输语音、图像、数据的通信网演变成为对部队实施指挥及教育、训练、管理的多套信息网。二是发挥无线通信网功能作用。短波通信网是部队的战备通

---

[1] 肖诗斌等：《武警部队信息化建设》，人民武警出版社2014年版，第1～5页。

信网，主要实现语音和报文通信，在偏远山区、通信基础薄弱的区域或特殊情况下可作为战术通信手段使用，增加转信台，扩大覆盖范围。350兆超短波通信网是部队的常规战术通信手段，主要以语音通信为主，单个基站的覆盖范围为40公里左右，增加转信台可扩大覆盖区域。三是发挥卫星通信网功能作用。卫星通信网通常用于保障机动部队与上级之间的远距离通信、特殊条件下的应急通信和机动作战中的通信，也可用于建立各地域通信网之间的传输信道。进一步完善卫星通信网，实现部队机动条件下"无盲区"覆盖，同时为有线网提供备份手段。如武警部队根据指挥关系，卫星通信网一级节点总部站和二级节点总队站采用固定站型式，其余站型为三级节点，分为固定、车载、便携等多种型式。四是发挥机动通信系统功能作用。机动通信系统能移动到所指定的任务位置并为各级指挥员提供指挥、控制和通信功能。研发多种车载通信系统，根据其卫星通信的模式，分为静中通卫星通信车和动中通卫星通信车，两类卫星通信车均具有图像、语音、数据通信功能。静中通卫星通信车只能在静止状态下完成通信，一般在较短时间内抵达现场后即可开通；动中通卫星通信车可以在行进状态下完成通信，建立通信时间比静中通卫星通信车缩短大约3倍左右，确保任务部队快速完成野战指挥所通信枢纽的建立。由于动中通卫星通信车可以在高速行进中保持通信畅通，加之天线隐蔽性好，适合执行特殊任务部队。

（三）丰富网络信息内容

军队政工网络建设最终目的是服务于政治工作，服务于官兵，体现以人为本的要求，这既是建设的重要目的，也是衡量网络质量的重要标准。针对青年官兵在学习成才、文化娱乐、心理健康、咨询服务等方面的多元化合理需求，网络信息内容要满足官兵需求的多样性、差异性和合理性，推动军事文化产品数字化、网络化，实施数字图书馆、数字军史馆建设等文化项目，形成一批具有军队特色、体现时代精神、富有教育意义的网络文化品牌，增强网络信息内容的原创性和互动性，进一步丰富网络文化资源，不断增强网络的吸引力和凝聚力，让官兵尽情畅所欲言、舒展情绪、愉悦身心，为官兵成长成才导航，为官兵全面发展益智。

加强军队政工网络建设，必须在信息内容上坚持不懈地进行改革创新。一是强化网上文化熏陶。利用部队优良传统、革命精神、战史战例以及驻地红色资源，建立战斗精神培育专题网页，发动官兵创作上传网络文化作品。组织开展网上文化活动，举办文学艺术鉴赏、军旅格言评选、军事游戏对抗等，在潜移默化中滋润心灵、陶冶情操、愉悦身心。二是提供网上咨询服务。针对官兵工作学习生活中遇到的实际问题，加强网上咨询服务，宣讲政策法规，普及相关知识，解答官兵心理和涉法问题，加强婚恋家庭、卫生保健等服务，为官兵提供有力帮助。三是搞好网上建言献策。利用网络凝聚官兵智慧，引导官兵围绕部队建设中的重点难点问题，深入研究思考，提出对策措施。通过网络平台畅通民主渠道，推行网上事务公开，征询意见建议，及时回应和解答官兵提出的问题，将合理化建议纳入领导决策和工作指导。

二　软件平台建设

加强政治工作信息化建设，开发符合当前时代要求的政工信息平台软件，不仅符合科技发展的方向，也符合部队对完成中心任务的需求，是实现强军目标的必然选择，是增强政治工作主动性、针对性和实效性的创新工程，是使政治工作跟上时代步伐的重要举措。建好政工信息化平台，充分利用计算机及网络技术的应用性广、信息量大、交互性强等优势，进一步拓展政治工作空间，扩大政治工作容量，提高政治工作效益，将部队政治工作学科的相关信息资料进行科学编排分类，按照模块化结构设计要求，达到便于存贮、检索、研究、更新之目的。

（一）军队政工网络信息平台功能需求

为使政治工作网络信息价值得以实现，必须将它们应用到政治工作实践中去，在政治工作的各个领域发挥作用，以显示所建立的政治工作网络信息的价值，促进我军政治工作手段的网络化、信息化。

1. 构建合理的系统模块体系

军队政治工作网络信息体系，就是要建立军队政治工作网络信息综合中心。中心可以依托部队的现有网络系统，建立综合性、权威性的政工信息化网络平台，实现以下功能。

（1）政工信息检索。这是建立政治工作网络信息平台所需的最基本功能。它要为用户快捷地找到自己所需要的政治工作信息，提供各种检索途径，支持多种检索模式。

（2）政工信息的上传和批量录入。政治工作网络信息平台只有具备了信息的上传和批量录入功能，才能方便政治工作者通过网络将自己开发的各种信息资源、各类成果上传到指定服务器的相关目录中。该系统要能够对上传的资料进行自动分类，然后通过政治工作网络信息平台审查人员进行修订和审核后，再增加到政治工作网络信息资源库中，与其他用户共享，基层政治干部也可以把自己在开展政治工作中遇到的问题上传到问题库中，以寻求院校和上级业务机关解答。

（3）政工信息的审核和发布。任何新上传的政治工作信息都需要经过严格的审核后才能进入正式的政治工作信息资源库。系统要能删除不合格的政治工作信息资源，求证和核实有疑问的政治工作信息资源。

（4）政工信息的浏览。TTTTT网络信息平台要提供明确的导航系统，确保用户对政治工作信息的自由浏览。用户可以根据"导航栏"的层层提示，定位到某一个政治工作信息源文件上。对于每一个政治工作信息源文件，都要具备相关属性的显示功能，同时还应具备相关文献资料显示功能，可按学科类型、作者和关键字的相关程度实现。

（5）需求信息下载。用户可以将自己需要的信息从网上下载到本地计算机，要支持多文件压缩下载功能，当用户选择多个资源文件下载时，系统能自动将文件压缩成一个自解压的可执行文件供用户下载。要支持断点续传，当出现网络故障时，用户可从上一次成功连接时资源下载的位置继续完成下载。在用户下载的过程中，系统要提供下载的动态信息。

2. 建立完备的系统功能结构

为了保证政治工作网络信息平台的正常运行，需要提供数据备份、用户管理、网络管理等功能。一是数据备份。为防止意外破坏和病毒侵害的出现，政治工作网络信息平台应具备数据备份的功能。可以通过数据导出接口进行数据备份。数据备份时一定要保证政治工作网络信息平台内容的完整性，避免政治工作信息资源的丢失或误删除。二是用户管理。系统要具备用户管理的功能，包括用户账号管理和用户操作权限管理两个方面。系统要允许用户通过系统管理员自由注册账号，但要具备身份审核认证机制，系统管理员对用户进行基于政策的管理、认证、添加或删除账号。为方便用户的自我服务，要具备用户个人资料修改等简单功能。要提供用户数据获取接口，方便互联。用户账号管理功能还可通过对注册用户的信息核实和确认后分配相应的权限，从而保证政治工作网络信息平台上的信息能按系统管理员对用户分配的权限分级使用，设置不同操作权限，以确保数据的安全性。三是网络管理。主要包括网络故障管理、网络配置管理、网络性能管理和网络安全管理等部分。网络故障管理应可以通过时间查看器和事件日志，收集有关硬件、软件和系统问题信息，提供故障跟踪记录，分析并排除故障，保证网络提供连续可靠的服务。网络配置管理应可以对支持系统的硬件进行检测，及时根据故障进行相应的配置调整，实现硬件平台的可扩充性要求，动态维护网络配置数据库。

3. 开发实用的政工信息网站

各级应依托全军政工网和部队局域网，按照"总体规划、分步实施、合成推进"的工作方针，建设完备、高效的政工信息网站，力争使基层网络覆盖到旅团办公场所、营（连）部、连队俱乐部及官兵宿舍。紧密结合基层官兵的特点，集中力量，精心打造，建立一批有影响、有特色的基层网站，在网上唱响主旋律、打好主动仗，使之成为基层思想政治工作的重要阵地。目前，各级对政工信息网站建设的研究还比较薄弱，特别是一些应用软件的开发有待加强。有条件的单位可以组织专业技术人员开发具有感染力、吸引力、时代性强的教育软件，使之成为集知识性、趣味性、生动性于一体的电子教材，为政工信息网站建设提供技术支撑。互联网对官兵具有很大的吸引力，完全在于它的全球性、即时性、内容全和功能强等特点，为使政工信息网站具有和互联网同等的吸引力，需要进行相应的改进和完善。在信息来源上，军队政工网络的信息资源还需拓宽。互联网是全球性的，属于全球信息共享，因此它的信息量非常大。但政工信息网站的信息来源目前还具有一定的局限性。由于军队内部网络建成的时间短，服务器容量小，而且许多数据库还在建设中，特别是有些单位没有联通全军主干网络，只是限于本单位的局域网，所拥有的信息量更少。在信息时效上，政工信息网站信息发布还需提速。快速的信息发布，是互联网的一个显著特点。全球的最新消息，它能在第一时间发布在网上，让人们感受到了获取信息的快捷。作为政工信息网站，许多局域网的信息都需要二次发布，即时性就得不到保证。特别是新闻节目，没有特殊的传输设备，使传输的速度相对较慢。有些应用软件的更新也较慢，使得政工信息网站与互联网有差距。互联网具有功能强大的搜索引擎，只要输入关键词，就能迅速找到需要的资料和信息，提供所需要的帮助。在信息获取方面，政工信息网站的搜索引擎更需改进。

（1）健全政工网络。要建立一个"上达总部，下至基层，横至机关"的完善的政工网络，使政工网络成为官兵交流心灵的平台、专家从事研究的平台、部队交换信息的平台、开展政治工作网上作战功能的指挥平台。

（2）健全基层局域网。拥有一个体系完备、功能齐全的政工网络是很难的，第一步首先要建立好基层局域网。建立基层局域网的主要作用有：在官兵中形成网络意识，对政工网络有一个初步认识；便于基层开展网络教育，提高官兵的网络知识素质；给官兵提供军网实践的机会，丰富业余文化生活；便于基层开展相关业务工作，达到办公少纸化，甚至无纸化。

（3）加强师旅团网站建设。军队政工网络不可能像国际互联网一样拥有自己的商业网站体系，因此必须发挥师旅团的中层网络作用，以师旅团为基地建立政工信息网站。从目前政工信息网站建设的现实情况看，师旅团局域网在官兵生活中占据了非常重要的位置，但由于网络覆盖的面比较窄，丰富内容、提高服务的潜力巨大。

（4）研究网络安全技术。切实加强保密软件开发。政工网络保密软件开发主要涉及三个方面，即操作系统保密软件的开发，病毒防护软件和防火墙软件的开发，加密技术的开发。政工网络软件开发，必须根据军队的特殊要求，对军队信息的识别、加密、隔离等技术进行重点研究，以满足实际工作需要。加强网络监督技术开发。网络监督技术可以对网络中的窃密和泄密事件进行追踪和监控，达到预防案件、查处案件的作用。目前，我军已经具备了一定的网络监控能力，且在监察互联网泄密案件中有较多运用。但长期以来，我们对政工网络的安全性估计不足，对政工网络的监控力量薄弱，急需进一步强化相关工作。政工网络安全技术的开发对于军队网络信息安全工作具有重要作用。必须本着"独立开发、自主产权、及时更新"的原则，尽快加强相关技术的研究与应用，在保证安全技术独立性的前提下，形成军队政工网络安全技术体系。

（5）健全网络管理机构。有了网络和网站，建立网络管理部门就是非常重要的基础性工作。网管部门的主要作用是及时更新数据，保证政工网络信息的及时性、准确性、规范性、权威性，真正形成信息优化的政工信息网站。首先，加强顶层设计。健全网络管理机构，必须在制度上完善相关机制，设立由上至下的网络管理体系，军以上有网络监督机构，师旅团有网站维护机构，这些管理机构中都要拥有"专职、专员、专业"的网络管理人员。只有这样，才能从根本上解决网络管理临时性强、管理松散、责任不明确等问题，保证政工信息网站功能齐全、安全可靠。其次，加强中层指导。中层筹划，主要依靠师旅团党委，要从制度上明确师旅团在网络管理中的基本责任，将网络建设纳入党委的议事日程中，当作一项事关信息化建设的基础性工程来抓、来管。最后，健全基层网络管理机构。基层网络管理机构，主要指师旅团网络管理单位。目前，我军各单位基本都设立了网络管理机构，但网管单位在资金投入、人员配备、技术更新等方面都较弱，处于维持状态的多，设备几年不更新、人员大多非专业。因此，必须加强对基层网管单位的投资，提高网管信息更新、装备更新和技术更新的能力。

（6）增加网络建设投入。网络专项经费问题，是政工信息网站建设中非常棘手的问题。网络建设耗资较大，不仅体现在基础设施投入多，更体现在后期维护、更新的投入较大。因此，仅靠各单位自主投入，难以保证其经费持续性。目前，我军在网络建设中有一定的经费投入，但目的性、规划性不强，经费项目不够明确。网络管理中需要的经费主要包括基础性建设经费、硬件更新经费、器材维护经费、网站管理经费和软件开发经费等，虽然基础性建设经费投入较大，但后续的更新、维护、管理、软件开发等方面的投入力度偏弱，缺乏长期性、规划性，必须尽快改善相关经费投入投向。

（二）政治工作训练模拟平台建设

随着军队现代作战训练模拟的广泛开展，政治工作训练模拟系统的建设也已提到了信息化建设的议事日程。政治工作训练模拟平台，就是运用计算机技术模拟平战时的部队思想政治工作，进而有效提高战时政治工作能力的信息化手段。研制和运用这一平台，是信息化条件下促进政治工作贴近实战的有效途径。

1. 作战模拟与政治工作训练模拟

利用计算机工具进行政治工作训练模拟，有利于加快训练进度，缩短训练周期，提高训练质量，从而为政治干部培养提供科学有效的方法手段。政治工作训练模拟系统的内容十分丰富，按照不同的划分方法，有不同的类型。按作战样式，可分为信息作战、处置突发事件、反恐、防卫作战、心理战、法律战等战时政治工作训练模拟；按作战阶段，可分为作战准备、作战实施、作战结束阶段的政治工作训练模拟；按战时政治工作主体，可分为党委、首长、政治机关等组织实施战时政治工作训练模拟；按演练课题，可分为专题性战时政治工作训练模拟、综合性战时政治工作训练模拟。按职能划分，可分为平时政治工作训练模拟和战时政治工作训练模拟。平时政治工作训练模拟主要是对军队政治工作的基本技能模拟，目的是熟悉政治工作流程、学习政治工作方法、掌握政治工作公文格式，主要训练内容是平时的业务工作能力。战时政治工作训练模拟主要模拟在作战过程中，为配合我方保障作战行动的顺利进行，展开的各项政治工作活动及其产生的效果。目的是提高政治干部在战场环境实施战时政治工作的能力，主要模拟内容是描述作战过程中的各项政工指示、请示、汇报、数据汇总、宣传鼓动、思想教育、安全保卫等活动。

政治工作训练模拟与军事训练模拟相比，具有其自身的特点。因此，认识和掌握政治工作训练模拟的特点，是研制政治工作训练模拟系统的前提和基础。其特点主要表现在：一是模糊性。军事训练模拟一般可以进行精确的量化，而政治工作训练模拟要加入更多的人性化内容，不可能进行完全量化，模拟效果具有一定的模糊性和不确定性，在研制开发政治工作训练模拟系统时，必须具备处理这种模糊数据的能力。二是对象复杂性。在整个作战进程中，政治工作要贯穿作战过程的始终，要覆盖作战过程的各种行动和决策。因此，政治工作模拟所面临的对象构成非常复杂，层次多样，必须处理好这些差异性较大的对象的工作，使它们密切协同、高效运作，保持信息的畅通性和一致性。三是依附性。政治工作训练模拟是依附于整个作战模拟的，它模拟的数据来源和数据去向必须与整个作战模拟形成一个闭合回路，其数据体系必须与整个作战模拟系统是一体的、统一的。

2. 战时政治工作训练模拟平台建设的内容

战时政治工作训练模拟平台的内容十分丰富，不同的划分方法、不同的作战阶段、不同的作战类型、不同的部队级别都会导致训练模拟内容的变化。但是，从共性上讲，信息化条件下战时政治工作训练模拟主要包括以下内容。

（1）战时政治工作文书的拟制和传递。战时政治工作文书，是依据上级的命令、指示和党委的决议精神，结合本单位的实际情况，加强对作战的组织领导，更好地指导部队开展战时政治工作而拟制的作战文书。战时政治工作文书既不能过多过滥，又要保证信息的充分传递。在政治工作模拟平台中应具备文电拟制和传递功能，利用此功能拟制和传递战时政治工作文书，以确保传递的准确高效。

（2）战时政治工作预案拟制。战时政治工作预案，是部队政治机关在战前根据作战任务对作战中政治工作可能遇到的各种情况进行科学分析判断、预先设想基础上做出的应对方案。它是战时作战方案的重要组成部分。在政治工作模拟平台中，应建立政治工作预案库，并提供方便快捷的检索和查询方式。在事前应该输入大量的政治工作预案，以供政治指挥人员在进行政工训练模拟时随时查看，用以指导政治工作的正确开展。

（3）战时组织工作。包含两个方面：一是战时党（团）员工作，包括党（团）员的录入统计、教育管理、火线入党等工作，是在战时发挥党（团）组织的领导核心作用、先锋模范作用、激励士气的重要内容，是在战时坚持和加强党对军队领导的重要体现。在作战模拟过程中，应按照部队编制建立党（团）员数据库，政治指挥人员应随着作战进程的不断发展，适时下发各种教育材料，开展针对党（团）员的教育工作，及时宣讲传达党的最新政策和方针，鼓励党（团）员在其各自所属部队中发挥核心和模范作用，为提高部队战斗力做出贡献。

（4）战时干部工作。针对战场干部伤亡和思想变化，各级党委和政治机关要在实战中考察识别干部，及时有效地进行干部的调整配备，保持部队的战斗力，保持战斗指挥的连续不间断。在政治工作模拟平台中，应建立模拟部队的干部数据库、后备干部数据库及完备的干部代理人预案库。在作战模拟进程中，当出现干部伤亡时，及时进行干部的选拔调配补充。

（5）战时宣传工作。根据作战任务和战斗发展情况，有针对性地采取多种形式和手段，对参战官兵进行宣传胜利、宣扬英雄、提出战斗号召和要求，鼓舞战斗士气的工作。其主要任务是为保障作战任务的完成，提供强有力的思想政治保证，其具体内容应根据作战任务的要求，结合参战人员的思想和心理状况来确定，其主要内容包括：传达党中央和中央军委的军事战略方针、作战原则，上级党委、首长的命令、指示，讲清作战行动的性质、意义和目的，宣扬部队中涌现出来的团结奋斗的英模事迹和经验，传达上级的电报、电函、通令、通报等。

3. 政治工作训练模型

军队政治工作是一门相对独立的学科，又与军事斗争具有不可分割的联系，对军事工作负有服务保障的职能。因此，政治工作训练模拟平台的模型建设和软件开发，具有独特的要求和特点。根据模型的通用划分标准，完整的政治工作模型体系主要包括管理类模型、实体类模型和行为类模型。

（1）管理类模型。分为政治工作模型管理模块、政治工作导调模块。模型管理模块的功能是对各类政治工作模型进行统一管理，定制要运行的政治工作模型的运行起止时间、参数、层级、主从关系和相互关系。导调模块的功能是提供在模拟进程中，监控、管理、干预各政治工作模型的运作，导调模块可以修改各政治工作模型的运作参数，通过加载人为干预数据，影响模拟系统中的政治工作态势和模拟效果。

（2）实体类模型。分为党委（支部）模型、政治工作指挥中心（所）模型、作战部队政治实力模型和作战部队士气模型。党委（支部）模型，包括党委（支部）成员的人数、组成以及党委（支部）在不同作战阶段的任务等内容。政治工作指挥中心（所）模型，包括政治指挥中心（所）的构成、任务分工等内容。作战部队政治实力模型，包括作战部队的政治实力分布、政治骨干力量信息等内容。作战部队士气模型主要包括部队的战斗意志、作战心理状态、历史作战记录、政治力量配备强弱、武器装备配备和部队作战区域等方面内容，通过这些内容，可以对部队士气进行量化管理。

（3）行为类模型。分为政治工作指挥模型、心理战攻防模型、舆论战模型、法律战模型等。政治工作指挥模型，用于模拟战时政治工作的各项操作，包括请示命令、政工处置、战场鼓动等战时政治工作行为。舆论战模型，指根据态势的发展，模拟平台应能自动生成相关的舆论态势和舆论情况，对双方的舆论战行动进行效果量化，并将结果反馈给军事模型。法律战模型，指根据军事态势的发展，模拟平台应能自动生成双方的战时违法情况，政治工作指挥员根据部队行动，援引相关法律条文，保证部队作战的合法性。

4. 政治工作模型与军事模型的关系

政治工作模型和军事模型的关系是既分离又统一的，它们之间在某种程度上相互影响、互为因果。军事模型的运行结果往往是政治工作模型的运行起点。政治工作模型不可能脱离军事模型而独立运作，而必须建立在相应的军事模型之上，受到军事模型的制约，政治工作模型运行所产生的结果也会对军事模型的结果产生影响。随着政治工作模型的加入，军事模型也需要进行扩充，扩充后的军事模型需要能够接受政治工作模型的结果数据，将政治工作模型的结果数据作为参数，影响军事模型模拟的效果。例如，随着作战进程的开展，军事模型能将相应的数据输入政治工作的士气模型进行运算，将运算后的士气变化值代入后续的军事模型模拟运算，产生不同的计算结果。这样，军事模型和政治工作模型应进行多次迭代，产生更接近实战的数据，体现政治工作在战时的作用。

在作战过程中，军事行动和政治行动是一体的，它们所面临的战场背景是相同的，因此，必须共享数据，形成一个数据的闭合链。[1]政治数据和军事数据既是统一协调的，又各有侧重。军事数据关心的是宏观的数量对比，包括人数对比、武器杀伤力对比、敌对双方心理素质的参数等信息，而政治数据更关心的是人的工作，包括部队的士气、指挥员的政治工作能力、党（团）员的分布等具体信息，还包括战场政工态势、舆论背景等模拟信息。

（三）政治工作决策支持系统

政治工作决策支持系统，是指以计算机网络为依托，运用现代信息技术、网络技术、通信技术等手段，以辅助政治指挥员和政治机关实时对政治工作的快速、有效地指挥控制为目的的信息系统。将决策支持系统引入政治工作信息化平台中，使政工信息化平台建设步入更高层次。它的显著特点就在于把人的判断力和计算机的信息处理能力结合在一起，提高决策者的效能而又不妨碍他们的主观能动性，计算机终端不仅为决策者提供所需的信息资源，更成为决策者的有力助手。在信息瞬息万变的今天，政治工作，特别是遂行多样化军事任务时的政治工作，对决策者的能力提出了更高要求。在反恐怖斗争中，敌对双方的信息获取与处理能力之间的高强度对抗，使得反恐怖形势瞬息万变，指挥决策难度急剧加大。这就要求我们必须适应未来信息化战争的发展形势，加快战时政治工作信息化的建设

---

[1] 沈国权等：《军队政治工作信息化建设研究》，解放军出版社2006年版，第208～210页。

步伐，尤其是加快政治工作作战指挥决策支持系统建设步伐，不断提高战时政治工作的决策水平和工作效率，确保在遂行多样化军事任务中充分发挥战时政治工作的服务保证作用。

1. 政治工作决策支持系统建设的基本原则

建设政治工作决策支持系统，必须结合部队担负任务实际，坚持和把握系统建设的原则。指导思想上要坚持以新时期部队政治工作建设的战略方针为指导，以完成中心任务为牵引，以《中国人民解放军政治工作条例》等法规为依据，以增强政治工作效益为目标，确定以下原则。

（1）中心任务牵引原则。遂行中心任务需求分析是系统研制与开发的重要依据，决定着系统建设的方向。其内容主要指各级政治指挥员和政治机关按照新时期政治工作的要求，综合考虑遂行任务、参战对象、规模、环境以及物质经济基础、人员素质等因素，对政治工作决策支持系统建设提供一系列有关系统功能、性能和操作环境等方面的要求。政治工作决策支持系统是为政治工作而建设的系统，要有一定的针对性，能在解决部队政治工作中出现的突出问题的同时，对战争中变化莫测的情况及时应对。对手的不确定性及变化性，要求在系统建设时，保持一定的弹性和适应性，以适应新的突发情况。另外，要认识到遂行任务时政治工作与平时政治工作的区别。平时使用方便、功能齐全的业务工作系统，遂行任务时未必能发挥有效作用。因此，必须高度重视研究平时和战时任务中政治工作需求差异性，简化日常政治工作业务流程和内容，适应战时政治工作精、准、快的特点。

（2）指技结合原则。指技结合就是指在系统建设时，各级政治指挥员与系统管理人员、专业技术人员紧密结合，优势互补，共同建设开发决策支持系统。充分发挥各级政治指挥员的主导作用，亲自设计，全程参与，真正从工作的实际需要出发研究设计功能模块，这是研制政治工作决策支持系统并有效发挥政治工作功能作用的基础和保证。精通政治工作业务的政治干部不仅可以及时解答技术人员在研制系统时遇到的大量专业性问题，帮助技术人员理清研究思路，明确建设目标，而且能够根据设计需求使系统功能模块、输入输出操作在研制中不断得到调整和优化，进而使系统的整体功能更加完善，更加符合实际需要。在系统建设过程中，系统管理人员和专业技术人员的作用同样十分重要。政治工作决策支持系统建设所依据的设计需求，反映的是政工、技术两方面的结合。因此在建设中，各级政治指挥员与系统管理人员、专业技术人员理应互相尊重，互相学习，共同建立良好的信任与合作关系，同时注意发挥双方在系统建设中的特殊优势，在知识上相互补充和渗透，在观念上互相启发和影响，齐心协力搞好系统建设。

（3）实用可靠原则。政治工作决策支持系统建设的根本目的，是提高政治工作在平时以及在战时的指挥效能。实践证明，实用性和可靠性是系统建设的生命。系统实用性强、可靠性好，系统就能得到不断推广应用，进而在功能上得到进一步升级。对政治工作决策支持系统建设来说，坚持实用可靠原则，要把握好两个方面的内容：一是构建好基础架构、做到实用管用。突出系统的基本功能、核心功能开发，有选择地开发辅助功能、扩展功能。简单的系统往往是最可靠的系统。只有基础架构合理，核心功能强大，打起仗来，指挥决策才有保障。如果一个系统连起码的上情下达、下情上传、横向互联互通功能都无法得到满足，更谈不上战时发挥指挥决策功能。二是坚持循序渐进、稳步发展。充分利用已经建成的系统和现有比较成熟的软件，不盲目另起炉灶，追求所谓"高、精、尖"项目，以避免在建设中出现"高不成、低不就"的现象。经过这些年的研制开发，政治工作网络建设已经有了一定的基础，有些系统已得到了推广和应用，积累了大量的数据和丰富的经验。在建设政工决策支持系统时，应尽可能地将这些较为成熟的业务工作系统进行适当改造后，集成到政工决策支持系统中，以最大限度地减少系统建设成本，降低系统开发风险，保持系统发展的连续性。这也是当今许多大型系统开发的共同经验，值得我们在建设中吸收和借鉴。

2. 政治工作决策支持系统开发的技术路径

（1）数据库设计

政治工作决策支持系统的数据库设计，主要针对系统的功能及实现的目标，分为数据库系统、模型库系统、知识库系统、方法库系统。

数据库系统。政治工作数据库是政治工作决策支持系统的一个最基本的部件。决策支持系统功能，决定了它对数据库管理有着更高的要求，用于决策支持系统的数据库管理系统，必须具有很强的数据预处理和数据分析能力，能够为决策所需要的各种计算机推理服务。

模型库系统。政治工作模型库是政治工作决策支持系统的三大支柱之一，也是其最有特色的部件。与管理信息系统相比，政工决策支持系统之所以能够对决策制定过程提供有效的支持，除了系统设计思想不同外，主要还在于其能为决策者提供推理、比较、选择和分析整个问题的模型库。因此模型库及其相应的模型库管理系统在决策支持系统中占有十分重要的位置。它的目标是在决策者需要的时候按其要求构造模型，所构造的模型不一定很复杂，但一定要符合实际，建模时特别注意推理能力和决策者的干预。模型库的管理主要有以下功能：模型库与模型字典的定义、建立、存储、查询、修改、删除、插入以及重构等；模型的选择、建立、拼接和组合，提供根据用户命令将简单的模型构造成复杂模型的手段；模型的运行控制，从调用者获取输入参数，传给模型并使模型运行，最后把输出参数返回到调用者；数据库接口的转换，为了减少模型对数据库管理系统的依赖，增强独立性，模型中对数据库的访问采用了一种统一的标准形式。

知识库系统。在政工决策支持系统中设立知识库，是为了扩大计算机与决策者进行更有效的互动，以便更好沟通思维。知识库中采取的关键技术是知识的获取和解释、知识的表示、知识推理以及知识库的管理和维护。

方法库系统。政工决策支持系统中的方法库系统是数据库和程序库的综合。方法库系统是具有扩充性的程序组件，可以和多种数据库相连，并有与应用有关的控制系统，它把特定应用要求转换成相应的系统程序；在组件集合中随时可以加入新的组件，这包括完全新建的方法和组合生成的方法。

（2）政治工作决策支持系统的运行环境

政治工作决策支持系统的运行环境主要包括硬件设备和软件系统。硬件设备是政治工作决策支持系统的客观物质基础，主要包括信息处理保障硬件、内部通信保障硬件、信息显示保障硬件和辅助设备保障硬件等，硬件设备在前文相关章节已做了介绍，在此不再赘述，着重对软件系统进行详细说明。

软件系统是保证政治工作决策支持系统正常运转、操作、管理、维护的一整套程序模块集合，同时也是一个层次分明、接口规范、相互衔接、密切联系的有机整体。它可以分为政治工作信息获取处理模块、辅助决策模块、指挥控制模块和咨询专家模块四个部分。

政治工作信息获取处理模块。政治工作信息获取处理模块的任务是为决策模块提供政治工作环境及信息，并对其加工处理，产生为政治指挥员决策所用的动态判断结论。信息获取处理模块的目标是快速收集，准确分析判断，及时将政治工作信息提供给指挥者。该模块由信息收集模块、信息传输模块和信息处理模块组成，其工作流程为：系统接受上级机关、基层部队、指挥中心、情报中心等各方面信息，实时传送到政治工作决策支持系统之中，通过有线、无线和网络联接，将官兵思想信息传递到信息处理系统，进行相关处理，得出相应结论，传输给政治指挥员。

辅助决策模块。辅助决策模块是以人工智能、军事运筹方法和信息处理技术为基础，通过计算推理和仿真技术，协助政治指挥员分析判断情况、拟制政治工作计划方案、定下决心，组织实施指挥的系统。该模块是政治工作决策支持系统的核心，是政治工作指挥科学化的关键。辅助决策模块主要适用对象是首长机关。建立该模块的目的是在尽可能短的时间内，对政治工作需求进行分析决策，并拟制好多种方案，传递给决策者供选择，确定后传递给指挥对象。对辅助决策系统的要求是准确、及时地为指挥员提供服务。其信息流程是：政治指挥员根据政治工作数据库提供的情况，在综合判断基础上，依据上级指示，对政治工作需求状态进行预测，确定政治工作指挥目标，并将信息传输给政治机关人员和辅助决策系统。政治机关人员与辅助决策系统实现人机结合，根据战场政治工作需求状态与基础数据库信息，拟制数个战时政治工作指挥方案和各方案优劣分析报告，传递给决策者。政治工作指挥决策者根据备选方案、个人经验和洞察力与智慧，对政治工作进行决策，定下决心。政治机关通过文书处理系统，将决策者的决心转化为政治工作指令，传递给指挥对象，实施指挥。

指挥控制模块。政治工作决策支持系统，是指挥者对指挥对象所进行的一种动能传递。它使指挥对象根据指挥者的预定目标而行动，并最终达到确定目标。该模块的目标是向控制对象输出控制信息，从而及时、有效地对对象实施控制。其信息流程为：系统向指挥对象输出指令后，指挥控制系统开始运行，首先从政治工作动态数据库，以及控制监测系统中获取检查、监督对象执行命令的信息，政治指挥员将反馈信息与政治工作指令进行比较，通过政治工作态势分析，产生对指挥对象进行控制的信息，传输给控制对象，完成指挥控制过程。

政治工作咨询专家模块。政治工作咨询专家模块是一个能解决政治工作信息化领域复杂问题并达到专家水平的计算机系统，具有突出的智能特征。建设目标是在信息技术条件下，使政治工作决策支持系统成为政治干部的智囊、外脑及得力助手。建立政治工作咨询专家模块的意义在于：系统汇集政治工作领域众多专家的知识和经验，可以由一般政治干部去完成只有专家才能完成的棘手工作；专家系统回答问题可以不受周围环境、时间和空间的限制，可提高政治工作效率、快速反应能力和科学决策水平。咨询专家模块由政治工作知识库、政治工作数据库、推理机制、知识获取和解释机制人机接口组成，其工作流程是：政治指挥员提出政治工作需求，咨询专家模块接受来自所有信息源的情报，在输入数据指令条件下，借助政治工作知识库和模型库，通过推理机制执行推理，提供结论报告。

3. 政治工作决策支持系统的主要功能

政治工作决策支持系统的功能，主要指其在平时工作以及遂行任务时所能发挥的效用，这取决于其组成、设计指标和实现程度。主要有以下几方面的功能。

信息收集功能。系统能综合利用多手段、多层次、全方位的全源收集相关信息，实时、准确、全面、可靠地获取政治工作信息，并将所获得的信息相互补充、彼此印证，为政治干部了解工作态势，定下决心提供决策依据。

信息传输功能。系统能将收集到的遂行任务时的政治工作信息快速、实时传输到指挥中心，并将指挥控制命令迅速下达到部队。能方便首长、部队机关将收集的信息、检索的资料、统计的数据、形成的会议决议和自动生成的文书，通过有线或无线传输系统，发送指定位置，并自动显示对方处理结果。能对进出系统的各种文电进行格式化处理、自动分类、分发和存档。

信息处理功能。将信息传输系统送来的资料信息进行相应处理，得出政治工作需求判断。一是低层处理。消除冗余，压缩信息数量，提高政治工作信息质量，并将信息转化为便于传递、分析和进一步处理的方式。二是中层处理。通过中层数据整理，重新组建成新的信息结构，把各种模式的政治工作信息组合起来，逐渐产生可以解释部队官兵思想等有效信息。三是高层处理。将政治工作态势综合成直接提供决策实用的政治工作需求判断结论，包括官兵思想基本情况、心理承受程度、官兵士气、强弱点及未来走向等。

资料检索功能。系统能够为首长、政治机关及各职能部门提供开展政治工作的辅助资料，并提供实时更新维护。主要包括政治工作的基本理论、法规文献、历史经验、单位概要、教育资料和外军资料、军事科技、训练资料、信息制作等文字资料和图片资料。

文书生成功能。利用系统辅助生成政治工作文书，增强政治工作的针对性、实用性和可操作性。方便地使用文字终端或工作台起草、编辑、发送、注释和审批各类文电。为首长、政治机关提供写作指南、文书范例。所有政工作业文本应具有权威性、规范性、实用性，操作简便。

方案生成功能。系统应能够根据各种给定条件，生成多种方案供首长、政治机关选择。以往政治工作决策往往凭借个人的丰富经验，是个体或小集体深思熟虑的产物，其判据主要是政治工作经验以及理性思维。而新时期的政治工作呈现前所未有的新情况、新特点、新问题，政治工作人员面对的是纷繁复杂的情况，个人的智慧和经验难以适应时代需要。系统利用计算机的高速逻辑功能，帮助解决人难以解决的许多问题，将静态的历史经验与动态的系统分析和测算结合起来，将决策的决断性和科学性结合起来，从而做出最佳的决策，避免或减少失误。

网上互动交流。系统能为首长、政治机关提供在网上召开政治工作会议的虚拟场所，实现与会人员在网上发表意见及进行交互，形成决议并实时归档。

系统管理功能。系统为首长、政治机关设定权限，以控制访问权。在采取各类硬件防护设施的同时，还通过可靠的软件设计，强化安全管理功能。对重要信息，进行定期自动提示备份，制作系统恢复盘，使系统在发生意外的情况下，能快速恢复，确保数据安全。

4. 政治工作决策支持系统建设的方法步骤

依据指挥自动化系统研制、开发的一般规律，政治工作决策支持系统的建设总体上分为系统立项论证、系统需求分析、技术方案设计、软件实现与系统集成和推广使用与人员培训五个步骤。

（1）系统立项论证

系统立项论证是政治工作决策支持系统建设的起点，也是各项工作随之展开的基本依据。系统立项论证工作通常包括三项内容：一是组织立项综合论证。系统、周密的综合论证，可以为政治工作决策支持系统建设提供全面、科学、可行的依据。立项综合论证的内容应当包括系统建设依据、系统需求分析与可行性研究、系统工作技术指标论证等。二是撰写立项综合论证报告。在立项综合论证的基础上，拿出详细的立项综合论证报告。立项综合论证报告通常包括系统立项论证依据、作战需求分析、项目建设可行性分析、主要技术指标、初步的总体技术设计方案、建设进度、项目概算、分类需求和系统效能评估等内容。三是上报审批。立项综合论证报告编制完毕，应组织有关的军事与技术专家进行评审，根据专家意见修改后，上报项目建设主管机构审批。

政治工作决策支持系统建设不同于一般的信息化建设项目，其立项论证是一件非常严肃、复杂的事情，绝不能哪位领导一说，下面就立即铺开摊子，盲目上马，以免发生失误，造成浪费。系统建设也不是开发一般的办公自动化系统，必须树立全局一盘棋的思想，着眼工作实际需要，搞好系统的顶层设计。如果在立项论证阶段缺乏统一规划，各自为政，那么系统建设得再好，也只是增添一个功能强大而又孤军冒进的"烟囱"而已。

（2）系统需求分析

政治工作决策支持系统建设项目立项之后，应当组织政治干部和技术专家一起对系统进行政治工作需求分析，拿出详尽的系统建设需求方案。这一步是整个系统建设成败的关键。系统需求是所有后续工作的指南针，不同的需求会相应地引出不同的技术设计方案。对政治工作需求研究不深、不透或者存在某些不应有的缺陷与失误，往往会使系统的功能作用受到严重影响，甚至导致整个系统建设的失败。1992年，美国在年度《国防报告》中总结C^3I系统多年建设经验时指出，为C^3I系统专门研制的软件，50％不能用。究其原因，不是软件自身的问题，而是软件功能对作战需求不明确所致。

政治工作决策支持系统需求分析，要注意层层深入，逐次分解、细化政治工作实际需求。为使研制人员能更好地理解系统的政治工作需要，提高系统建设效益,在需求论证时,还应对政治工作需求方案的必要性和可行性进行简要分析。如从政治工作的发展来认识政治工作需求方案的必要性,从工作内容、技术、资金等多方面综合分析研究政治工作需求方案的可行性,阐述对需求的效益评估标准,力求做到言之有据,科学合理,恰到好处。

确定政治工作需求的内容,是一项关系到系统建设全局的基础性工作,必须在各级首长和政治机关的直接参与和指导下有序进行,坚持具体问题具体分析,在理论与实践相结合的过程中综合确定。由于不同层级的政治工作需求内容大不相同,不同的用户又都偏重于从自身角度加以考虑,在需求分析时,可能各级提出的工作需求在内容和要求上互相矛盾,千差万别。因此,在分析和确定政治工作需求时,必须紧紧围绕系统所要实现的主要功能,反复征求各方意见,统一大家思想,将"自上而下"的分析和"自下而上"的综合结合起来,力求在系统建设的难点上有所突破,通过优化组合,拿出一套最佳的需求方案。

(3)技术方案设计

需求方案定稿之后,系统建设就进入了总体技术方案设计阶段。系统总体技术方案设计的内容,通常包括程序系统的组织结构、模块划分、功能分配、接口设计、系统的基本处理过程、数据结构设计和安全设计等。系统技术方案设计的结果,应当以正式的系统技术方案设计说明书的形式来反映。在撰写技术方案设计说明书时,应当把主要精力放在系统的软件结构分析和数据结构设计上。软件结构分析,可以采用功能结构图的设计方法。数据结构设计的方法有很多,常用的有绘制系统关联图、创建用户接口原型、建立图形分析模型、创建数据字典等。其中,建立图形分析模型非常有用,它们能够清晰地提供系统不同层级、模块之间的信息流向与交互关系,帮助找出不正确、不一致、遗漏和冗余的需求。这类模型包括数据流图、实体-联系(E-R)图、状态变换图、对象类交互作用图等。建立图形分析模型时,可选用通用绘图制表软件。目前市场上许多通用软件和系统开发模板都提供了Web图表、框图、流程图、E-R图、UML图以及其他图形符号，使用起来非常方便。

系统建设的总体技术设计方案形成之后，必须组织政治干部和技术专家论证评审，并报主管部门审批。根据系统总体技术设计方案，还应确定各分系统的功能和接口要求、技术方案报告、软件共享要求和具体开发进度。

（4）软件实现和综合集成

软件实现工作通常分为四步：第一步，问题分析，包括研究系统建设依据的技术规范、弄清要解决问题性质、初步程序设计流程图，以及弄清不同编程人员之间的接口。第二步，程序结构图设计，包括编写详细的程序结构图，为编码作好准备。第三步，确定程序规范化措施，包括检验单个模块以及考虑模块之间的一致性和关联性。第四步，在选择程序设计语言后，按结构化编程方法编程，实现程序设计。程序设计时，应尽可能注意统一底层设计和界面风格。对原有已建成的单一业务系统，在集成使用时应注意接口设计，必要时可进行适当改造，甚至部分重新设计，以确保该业务系统与整个系统兼容一致。

软件实现工作完成之后，应当按照政治工作信息化系统建设统一的数据格式要求，使用相关的软件工具，打包形成软件包（段）、数据包（段），以便于系统综合集成和用户安装使用。政治工作决策支持系统的综合集成，应由系统建设主管部门会同其他有关单位，按照系统设计要求，将各分系统、要素进行总体安装、连通和测试，使系统形成整体功能。系统安装是对系统的各种设备、软件进行连接和装配，主要在安装场地进行。系统连通是在系统安装后，对系统各要素进行连接、运行和调试，主要包括分系统内部连通与系统整体连通。系统测试是对系统硬件和软件设计参数或指标、数据和使用手册的内容进行全面、综合检验，检查系统运行的正确性和有效性，主要包括模块功能测试、分系统功能测试、接口测试、安全保密测试以及系统综合性能指标测试等。系统只有经过联试确认符合设计要求后，方可提交使用单位试用，并视试用情况，决定是否组织专项验收和鉴定。

（5）推广使用与人员培训

推广使用和人员培训也是系统建设不容忽视的重要环节。政治工作决策支持系统经过专家验收与鉴定合格之后，及时推广部队使用。在推广过程中，研制方要写好安装使用说明和使用注意事项，部队要做好各项接受系统的准备工作。一是及时搞好系统操作培训。指挥人员、管理人员、操作人员和维护人员应熟悉系统的操作规程和使用要求，掌握必备的操作、维护技能，系统研制专家应当为系统用户培训操作骨干，系统用户利用骨干对各级指挥员和机关干部进行更广泛而具体的系统操作培训。若在培训中发现问题，系统研制专家应及时帮助解决。二是加强在职训练。政治指挥员和政治机关干部要注意学习和掌握现代科学技术和指挥自动化知识，系统用户要加强对干部特别是新任干部的在职训练，不断熟悉和掌握系统的操作使用，并将政工决策支持系统运用到平时机关业务工作中。主管训练的部门和主管指挥自动化业务的部门，也要按照军事训练大纲和训练计划，加强组织指导。三是搞好维护保养。系统在使用过程中，用户要严守操作规程和有关技术要求。指挥自动化业务主管部门应当按照系统使用需求，负责政治工作决策支持系统开设与连通，周密组织装备技术保障，搞好维修器材的筹措与供应，加强技术检查指导并对系统运行状况进行监测，及时做好系统的维护，确保系统处于良好技术状态。四是严格安全防护。政工决策支持系统的安全防护，应当纳入政工信息化系统。业务主管部门应当会同有关部门，做好数据的实时更新、备份和恢复工作，保证各种数据准确、完整和安全。针对系统主要环节和关键部位可能受到的威胁，采取病毒监控、电子防御、网络防护、技术保密和警戒防卫等多种手段和措施，做好系统的安全与防护工作，确保系统及信息的安全。

5. 政治工作决策支持系统采用的关键技术

政治工作决策支持系统采用的关键技术，主要是采用模型的建立与生成，以及实现的算法和过程。一是把握模型生成过程的特点。建立模型是政工信息化决策支持系统的一项关键性工作。其生成过程的特点主要有：模型在系统内的主要存储方式是非程序式的，基于数据的模型表示和基于知识的模型表示都可以作为模型的基本形态；在生成模型的过程中，采用定量分析和推理分析相结合的技术，定量建模用于确定模型的数学形态和有关参数，推理分析在建模前、建模中和建模后都起作用，模型生成在人机交互中完成；模型生成是一个动态过程，特别是在实体所处的环境变化时，模型的生成环境也随之变化，即使按统一工作步骤，所生成的模型也不完全相同。二是熟悉模型建立的步骤。系统分析，达到系统目标所涉及的内因和外因、定量和定性的因素及其研究方式；确定模型的描述方式，定量描述采用数学模型，确定的内容有模型的种类、模型的性质、模型相应的结构；参数设定，首先利用推理系统检查模型参数的含义，确定能否利用系统已有的信息得到参数的数值，若无法得出，则需要人工干预；模型评价和结果检验，利用人的经验以及实际数据、推理系统、仿真试验等；模型求解，所有的相应求解程序都随模型的生成而建立，最后就是报告输出。三是掌握算法及过程。归类，对数据库中每一类数据，挖掘出关于该类数据的描述或模型；回归分析，利用回归分析的方法，产生一个将数据项映射到一个实值预测变量函数，发现变量或属性间的依赖关系；聚类，识别出一组聚类规则，将数据分成若干类；简约，给出一个数据子集，寻找对它的紧缩描述；构造依赖关系，构造一个描述变量之间函数依赖关系或相关关系的模型；变化和偏差分析，寻找观察结果与参照量之间的有意义的差别。

第四节　军队政工网络评价标准

当前，军队各级政治工作网络已初具规模，在思想舆论引导、权威资讯发布、信息资源共享、网上互动交流等方面发挥了重要作用，但用信息时代的标准衡量，各单位政工网仍显稚嫩。军队政工网络建设能否适应政治工作创新发展要求，真正融入信息时代，必须兼顾军队政工网络与一般网站技术上的共同点，以及建设目标和内容审核上的不同点。前文在考核评价机制这一部分已建立了科学的评价指标体系，本节主要围绕评价指标体系，从领导重视程度、网络基础建设、信息内容建设、网上政治工作、官兵满意程度、法规制度建设、信息安全保密等方面，制定统一规范的军队政工网络评价标准，以便进行科学衡量。

一　一般网站评价指标

由于青年官兵在参军之前，98%都接触过国际互联网，90%的战士喜欢上网，有少数战士在参军之前对网络更是达到迷恋的程度，他们对一般网站的建设风格、栏目形式、使用方法比较熟悉，借鉴一般网站技术层面的评价指标，来设计军队政工网络的评价指标体系，将更能满足青年官兵对军队政工网的需求。一般网站的评价，除了个体因素外，一般从搜索引擎和用户角度两个方面去评价。用户体验对网站影响很大，一般从页面布局、设计的风格、简单易用性和内容是否有价值等角度来设定评价指标，实施科学评价。一是网站主题性。网站主题性是指网站的主要内容，主要包括用户查询信息快、用户整体满意度高、网站专业知识强、网站主要内容突出等评价指标。二是网站易用性。网站易用性是指花费的上网时间，主要包括用户注册、登录、网站打开速度、网站层次、服务器稳定性等评价指标。三是网站可靠性。网站可靠性是指网站的信任程度，主要包括网站认证、病毒防护、网站备案、网监网警等评价指标。四是网站可见性。网站可见性是指网站设计的满意程度，主要包括网站结构、网站关键词、语言选择、动画运用、网页文件等评价指标。五是网站扩展性。网站扩展性是指未来网站功能结构升级扩展，主要包括语言扩展、栏目扩展、功能扩展等评价指标。

二 军队政工网络评价标准

经过多年努力，军队各单位政工网络这个信息化平台已初具规模，在思想政治教育、网上学习交流、文娱活动开展、政策法规解读等方面发挥了重要作用，但仍存在设施设备陈旧、网站内容单调、信息资源有限、功能拓展不够等问题，在一定程度上制约了军队网络文化建设。因此，要积极开展网络文化活动，让政治工作更好融入信息网络时代，必须在遵循一般网站评价标准的基础上，制定统一而规范的军队政工网络建设评价标准。

为保证军队政工网运行规范、功能实用、安全快捷，有效调动各级建设的积极性和创造性，必须建立统一规范和具体可操作的评价指标。评价标准可分为好、一般两个档次，用以评价军队政工网络建设成效。

军队政工网络建设"好"的评价标准主要从以下几个方面衡量。一是重视程度。党委加强对政工网络建设的组织领导，指导思想端正，定期分析形势，逐年加大对人、财、物的投入。党委成员特别是主要负责同志带头建设和使用政工网络，带头运用军队政工网络指导和开展工作，在智能化、无纸化办公上迈出实质性步伐。二是制度建设。注重从制度上加以规范，在组织领导、建设投入、学习培训、安全管理、奖惩激励等方面制定具体实在的制度机制，把军队网络文化建设纳入制度化、规范化、经常化轨道。三是经费投入。将网络经费纳入年度预算，能够从信息化经费、政工经费、机动经费中拿出适当比例用于军队政工网络建设投入。四是装备设备。军队政工网硬件设备先进，服务功能完备，上网速度快，相关硬件设备能做到定期、专人维护更新。五是网管骨干。每年有计划对网管骨干进行培训，使之具备从政治上观察问题、熟练掌握网络技术、协调解决矛盾问题、组织编辑稿件等方面的能力。六是官兵素质。上网动机端正，能够运用网络查寻信息、开展学习、接受教育、娱乐身心。七是信息内容。紧紧围绕党、国家和军队中心工作设置内容，努力满足官兵多样化需求。八是用网环境。有固定的、单独的上网场所；有相对固定的上网时间；满足一人一机、内容多元化等合理需求。九是功能发挥。学习教育、互动交流、内容整合、调查研究、心理咨询、娱乐休闲和工作指导等功能发挥较好，起到不可替代的作用。十是典型引导。注重宣传网络，每年评选表彰建网用网先进单位和个人，树立正确导向。十一是网络研究。加强军队政工网络建设前瞻性和现实性问题研究，提出合理化意见建议；加强创新，总结经验，增强时代性，把握规律性，富于创造性。具体评价标准见表3。

表3　军队政工网络建设"好"的评价标准

评价项目	评价标准
重视程度	党委加强对政工网络建设的组织领导，指导思想端正，定期分析形势，逐年加大对人、财、物的投入。党委成员特别是主要负责同志带头建设和使用政工网络，带头运用军队政工网络指导和开展工作，在智能化、无纸化办公上迈出实质性步伐。
制度建设	注重从制度上加以规范，在组织领导、建设投入、学习培训、安全管理、奖惩激励等方面制定具体实在的制度机制，把军队网络文化建设纳入制度化、规范化、经常化轨道。
经费投入	将网络经费纳入年度预算，能够从信息化费、政工费、机动费中拿出适当比例用于军队政工网络建设投入。

续表

评价项目	评价标准
装备设备	设备先进，服务功能完备，上网速度快，相关硬件设备能做到定期、专人维护更新。
网管骨干	每年有计划对网管骨干进行培训，使之具备从政治上观察问题、熟练掌握网络技术、协调解决矛盾问题、组织编辑稿件等方面的能力。
官兵素质	上网动机端正，能够运用网络查寻信息、开展学习、接受教育、娱乐身心。
信息内容	紧紧围绕党、国家和军队中心工作设置内容，努力满足官兵多样化需求。
用网环境	有固定的、单独的上网场所；有相对固定的上网时间；满足一人对一机、内容多元化等合理需求。
功能发挥	学习教育、互动交流、内容整合、调查研究、心理咨询、娱乐休闲和工作指导等功能发挥较好，起到不可替代的作用。
典型引导	注重宣传网络，每年评选表彰建网用网先进单位和个人，树立正确导向。
网络研究	加强军队政工网络建设前瞻性和现实性问题研究，提出合理化意见建议；加强创新，总结经验，增强时代性，把握规律性，富于创造性。

军队政工网络建设"一般"的评价标准主要从以下几个方面衡量。一是重视程度。对政工网络建设比较重视，但面对建设中存在的诸多困难，存在思路不清、推行不力等问题。有重建轻用、重有形轻无形等现象。二是制度建设。不注重做抓根治本的工作，认识不到制度在军队政工网络建设上所起的作用，没有纳入制度化、规范化轨道。三是经费投入。没有将军队政工网络建设经费纳入年度预算，投入资金少。四是装备设备。军队政工网硬件设备老化，服务功能欠缺，上网速度较慢，相关硬件设备不能做到定期、专人维护更新。五是网管骨干。没有相对固定的网管骨干，对网管骨干没有培训计划，使之缺乏熟练掌握网络技术、协调解决

上网过程中出现的矛盾问题、组织编辑稿件等方面的能力。六是官兵素质。上网动机不端正，简单把网络看成娱乐网，不注重开展网上学习和教育。七是信息内容。内容不丰富，更新不及时，资源共享未得到有效落实。八是用网环境。有凑合应付思想，没有固定的、单独的上网场所；没有相对固定的上网时间；人多机少，上网需求得不到满足。九是功能发挥。学习教育、互动交流、资源整合、调查研究、心理咨询、娱乐休闲和指导工作等功能发挥不够好，军队政工网络的点击率较低。十是典型引导。不注重对军队政工网络的宣传和典型引导，存在建好建差一个样、上不上网一个样的现象。十一是网络研究。不注重加强军队政工网络建设前瞻性和现实性问题研究，不注重总结经验，存在被动建、害怕用的现象。具体评价标准见表4。

表4 军队政工网络建设"一般"的评价标准

评价项目	评价标准
重视程度	对政工网络建设比较重视，但面对建设中存在的诸多困难，存在思路不清、推行不力等问题。有重建轻用、重有形轻无形等现象。
制度建设	不注重做抓根治本的工作，认识不到制度在军队政工网络建设上所起的作用，没有纳入制度化、规范化轨道。
经费投入	没有将军队政工网络建设经费纳入年度预算，投入资金少。
装备设备	设备老化，服务功能欠缺，上网速度较慢，相关硬件设备不能做到定期、专人维护更新。
网管骨干	没有相对固定的网管骨干，对网管骨干没有培训计划，使之缺乏熟练掌握网络技术、协调解决上网过程中出现的矛盾问题、组织编辑稿件等方面的能力。
官兵素质	上网动机不端正，简单把网络看成娱乐网，不注重开展网上学习和教育。
信息内容	内容不丰富，更新不及时，资源共享未得到有效落实。
用网环境	有凑合应付思想，没有固定的、单独的上网场所；没有相对固定的上网时间；人多机少，上网需求得不到满足。

续表

评价项目	评价标准
功能发挥	学习教育、互动交流、资源整合、调查研究、心理咨询、娱乐休闲和指导工作等功能发挥不够好，军队政工网络的点击率较低。
典型引导	不注重对军队政工网络的宣传和典型引导，存在建好建差一个样、上不上网一个样的现象。
网络研究	不注重加强军队政工网络建设前瞻性和现实性问题研究，不注重总结经验，存在被动建、害怕用的现象。

第五节　军队政工网络信息安全

网络信息安全事关国家安全、社会稳定和军事斗争成败。随着军队政工信息化建设步伐的加快，维护军队网络信息安全的难度也越来越大。在军队网络文化建设过程中，如何把握军队政工网络信息安全的特点和规律，分析研究军队政工网络信息安全保障体系结构特征，保守军队秘密，严防网络失泄密事件发生，成为必须深入思考和认真对待的一项重要工作。

一　军队政工网络信息安全面临的新形势

随着全球信息时代的到来，世界各国围绕网络空间发展权、主导权、控制权的竞争日趋激烈，我国网络空间安全面临巨大压力。为贯彻落实党中央、习主席关于信息安全一系列重要决策部署，积极应对网络空间安全威胁，进一步规范和指导军队信息安全工作，中央军委印发了《关于进一步加强军队信息安全工作的意见》，这为加强军队政工网络建设提供了基本遵循。军队政工网络建设要充分认清信息安全工作面临的严峻形势，着力提升信息安全防护能力，为实现中国梦强军梦提供可靠支撑。

（一）国际形势的新发展

以信息化为核心的新一轮军事变革，正在改变着世界军事发展的轨迹。信息安全保密作为军队履职尽责的重要保证，与军队的长远发展紧密相连。当前，军队信息安全保密面临的形势十分严峻。近些年来，全军接连查处多起重大失泄密案件，损失之巨大、后果之严重令人触目惊心。这些案件无一例外都反映出敌对势力针对我国的情报窃密活动明显加剧，他们采取的手段无所不用。一是以驻华机构为基地进行情报窃密活动。美国前驻华大使李洁明在其回忆录《中国通世家：亚洲历险、间谍与外交生涯九十年》中透露，美驻华外交机构担负着重要的对华情报任务，设立了"中情局专用的电报室"，并与驻沈阳、上海、成都、广州领事馆构成了情报网络。二是利用经济合作进行情报活动。改革开放后，中国的国际经济交流与合作迅猛发展，国外公司到中国投资办厂越来越多。很多驻华商务机构都有情报任务背景，以"从事经贸活动"为名，行搜集情报之实。我重要军事单位周边出现的大量境外企业投资建设的高层建筑，就是典型例证。三是以旅游观光为名从事情报活动。四是以学术、文化交流名义搜集情报。五是策反、收买我方工作人员。近年来，境外情报机构竭力在我高级机关、高级干部、高科技人员中发展"内线"，并已在个别人员身上得手，个别人员为私利主动卖密趋势加剧。六是利用大众媒介搜集情报。国外情报专家认为，通过研究报刊、书籍、电视、网络等公开媒介搜集情报，是一种最安全、最经济的手段。七是利用技术手段获取情报。一些发达国家利用技术优势，建立了针对我国的立体情报侦察网，对我国进行全时空的情报侦察。军队作为国家武装力量，已成为敌对势力猎取情报的重点之一。

（二）高科技信息装备的大量应用

窃密与反窃密的较量，已演变成为高技术的抗衡。随着高科技的信息装备大量应用到部队的军事、装备、政治和后勤保障等方面，在极大提高部队战斗力的同时，也存在着巨大的安全隐忧。军队政工网络的很多设备和元件都是国外进口产品，很可能带有"安全后门"和"陷阱"，对信息安全带来严重威胁。当前被广泛使用的通信设备、计算机设备、办公设备等高科技信息化装备，保密性能都很差，都存在着被动泄密的巨大可能性，如何搞好电磁防护，加强军队政工网络装备的管理，保证广大官兵严格遵守保密纪律，确保装备安全使用，是加强军队政工网络建设必须面临和解决的现实课题。

（三）部队内外环境的变化

近年来，军队所面临的内外环境发生了很大的变化，这种变化不仅对部队执行任务能力提出了新的要求，同时也对军队政工网络安全工作提出了更高要求。网络的开放性决定了信息安全保密难。如何处理好资源共享与防止失密泄密之间的关系，考验着决策者与管理者的智慧，既不能因噎废食，以牺牲政工网站的实用性和易用性为代价，过分强调信息安全，最终把政工网站建成鸡肋而被官兵抛弃；也不能放任自流，把政工网站演变成信息参差不分、传输敏感信息、传播消极言论，甚至买密卖密的场所，这是绝对不允许的。要守住军队政工网络安全这条底线，一要加强对官兵的教育，强化信息安全保密意识，严密防范网络泄密"十条禁令"，防患于未然；二要加强技术防范手段，自动监测和过虑敏感信息、负面言论，净化网络空间；三要加强网络安全检查，建立责任追究制度，健全奖惩激励机制，把网络安全责任落实到每个环节，全方位保证军队政工网络信息安全；四要严防各种方式的渗透策反、拉拢腐蚀对官兵的影响；五要加强对外来人员的防范，对参与部队装备、信息化等建设的地方人员，要严格政审，严把部队泄密关口，严防失泄密事件发生。

二　军队政工网络信息安全工作存在的主要问题

加强军队政工网络信息安全，对于确保部队安全稳定十分重要。近年来，军队政工网络信息安全工作虽有较大进步，但重视程度不够，发展不平衡，从上至下呈渐弱态势，总体表现为技术防护能力薄弱、信息安全意识淡薄、网络安全知识缺乏、信息安全人才队伍匮乏等问题，必须引起高度重视，教育引导官兵在政治上高度敏锐，思想上高度警觉，行动上高度自觉，确保不发生任何问题。

（一）信息安全意识淡薄

少数官兵对网络信息安全保密工作的重要性认识不到位，安全保密观念淡薄，防范意识缺乏，对敌特网络攻击窃密的能力与手段将信将疑，对窃密与反窃密斗争形势估计不足，对部队组织的网络安全保密教育存有逆反心理，意识不到网络信息安全存在的隐患与潜在威胁，甚至对存在的保密漏洞漠然视之。少数人员之所以保密意识淡薄，原因主要有：一是从众心理。潜意识中始终认为法不责众，放任自己的违规行为。二是防外不防内的麻痹心理。认为网络信息安全保密的威胁主要来自外部，对外部人员警惕有余，对内部人员却疏于防范。三是惰性心理。认为保密工作太烦琐，特别是在完成急、难、险、重任务时，片面地认为抓安全保密会影响中心工作。于是便以追求工作效率为由，简化甚至省略保密程序。四是不良惯性思维。总认为自己过去一直是这么做的，如违规上网、私自拷贝、擅自复印、在涉密场所使用手机等，认为"小"违规不会发生"大"问题，不必小题大做。这些不良心理具有一定普遍性，最终导致不按保密法规管网用网发展为经常性的习惯，造成严重失泄密后果。如在国际互联网上随意暴露自己军人身份，在公众场合聊天或在手机通话、短信中泄露军队秘密或敏感信息等。

（二）信息安全知识缺乏

有些官兵缺乏信息技术知识以及网络信息安全保密常识，不了解敌对势力窃密的手段和方法，极易诱发泄密问题的出现。第一，缺乏相应的计算机及网络安全知识。主要表现在：一是公私混用同一计算机。办公电脑里不同程度存有私人文件，少数人员为了图一时方便，断开互联网后在家用电脑上处理涉密事项，从而泄露了军事秘密。二是使用电子邮件传递涉密文件资料。少数人员为贪图方便，利用电子邮件传递涉密的资料，甚至认为只要对电子邮件加密就不会造成泄密。三是随意发布或拷贝涉密资料。军队政工网络上的信息资源丰富多样，有军事、政治、后勤等很多涉密内容，少数人员在没有经过审批的条件下，擅自将涉密等级较高的文件资料在局域网的论坛上发布，导致涉密资料被拷贝出去，造成极大泄密隐患。第二，缺乏相应的通信及办公自动化设备信息安全知识。主要表现在：不了解智能手机保密性差的特点，违规使用智能手机，使军队的秘密泄露；没有严格按规定使用重要涉密场所的电磁屏蔽干扰设备，觉得偶尔不开不会造成泄密；违规使用未经检测的传真机、打印机、复印机等办公自动化设备来处理涉密文件，造成秘密外泄。第三，缺乏相应的移动存储介质信息安全知识。主要表现在：跨网使用同一移动存储介质，为了方便信息交流，少数人员在涉密与非涉密计算机之间使用同一移动存储介质，无意中将涉密移动载体连接国际互联网，造成秘密外泄。还有一些人以为将互联网网线断掉后就可以使用涉密移动载体，殊不知，涉密信息已在其不经意间被泄露出去。

（三）网络技防能力不强

技防是搞好信息安全保密的重要依托。目前，军队网络信息安全技防能力还不够强，主要表现在：一是办公设备防护能力不强。涉密电脑不能及时安装"保密管理系统""标签水印系统"；部分单位私自购买未经保密机构检测的复印机、打印机、碎纸机等办公设备，没有对某些品牌办公设备是否预置有"后门"及发射装置进行技术检测；集中文印室的设施和管理未能达到要求。二是通信设施防护不到位。在有线通信、无线通信中，设备工作时向外辐射的电磁波，可以借助仪器设备在一定范围内接收还原。军队无论是机关还是基层部队，大多和居民区混杂在一起，窃密分子极易在附近接收计算机等电磁设备辐射的电磁波，获取情报信息。而目前有的部队缺乏电磁屏蔽干扰设备，机要室、作战室、网管中心的机房达不到电磁屏蔽要求，没有严格按规定使用涉密会议场所安装的手机信号屏蔽设施，这些都在很大程度上造成泄密隐患。三是网络设备防护能力不强。在使用网络通信方式传输秘密信息时，有可能被敌方利用技术手段获取秘密。窃密的主要技术手段有：利用窃取或破解的口令和密码，非法进入网络通信系统；利用"木马"程序，越过计算机安全系统，非法进入信息网络或数据库系统窃取秘密信息；此外还有远程控制等方法。另外，有的专用网络共享磁盘缺乏访问限制和数据加密等措施，网络共享磁盘信息上传、下载、删除、更改比较随意，有些人不采用任何加密措施通过内网传递涉密资料，造成泄密隐患。

（四）网络人才队伍匮乏

网络信息安全保密人才是实现网络信息安全最能动的因素。目前，军队以院校培养为主，学历教育与任职培训、岗位历练相结合的新型网络信息安全保密人才培养机制还没有完全形成，军队网络信息安全保密人才数量严重不足，很多单位从事网络信息安全保密工作的人员，都由一些不太懂网络信息技术的人员兼职担任，缺乏相应的专业知识，能力素质达不到做好网络信息安全保密工作的要求。加上缺乏集中统一的培训，使其网络管理技术水平和能力参差不齐，网络管理维护能力较低，对网络管理、监控、维护不力。

三 抓好军队政工网络信息安全工作的对策措施

做好军队政工网络信息安全工作，事关官兵的成长进步，事关部队战斗力提升，事关部队安全发展。要采取人防与技防并用、使用与管理并重、疏导与封堵并举、自管与制度并行、教育与培养同行的方式方法。近年来，军队依托先进的信息安全技术，不断强化军队政工网络信息安全工作，有了大量的理论研究与实践探索，总结了一些很有价值的经验与做法。

（一）强化保密意识

搞好军队政工网络信息安全保密教育，强化官兵的保密意识，是确保军队政工网络信息安全的治本之策，也是做好军队政工网络信息安全工作的基础和前提。要狠抓军队政工网络信息安全重要性的全员教育，努力做到不漏一人。不仅战士要接受教育，每名干部也要接受教育；不仅抓好一般干部的教育，也要加强领导干部的教育；不仅要抓好在职干部的教育，转业复员的干部和战士也不能落空。通过全员教育，切实强化广大官兵的信息安全保密观念和警觉性，做到人人讲保密、处处讲安全的良好氛围。通过结合分析典型网络失泄密事件，使全体官兵充分认清当前军队政工网络信息安全保密管理工作面临的严峻形势，提高对军队政工网络信息安全保密重要性和失泄密危害性的认识，牢固树立"信息安全领域没有和平期，保密就是保打赢"的观念，在官兵头脑中筑牢信息安全的"防火墙"。

（二）健全规章制度

"不以规矩，不成方圆"。依法治密是加强军队政工网络信息安全保密管理的重要手段，也是军队政工网络信息安全保密建设的重要内容。目前，军队信息安全保密法规制度体系总体是系统完备的，各单位要不折不扣抓好落实。同时也要看到，形势任务在不断发展，新情况新问题在不断涌现，官兵思想也在不断变化，保密规章制度也必须与时俱进、及时跟进，确保不留任何空隙。当前主要是对照全军保密工作的最新规范要求，对本单位保密规章制度进行一次系统梳理，进一步细化完善配套的措施办法，认真组织学习教育，使之成为全体官兵特别是涉密重点人员的自觉行动。对部队在军队政工网络信息安全保密实践中形成的科学管用的举措办法，要及时总结规范，固化为规章制度，确保军队政工网络信息安全工作方方面面都有法可依、有章可循。

（三）加强技术防范

办公设备、通信设备和计算机网络是构成军队政工网络的基本组成要素，其安全系数关系着涉密信息的安全程度。在实施军队政工网络信息安全管理时，要积极应用新技术，从硬件和软件两方面着手加强技术防范。

加强计算机系统安全。军队政工网络信息安全问题不仅仅涉及计算机系统的安全。信息是在开放式和分布式的网络环境中存储、处理和传输，不安全因素极大地增加，信息安全问题比独立的计算机系统更为严重和复杂。军队政工网络在提高计算机系统安全方面分为存取访问控制及计算机容错系统。存取访问控制主要指一切主体对某一客体进行的访问都毫不例外地接受访问控制；容错计算机分软件容错和硬件容错。软件容错又称"备份方式"。硬件容错由两台计算机组成，一台工作，一台备份，每隔一段时间备份工作记录相关数据，当工作计算机发生故障时，将工作转到备份计算机。

抓好硬件的安全防护。要确保军队政工网络设备无"后门"。购买信息设备时，尽量采购我国自主开发研制的网络信息设备，不采购未经国家信息安全测评机构认可的网络信息产品；对使用的硬件产品定期进行安全检测，经安全检测存在隐患的硬件产品应立即更换。要搞好电磁防护。电磁辐射是危害军队政工网络安全的重要因素。首先要做好军队政工网络设备（特别是信息传输设备）电磁泄漏的防护措施；其次对涉及机密以上信息的建筑物安装电磁屏蔽装置（屏蔽网或屏蔽板），并根据设备辐射强度的大小，划定防护区域，禁止无关人员进入；再次对军队政工网络中易受磁场影响的各种设施、器材加以防护，主要是防止由于磁场影响造成介质上的信息变化。要做好移动存储介质的管理。一方面要做到外部介质进不来，另一方面严格内部移动存储介质登记制度，指定专人管理和使用，做到内部介质出不去，保密信息流不走。

抓好软件的安全防护。一要做好军队政工网络使用的操作系统与应用软件的安全管理。操作系统与应用软件是军队政工网络的灵魂，任何安全隐患和安全漏洞必然会导致军队政工网络整体安全脆弱。应树立操作系统和应用软件也是装备的思想，按照有关要求对其进行正规化管理；应密切关注操作系统和应用软件的安全，及时打补丁；慎重引入新软件，在投入使用前必须要经过无病毒检测。二要加强各级各类人员的密码、口令管理。密码设置必须符合安全要求并定期更换，确保密码、口令的有效性。对于重要的密码、口令可以采取分段管理的方法，形成操作权限相互制约关系，或采用指纹、视网膜等生物特征进行身份识别等。三要做好军队政工网络密钥的管理。密钥是保护涉密信息存储，特别是传输安全的核心，是军队政工网络安全管理的重点。密钥要有专人管理、专室储藏，必须以密文的形式进行存储，并严格做好旧密钥的销毁工作。同时，对密钥备份副本的保存，也必须保证其物理上的安全。

提升安全防护水平。近年来，部队各单位先后安装使用了"计算机及其涉密载体保密管理系统""标签水印系统"以及防火墙、防病毒和入侵防御等系统；在师以上机关网管中心、机要机房安装了钢板屏蔽；在各级机关作战室、会议室等重要涉密部位配备了手机信号屏蔽仪；部分单位还配备了"单向数据下载控制设备""门禁识别系统"和"存储介质数据消除设备"等，这些新技术、新措施的应用，有效防范了涉密信息泄露问题。一要加强用户身份验证。远程输入用户联机口令应采取加密措施，且口令密钥应经常变更，以防被人截获冒名顶替。数据传输时，发方和收方应进行对等实体鉴别，防止第三者冒名顶替窃取或破坏资源。二要做到用户访问控制。保留独立主机系统上的存取访问控制，将访问控制扩展到通信子网资源上。如对网络用户名表的存取控制等，除了独立计算机系统上本地用户对本地资源的访问控制，还要设计哪些用户可以访问哪些本地资源，哪些本地用户可以访问哪些网络资源的控制问题。三要设置防火墙。采取主动防卫型防火墙，这种方式是建立在数据加密、用户授权确认机制上的开放型网络安全保障系统，其特征是通过对网络数据的可靠加密和用户确认，在不影响网络开放性的前提下实现对网络的安全保障。

四要提高信息加密技术。加密并不能防止秘密信息被人获得，但可以保证信息被人截获后不能读懂其含义，为防止信息被非法截获者认知，必须研发更先进的加密手段，加大信息破译难度。五要提升防范信息泄漏技术。如果"黑客"攻击行为异常隐蔽，不仅防火墙能穿透，而且入侵检测系统也难以发觉，这时防信息泄漏系统将起到有效保护内部数据的作用。但随着高新技术的发展，敌人窃密手段的不断变化，技术防护工作不可能一劳永逸，各级必须树立超前意识，跟踪技术发展前沿，及时更新换代，做到"魔高一尺，道高一丈"，把握主动权，打好主动仗。

（四）保密人才培养

军队政工网络信息安全工作能否搞好，关键在于有没有一支政治强、作风好、懂技术、会管理的人才队伍。我们要把培养网络信息安全保密人才，作为实施军队政工网络信息安全保密战略的重中之重，纳入军队人才发展战略规划。要着眼提高人才层次，创新网络信息安全人才培养的方法。坚持以岗位培养为主渠道，通过以老带新，制定培训计划，丰富培训内容，创新培训方法，加强对外交流，完善岗位成才的人才培养机制，使人才不断更新知识结构，提高业务水平。充分利用院校的人才、智力优势，尽快建立一套适应部队实际的军队政工网络信息安全专业人才培训机制，瞄准强敌，瞄准科技发展前沿，重点使受训人员熟悉和掌握军队政工网络信息安全保密的专业知识和专业技能，胜任本职工作。在军队政工网络信息安全保密人才的培养过程中，既要突出重点，又要全面统筹。突出重点就是结合当前工作需求，抓好军队政工网络信息安全规划和管理人才、信息系统安全维护人才、数据加密解密人才、网络反黑人才、信息系统监控与预警人才等几类高、精、尖人才的培养，在网络信息安全保密技术方面赶上国际先进水平；全面统筹就是科学规划军队政工网络信息安全保密人才群体，形成建立在网络信息安全保密技术和其他高科技知识基础上的人才体系。

第八章

军队网络文化人才队伍建设

强军兴军，关键靠人才。习近平2016年4月19日在主持召开网络安全和信息化工作座谈会上强调："网络空间的竞争，归根结底是人才竞争。""要建立灵活的人才激励机制，让作出贡献的人才有成就感、获得感。"[1]这些重要论述，为搞好军队网络文化人才队伍建设，指明了方向，提供了基本遵循。搞好军队网络文化建设，创新信息时代政治工作，既要依靠信息化的网络技术，更要依靠数量充足、素质过硬、结构合理的多层次复合型的军队网络文化人才队伍，这是军队网络文化建设的关键所在。我们一定要紧紧抓住人才这个核心要素，把培养过硬军队网络文化人才作为重点，在人才队伍建设的整体布局中突出出来，摆在重中之重的位置来加紧推进。

---

[1] 习近平：《在践行新发展理念上先行一步让互联网更好造福国家和人民》，《解放军报》2016年4月20日，第1版。

第一节　军队网络文化人才队伍建设的意义

2014年2月，习近平在中央网络安全和信息化领导小组第一次会议上强调："建设网络强国，要把人才资源汇聚起来，建设一支政治强、业务精、作风好的强大队伍。"[1]加强网络人才培养，充分发挥网络人才在建设网络强国中的核心作用，已经成为世界各国的共识。军队网络文化建设同样离不开军队网络文化人才的支撑，没有一支能力素质过硬的网络文化人才队伍，搞好军队网络文化建设就是一句空话。当前军队网络文化人才远远不能满足军队网络文化建设的需要，建设一大批既具备专业知识又掌握现代信息技术的军队网络文化人才队伍，加快军队网络文化建设步伐，具有十分重要意义。

一　适应军队政治工作信息化建设的需要

现代信息技术成果在部队政治工作领域的广泛运用，为政治工作创新发展带来前所未有的机遇。充分开发、整合、利用各种信息资源，不仅能增强政治工作科技含量，促进工作方式手段的现代化，提高政治机关办文办事、运筹谋划、计划组织、控制协调、检查督促的效率，增强政治工作的质量效益，而且还进一步延伸了政治工作的活动领域，优化了政治工作的运行机制，搭建了干部能力素质培养的新平台，增强了政治工作的

---

[1] 习近平：《总体布局统筹各方创新发展努力把我国建设成为网络强国》，《光明日报》2014年2月28日，第1版。

主动性、针对性和实效性，拓展了政治工作创新发展渠道。推进军队政治工作信息化建设的关键，是抓好军队政治工作信息化人才队伍建设，这其中就包括军队网络文化人才队伍建设。如果没有较高信息化素质的官兵，军队政治工作信息化建设乃至整个军队信息化建设，都将无从谈起。只有紧密结合部队信息化建设实际，抓紧培养一批既具有较高政治工作理论与实践能力，又具有信息化理论研究和信息技术运用能力的复合型政治工作信息化人才队伍，才能为政治工作信息化建设提供有力的智力支持和人才保证。

军队政治工作信息化建设的实质是通过对现代信息技术的全面运用和信息资源的广泛开发，创新政治工作的思想观念、运行机制、方法手段，拓展活动领域，实现同军队整体转型相适应的深刻变革，核心是政治工作中信息技术手段的利用。军队网络文化建设作为军队政治工作信息化建设的重要组成部分，在促进军队政治工作信息化建设，实现建设信息化军队、打赢信息化战争战略目标中占有重要地位。要实现这一战略目标，需要一支过硬的军队网络文化人才队伍，积极运用网络技术拓展宣传思想工作的新手段，加强网上思想舆论阵地建设，发展健康向上的军队网络文化，做好网上舆论引导工作，开展生动活泼的网络思想政治教育活动，大力宣传科学真理、传播先进文化、倡导科学精神、塑造美好心灵、弘扬新风正气，解决好网络对官兵思想产生的影响，通过强有力的网络思想政治工作，纠正官兵网络双重人格中的不良偏向。

二 发挥军队网络文化功能作用的需要

军队网络文化发挥着学习教育、互动交流、调查研究、心理咨询、娱乐休闲和资源整合等方面的功能作用，增强了思想政治工作的时代性和感召力。一是通过发挥学习教育功能，给官兵的学习教育带来一场革命，从方法上实现了由传授式、被动式向自主式、个性化的转变，从时空上实现了由封闭性、固定性向全天候、开放性的转变，从理念上实现了由阶段性向终身制的转变，在内容上实现了单一化、过时化向多层次、鲜活性的转变。二是通过发挥互动交流功能，使官兵能够交流思想、抒发情感、表达意愿，实现以多对多方式进行沟通，在相互交流中沟通思想、启发觉悟。三是通过发挥调查研究功能，大大增强了调查研究的针对性、真实性和即时性，官兵通过虚拟空间可以倾诉想法、畅谈看法，能够很好地发扬政治民主、经济民主和军事民主，为部队全面建设建言献策。四是通过发挥心理服务功能，加强对官兵的情理引导、心理疏导、生理指导，为官兵释惑答疑、提供帮助、解决问题。五是通过发挥娱乐休闲功能，紧密结合青年官兵爱好广泛、喜欢娱乐的特点，着力打造官兵业余文化的新场所，让官兵在各取所需中寻找乐趣、修身养性，在愉悦休闲中减缓压力、舒展心情。六是通过发挥资源整合功能，对现有的网络、网站、网页，本着方便实用、综合集成、资源共享的原则进行系统整合，按照增强思想性、知识性、趣味性、服务性的要求进行内容更新，把海量信息按照一定的组织方式进行整合，使之系统化、合理化、浓缩化，让信息之间具有逻辑关系，为我所用、自如享用。

网络作为一种客观事物，其本身的功能作用是需要主观开发的。无论在网上建立功能齐全的军队先进文化网站，还是提供丰富多彩的军队网络文化资源，都离不开一支业务素质过硬的军队网络文化人才队伍，把网络的功能作用变为现实。利用网络开放性、交互性、实时性等特点，可以开展形式多样、生动活泼的网络思想政治教育活动，让官兵在第一时间了解国内外的重大事件及其最新进展；利用网络的匿名性和自由性特点，开发网上互动交流平台，让青年官兵容易接受这种非互知性的"心声交流"，袒露心怀、倾诉苦乐、探讨人生、领悟哲理。同时，部队可在军网上设立网上专题聊天室、心理咨询、热线服务、论坛、交友等形式，公开教育者的电子通信方式，这种互动性的交流和咨询给教育者创造机会接触基层官兵的内心，了解官兵的真实思想，为及时准确掌握基层官兵的关注焦点和心理动态创造条件，使教育者更能有针对性地开展工作。

三　提高军队网络文化工作效益的需要

以信息技术为代表的现代科学技术给军队带来发展创新的重大机遇和更加广阔的空间，也给军队网络文化建设提出了新的更高要求，带来前所未有的挑战。由于我军政治工作信息化建设起步较晚，基础较薄弱，效益不高，发展不平衡，整体水平低，这些都是制约军队网络文化发展的重要因素，在一定程度上也影响了军队政治工作信息化的发展。必须加强在思想上的重视，增强紧迫感和责任感，从根本上改变各级领导部门对建设军队网络文化人才队伍重要性的认识，各级宣传部门要展开调查研究，做好建设军队网络文化人才队伍重要性的宣传，为建设和完善军队网络文化人才队伍奠定良好的思想基础，真正将军队网络文化人才队伍建设和完善起来，提高军队网络文化工作的质量效益，更好地为军队政治工作信息化服务。

提高军队网络文化工作质量效益，人是决定因素。质量效益的提高要依靠信息技术手段的创新，只有过硬的信息化人才队伍才能保证军队网络文化的技术创新和持续发展。目前人才缺乏、队伍不稳定以及人才素质低的问题还在一定程度上存在。由于没有专门的机构设置和人员编制，特别是缺乏既熟悉政治工作，又精通网络知识的复合型人才，现有的政工网建设和维护人员大多为临时抽调或兼职，有的是抽调战士从事这项工作，队伍不稳定，业务素质低，制约了军队网络文化建设发展，不少网络建设和管理基本处于维持状态，很难有创新作为。很多单位都因缺乏网络专业方面的人才而对现有网络开发和利用的能力不强，致使网络强大的功能和作用没有得到充分及时有效发挥，有的甚至做个网页还要利用地方资源，大大降低了工作效率。尤其是面对突发事件引起的网络舆情，缺少专业化的舆情引导队伍，缺乏对舆情传播规律的研究把控，在舆情动态发酵为危机之前，难以找准最佳时机作出明确适当的官方回应，失去了舆情引导的主动权。因此，提高军队网络文化工作质量效益，需要下功夫提高军队网络文化人才队伍的网络能力素质。

第二节 军队网络文化人才队伍具备的能力素质

素质反映人的先天禀赋，但更重要的是人在后天环境或教育的影响下形成的基本品质，包括人的政治、思想、道德、知识、心理和能力素质等。能力是潜藏在人体身上的一种能动力，包括工作能力、组织能力、决策能力、应变能力和创新能力等，是影响青年成才的一种智能要素。军队网络文化建设对网络文化人才的能力素质提出了新的更高要求，一般来讲，应具备以下几个方面能力素质。

一 扎实的基础能力

基础能力是指军队网络文化人才一切活动中所必需的一些基本能力，通常也叫智力，它是认识事物、解决问题和创造性活动的能力，由智力因子构成的，有一定的先天因素，但主要靠后天培养。主要包括体能、观察能力、记忆能力、想象能力、思维能力、操作能力、评价能力、应变能力、预见能力、判断能力、推理能力、归纳能力、演绎能力、借鉴能力、审美能力等，它们组成一个有机而完整的智力结构系统。一是敏锐的观察能力。主要指军队网络文化人才全面、正确、深入地观察事物，从而发现事物特征、规律和问题的能力。二是良好的记忆能力。主要指军队网络文化人才对学过的知识和经历过的事物能够记住，并能够在以后呈现时再认识的能力。三是丰富的想象能力。主要指在军队网络文化人才的头脑中把感知过的形象进行加工所产生的一种对新形象的认识活动能力。四是清晰的思维能力。主要指军队网络文化人才对客观世界间接的、概括的反应能力。五是娴熟的操作能力。主要指军队网络文化人才按照一定的程序和技术要求进行活动的能力。六是准确的评价能力。主要指军队网络文化人才对可能设想出的新方案、新方法、新措施等进行评估选优的能力。七是灵活的应变能力。主要指军队网络文化人才面对突然、偶然、预测不到的情况骤然来临时采取应对处置、妥善解决的能力。八是强健的体能。主要指军队网络文化人才执行任务时必须具备的身体能量。其中,记忆能力是智力活动的基础,是"智慧的仓库",观察能力是"求知的窗口",想象能力是"思想的翅膀",思维能力是智力的核心。各因素之间彼此不是孤立的,而是相互联系、相互制约、相互作用的,存在着因果联系。有一个环节不运转,就会引起连锁反应。衡量一个人的智力高低,国外通常使用智力测验,用智商的高低判断智力水平。但对于军队网络文化人才,目前还没有好的实用的被公认的智力测验方法。

二 过硬的政治素质

政治素质是指在环境与教育的影响下形成和发展起来的相对稳定的品德和政治素养,其基本要求是政治坚定和思想道德纯洁,具有正确的世界观、人生观和价值观。它是军队网络文化人才素质中最重要的方面。其之所以最重要,主要在于它对于其他素质因素具有特殊的功能,良好的政治素质不仅有利于提高军队网络文化人才的人文素养和科学素质,还有利于培养其创新能力、实践能力和创新精神。一是政治理论素养。这是军队网络文化人才队伍履行职责所需要的学习、掌握和运用马克思主义的修养和能力,是军队网络文化人才队伍的基本素质,是军队网络文化人才队伍政治素质的核心部分,是军队网络文化人才履行职责的根基。主要包括:马克思主义的坚定信仰,履行职责使命所需要的思想理论水平,理论联系实际的优良学风。二是党性修养。这是军队网络文化人才自觉按照党性要求塑造和完善自我，使自己具备无产阶级先进分子优良品质的实践过程，是我们党永葆先进性和纯洁性的坚实基础。主要包括：坚持党和人民的利益高于一切，带头严格遵守党的政治纪律、组织纪律、工作纪律，把铸牢强军之魂作为崇高的政治责任，自觉学习党章、遵守党章、贯彻党章、维护党章，发扬求真务实作风。三是政策水平。这是军队网络文化人才队伍理解、掌握和贯彻执行党的路线方针政策的素质和能力。主要包括：准确把握党的路线方针政策，热情宣传党的路线方针政策，坚决而有创造性地贯彻执行党的路线方针政策。四是思想道德品质。这是军队网络文化人才队伍职业道德和道德情操的总和，是社会主义核心价值体系和当代革命军人核心价值观在军队网络文化人才队伍中的具体体现，是军队网络文化人才的立身之本。主要包括良好的职业道德、高尚的道德情操等，既有开拓进取的昂扬精神状态，又有重事业、淡名利、乐奉献的高尚精神境界；既能够严格自律，自觉反腐倡廉，又能够接受他律，遵守法规制度，时刻把自己置于组织和群众监督之下，在官兵中威信高、形象好，人格魅力强。

敌对势力一直通过鼓吹"军队非党化、非政治化"和"军队国家化"，对我军进行政治渗透，企图使我军远离革命化，这是我们面临的严峻考验。尤其是利用信息网络优势，加紧对青年官兵进行意识形态渗透，达到其西化、分化的目的。作为军队网络文化人才，在抵御西方敌对势力意识形态领域渗透，打好网络意识形态主动仗方面责任重大，更要坚定革命军人的理想信念，铸牢听党指挥的军魂意识，具备敏锐的政治观察能力、很强的政治鉴别能力和快速的政治反应能力，积极适应网络信息具有来源广泛复杂、真假难辨、影响范围大的一些特点，切实做到见微知著，政治嗅觉灵敏，准确鉴别是非真假，快速做出反应，把纯娱乐的上网行为变成一种带有政治性的宣传任务，在看似平常的跟帖中把党的方针政策灌输进去，在论坛中当好一名"网络舆论的引导者"，驾驭网络环境，利用大家认可的方式进行引导，使论坛里讨论的内容向健康正确的方向发展。

三 较高的信息素养

信息素养这一概念是美国信息产业协会主席保罗·泽考斯基于1974年在美国提出的，其定义为：人们在解决问题时利用信息的技术和技能，它主要包括三方面：文化素养（知识层面）、信息意识（意识层面）以及信息技能（技术层面）。我们一般认为信息素养是指信息社会中人对信息进行识别、加工、利用和创造的观念、意识、能力、道德等方面基本品质的总和。军队网络文化人才信息素养的构成，既有一般社会成员信息素养的共性，又有其特殊性。军队网络文化人才信息素养的基本内容主要包括以下方面：一是科学的信息观念。信息观念主要包括尊重知识的观念、全新的时空观念、未来意识和创新意识等四个方面。信息观念在网络文化人才的信息素养中居于首要地位，直接关系到网络文化人才能否对网络文化信息源进行认知，能否对信息工具进行了解并加以运用，能否对各种信息技能进行确认并掌握等。二是敏锐的信息意识。信息意识是对网络文化各类信息的自我意识、认识过程及对信息的分析、判断、捕捉能力，主要表现为信息先行意识、信息共享意识和信息防护意识三个方面。三是综合的信息能力。信息能力是一种在技术层面、操作层面和能力层面上的素养，它是信息素养的重要内容，主要包括获取信息的能力、处理信息的能力、生成信息的能力和创造信息的能力四个方面。四是良好的信息道德。信息道德是指在整个信息活动中，调节信息创造者、信息服务者、信息使用者之间关系的行为规范的总和，其内容包括人们在信息活动中应遵循的道德规范和信息法律与法规等。网络文化人才要树立良好的信息道德观，养成道德自律，把社会和部队对信息行为的道德要求转化为自身的内在要求，不断提高自身的信息道德修养，培养自己高层次的信息道德境界，实现由他律走向自律。

四　娴熟的网络技能

网络技能主要指军队网络文化人才开展军队网络文化工作所具备的硬件和软件方面的技能。硬件方面主要包括整个网络环境的规划能力、网络设备的维护能力等，软件方面主要包括掌握网络操作系统的一般安装和配置方法、应用软件的熟练配置与使用、善于使用专门的网络管理软件、数据安全与灾难恢复等。面对网上的不良思潮和混乱价值观，网络文化人才只有具备娴熟的网络技能，掌握新兴网络技术，精通现代传媒手段，成为"无形战场"弄潮儿，才能在应对"无形敌人"中增强主动性，掌握主动权，打好主动仗。只有既懂文化工作又熟悉网络技术的复合型军队网络文化人才，才能将互联网技术灵活并有效地运用于军队网络文化建设中去，提高军队网络文化的感染力和吸引力。而现在许多军队网络文化人才由于知识结构和技术上的缺陷，在网络环境下并不能得心应手地开展军队网络文化工作，这大大制约了军队网络文化工作的开展。因此，建立一支适应网络环境，既具有坚定的理想信念和丰富的文化建设理论知识，又善于运用网络工具从事管理的军队网络文化人才队伍，是当务之急。通过培训，使军队网络文化人才成为不仅有深厚政治理论水平，把握思想政治工作规律，而且能有效地掌握网络技术，熟悉军队网络文化特点，能够利用网络技术收集、处理和传递信息，具有对信息筛选、鉴别和使用的能力，能与官兵进行网上交流，倾听他们的心声和热点问题，成为在军队政工网上有效开展文化工作的高素质复合型人才。

五　综合的智能素质

智能素质是人的综合素质之一，是一个人集知识与能力的综合体现，它强调的是人的智慧和能力。从根本上说，军队网络文化人才智能素质是其内外才能的凝聚，它体现军队网络文化人才知识构成及工作能力。一是科学智能素质。科学智能素质包括专业智能素质和非专业智能素质。专业智能素质指军队网络文化人才知识结构除应有本专业紧密结合的基础知识、专业知识外，还应在边缘学科上加以完善，为成为一个军队网络文化工作的"通才"打下基础，多方位地为部队服务。专业智能素质是应用性、务实性等操作方面的能力，是军队网络文化人才取得成效的基础和保证。是非专业智能素质指军队网络文化人才结合工作特点，运用抽象和概括、归纳和演绎、分析和综合的方法等，把握事物的本质特征。非专业智能素质是智力、创造力等具有开创性的能力，在军队网络文化工作中起着承上启下的支配地位。二是社会智能素质。从本质上讲，社会智能素质是智力和创造力等科学智能素质在理性及工作经验总结作用下，在交际交往活动中的灵活运用，是智能素质的最高形式，主要表现为语言表达能力、公关活动能力、理性分析能力等。实践证明，军队网络文化工作在做好部队思想工作中发挥着重要作用，伴随着信息网络时代成长起来的青年官兵，要准确把准青年官兵的思想脉搏，了解其兴趣爱好，科学理性地回答和解释官兵现实思想问题，必须在真知深知上用气力、下功夫，真正走进青年官兵、潜心研究青年官兵，切实把他们的时代品格、背景经历和思想变化搞清楚，准确把握青年官兵思想行为特征，为做好思想工作掌握第一手材料，做出正确理性的分析判断。

六 良好的心理素质

心理素质是在实践活动中通过主体与客体的相互作用，逐步发展和形成的心理潜能、能量、特点、品质与行为的综合，是个人整体素质的重要组成部分。良好的心理素质，是军队网络文化人才成长进步的必要因素，也是做好军队网络文化工作的重要条件。军队网络文化建设虽不需要真刀真枪的搏斗，但网络交流过程中的各种情况，会引起情感的强烈变化，舆论宣传主阵地争夺不仅需要强健体魄的支撑，更需要军队网络文化人才具备良好的心理素质。军队网络文化人才必须能够调节和控制自己的感情和情绪，始终保持心理上的平衡、情绪上的稳定，永远呈现自信、沉着、乐观的精神状态，这对于保持灵活的创新思维，做出正确的决策或随机处置复杂的问题，都至关紧要。一是培养积极的情感素养。面对纷繁复杂的矛盾和问题，要时刻保持良好的心境，做到对平时和战时的海量信息进行理智分析，把艰巨的任务分解成适合自己能力的"条块"，抵抗各方面消极信息的负面干扰和冲击，以自己的积极健康心态感染官兵，鼓舞士气；面对敌对势力的"煽情"，要善于控制激情，不能因一时羞愤而失智，不能因一时愠怒而致战，更不能把一时的激情当作"战斗力"。二是具备良好的性格特征。要忠诚坚毅，服从大局，时时处处维护党的威信，认真贯彻执行党的路线方针政策；要严谨细致，快中求稳，既要做到领会意图快、拟订方案快、情况处置快，又要发扬民主、广开言路、博采众长；要勤思好学，严于律己，经得起孤独寂寞，受得起委屈挫折，容得起酸甜苦辣，守得住纪律防线；要机智灵活，善于开拓，不为突然情况而吓倒，不为复杂局面而困扰，在危急关头不因循守旧，紧要时节不固执己见，能够根据事物发展变化的规律，以创新的思想、灵活的方法处理问题。三是锤炼顽强的意志品质。军队网络文化人才作为军队网络文化建设的领路人，需要依靠意志的力量，把握正确的方向，作出科学的决策，从而形成广大官兵统一的意志和行动。

第三节 军队网络文化人才队伍存在的主要问题

近年来,在军委和各级领导机关的关心领导和具体指导下,经过广大官兵的不懈努力,军队网络文化人才队伍建设得到不断加强,总体上保持了快速发展势头,整体素质基本适应形势任务需要。随着信息化建设的不断深入,观念、资金、人才、编制体制、集成等方面存在的矛盾与问题越来越突出,军队网络文化人才队伍在思想观念和信息能力等方面还不能很好地适应军队网络文化建设的现实需求,已成为制约军队网络文化建设的瓶颈,具体表现在以下几个方面。

一 对军队网络文化建设的认识有待提高

对军队网络文化建设的正确认识是军队网络文化建设的前提条件。目前少数官兵对军队网络文化建设的认识还停留在文件和口头上,有的受传统观念和行为习惯的影响较大,对信息技术、信息手段的应用怀有抵触情绪;一些单位对于网络文化的认知还停留在"现象"层面上,对网络文化也只是停留在"关注"层面上,普遍认为网络文化并不十分严肃,娱乐成分较大;有的对于网络文化需求认识不清,网络文化建设仅仅是从教育需求角度出发,沿袭传统课堂中的填鸭式教学形式进行教授,对网络文化的功能缺乏正确认识;有的认为我们的主要任务是军事训练,应把主要精力放在能打仗打胜仗上,军队网络文化建设是信息化部门的业务工作,与己无关,工作责任心差,等、靠、要的思想较为严重。对某单位调查显示,71.3%的青年官兵认为网络媒介在日常生活中有着非常重要的作用,

24.5%的青年官兵认为网络媒介在日常生活中作用一般，4.2%的青年官兵对网络媒介的作用持中立或否定的态度。在允许使用智能手机的时间内，36.5%的青年官兵使用智能手机上网，23.5%的青年官兵使用单位计算机上部队局域网，40%的青年官兵二者兼用。反思一些单位军队网络文化建设存在的问题，归根到底还是思想观念上的认识偏差造成的，这在一定程度上影响了工作的主动性。

二 抢占军队网络文化阵地的力度有待加强

网络文化并不是中性的，它在传播过程和内容上都打上了深深的意识形态烙印，对我国的主流意识形态带来了正反两方面的影响。互联网的特征使其"双刃剑"效应异常明显，成为社会矛盾的显示屏和放大器。由于网络言论的即时性和匿名性，网民往往可以随时随地对一些社会问题发表自己的言论，有的甚至发表一些不负责任的言论，其传播速度之快、传播范围之广，很容易误导舆论，推波助澜，激化群众对党和政府的不满。特别是一些网络社会领袖，粉丝数量大，其言行的影响力更大，其中的负面信息对我国社会主义核心价值体系建设形成强烈冲击和严重挑战。网络舆情引导员由于自身意识形态意识淡化，对鱼龙混杂的网络信息不能正确鉴别，实施正确引导。一是对社会主义核心价值体系的认识不足。据笔者在线问卷调查，有11.88%的网民完全不了解社会主义核心价值体系，熟悉社会主义核心价值体系的仅占4.26%，绝大多数网民处在"了解"或"了解一点"的水平。二是对网络上意识形态斗争的严峻形势认识不足。高达49.38%的网民认为网络文化领域不存在意识形态斗争，31.21%的网民承认但并不重视意识形态斗争，真正认识到这种斗争激烈性和严峻性的网民仅占19.41%。对驻藏部队某部调查显示，2015年新兵100%上过互联网，但有67%的不知道意识形态是什么；16%的官兵认为，意识形态斗争是领导和机关的事；17%的官兵不知道西藏是敌对势力"西化""分化"的重点地区；11%的官兵对中印领土争端的由来及现状底数不清。三是对马克思主义的信仰度不高。当被问及"是否将马克思主义作为信仰"时，只有33.02%的网民选择"是"，高达34.02%的网民选择了"否"，剩下22.96%选择了"半信半疑"。另外，广大网民对网络文化建设中马克思主义指导思想的重要性也缺乏认识，当被问及"网络文化应不应该以马克思主义为指导"时，仅28.07%的网民主张用马克思主义巩固网络文化阵地，42%的网民认为网络文化是自由的，不需要任何指导思想，还有29.93%的网民说不清楚，这些都反映出军队网络文化领域社会主义主流意识的淡化。

美国学者亨廷顿说："对一个传统社会的稳定来说，构成主要威胁的，并非来自外国军队的侵略，而是来自外国观念的侵入，印刷品和言论比军队和坦克推进得更快、更深入。"[1]在某种意义上讲，网络文化的兴起丰富了西方发达国家推行网络文化霸权的手段，便利了他们利用网络对我国进行文化渗透。少数青年官兵尚未意识到问题的严重性，在线问卷调查显示，有54.79%的网民对"西方网络文化产品进入中国"持无所谓的态度，24.84%的网民甚至认为提文化入侵太过危言耸听，只有20.37%的网民认为应当警惕这种文化入侵。这就导致了西方国家推行他们的网络文化侵略计划，挤压我国网络文化生存空间，从而对我国社会主义核心价值体系和先进军事文化形成严峻挑战。对某单位500名官兵调查显示，30.6%的官兵对网上热点敏感问题比较关注；10.5%的官兵对网上"噪音""杂音"偏听偏信；2.4%的干部浏览和转发过所谓"内幕""爆料"内容。还有个别战士在政工网论坛上说："上网一小时，胜过在部队接受的全部教育。"网络上"邱少云牺牲违

---

1 〔美〕塞缪尔·亨廷顿：《变化社会中的政治秩序》，王冠华等译，三联书店1989年版，第141页。

背生理学""雷锋事迹是骗局"等歪理谬论至今尚未平息。这说明我们在网络舆论阵地上常常处于被动发力局面，在一定程度上给青年官兵的思想造成冲击。

三 军队网络文化成果转化的效益有待增强

增强军队网络文化成果转化的质量效益是军队网络文化建设的基础工程。由于军队网络文化建设的考评机制不够完善，使得军队网络文化建设成果向应用转化比较滞后，军队网络文化最大的问题不是建不好，而是用不好。表面上看军队网络文化知识学习应用有安排，但效果不明显，发展不平衡。不少单位学习室电脑应用基本停留在打字和玩游戏上，基层干部不会使用和管理本级的信息化装备的现象比较普遍，如不会杀毒，不会制作多媒体课件，不会排除计算机简单故障，不会对网络及相关设备进行维护管理，不愿学不想学，有的甚至把不懂不会当成推卸责任的理由。从某单位调研情况看，有74.8%的政治干部表示，虽然运用网络开展网络文化活动的愿望也很迫切，但由于自身使用网络、驾驭网络的能力较弱，明显感到对利用网络开展网络文化活动力不从心、信心不足。还有一些政治干部虽然已经尝试将网络的部分功能运用于思想政治教育，但运用层次低、方法少和效果差等问题依然突出。72.6%的政治干部在教育中运用网络仅限于查资料、找图片、搜视频，对网络的交互、实时传输等功能挖掘利用不够。还有的单位由于投入不足，难满足需求，造成了突出的人机矛盾，要么设备少不能满足官兵上网需求，要么人才少不能满足部队开展网络文化活动需求，导致网络的强大功能无法充分发挥。这些都在一定程度上制约了质量效益的不断提高。

四 军队网络文化装备维护管理水平有待提升

军队网络文化装备的维护管理是军队网络文化建设的重要支撑。"三分建设七分管理",军队网络文化装备在部分单位坏损率较高,其中管理、人为因素占绝大部分。有的在单位计算机房UPS接取暖器、打印机、日光灯,导致UPS坏损;有的单位值班员在网络监控计算机上打游戏,导致键盘上功能键损坏;有的在控制台和机柜内存放战备训练用品,既凌乱又影响设备运行;有的单位网络出现故障修复不及时,监控系统不清晰的问题长期没有得到很好解决;有的单位对讲机管理不善,不按规程操作使用,损坏严重,这在一定程度上制约了装备效能的充分发挥。对某单位63名网络文化人才网络媒介知识的调查发现,66.2%的网络文化人才只是懂一些常用知识,只有29%的网络文化人才声明掌握了网络基本原理;82.2%的网络文化人才能熟练操作的软件只限于Word和Excel,只有10%的网络文化人才熟练掌握图像处理软件Photoshop、动画制作Flash和网页制作软件FrontPage或Dreamweaver。

五 军队网络文化人才培养使用有待完善

军队网络文化人才培养使用是军队网络文化建设的关键所在。军队网络文化人才队伍中专职人员少,大多数都是兼职人员,人才匮乏是共性问题。有的单位特别突出,信息化部门是军队网络文化建设的领头羊和排头兵,个别单位信息化干部大部分为非专业干部,虽然这些单位信息化部门的同志很辛苦,但因业务能力不强,军队网络文化建设存在不少问题。从近年来各单位遂行任务信息化保障中不难看出,有专业人才的单位完成较好,没有的就比较差,不少单位军队网络文化人才培养使用衔接不够,在基层连队尤为严重,上级机关用以建代训的方式,为许多连队培训了多名网络维护员，但有的不安心本职工作，有的人员经常变动，直接影响开展工作的连续性。少数网络文化人才利用上网的便利条件，造成网络依赖，危害了身心健康。对某单位调查显示，在一整天休息时间内，68.6%的人员玩网游时间控制在1～2小时内，24.3%的人员玩网游时间控制在4～6小时，仍有7.1%的人员持续玩网游的时间超过6小时，更有甚者除集合开饭、午休就寝外，其余时间都在"奋战"，对网游依赖性极大，并且产生了心理依赖，玩游戏时高度亢奋，一旦停止，便会感到疲劳异常、精神不振、情绪低落；由于长时间盯着手机屏幕，视力会受到极大破坏，会感到眼花、眼干、眼涩、眼胀，且长时间保持低头坐姿，易引发颈椎和腰椎病，对身体机能造成影响。

六　信息安全防护意识有待强化

信息安全防护意识是军队网络文化建设的安全底线。当前，网络窃密与反窃密、破坏与反破坏的斗争日益尖锐，网络泄密和窃密事件日渐增多，对信息安全造成了严重危害。有的部门对计算机病毒及黑客攻击的危害认识不足，认为安装了防病毒、防火墙软件就可一劳永逸而不及时升级或认为就算有破坏也是自己一台计算机受影响。我们到某部调研发现，基层单位95%电脑感染病毒，个别单位对计算机信息安全保密制度遵守不严，特别是不按规定管理移动存储介质，这从某种程度上使网络安全防护手段形同虚设。62.7%的网络文化人才敢于对网络媒介中极其不负责的行为进行投诉，23.5%的网络文化人才选择"视情况而定"，11.4%的网络文化人才只是有要投诉的想法，但是不会实施相应的行为，他们认为网络媒介的一些行为更多的是受到法律法规的约束，而不是个人的投诉，2.4%的网络文化人才表示不会投诉。尤其是在4G网络下，传输速度飞快，部分官兵保密意识不强，利用微信传输带有泄密隐患的文字、照片和视频，极易被敌特分子盯上。智能手机易被植入监控病毒木马，即使手机关机，在4G网络条件下敌特分子可通过技术监控系统实施准确定位和实时跟踪。同时，微信还自带"定位"功能，定位精度达到10～50米，在执行重要军事任务、参加大项军事活动时，一旦有人违规使用手机微信，将会暴露实时方位，对军事行动安全造成重大危害。

第四节　军队网络文化人才队伍建设的主要途径

信息化时代，军事技术、军事思想和网络技术变化的进程大大加快，针对军队网络文化人才队伍的能力素质与军队网络文化建设的现实需求的矛盾，仅靠经验积累的人才培养模式，已不能很好满足军队网络文化建设对人才信息素养的需求，必须大力加强人才队伍建设。军队网络文化人才队伍建设，要认真探索人才培养的特点规律，采取得力措施，拓宽培养渠道，注重质量效益，真正建设一支高素质的新型军队网络文化人才队伍。

一　优化人才结构

习近平指出："结构决定功能，功能反作用于结构，这是辩证统一的。结构要有利于部队整体作战效能发挥，功能也要推动结构调整。"[1]习近平总书记的重要指示从系统科学的角度揭示了结构与功能的辩证关系，为优化军队网络文化人才结构提供了理论依据。军队网络文化人才队伍是一个多层次的复杂结构，为保证军队网络文化建设理论和实践的先进性，必须按照基于任务、要素齐全、结构合理的原则，根据军队网络文化不同发展阶段的需要，制定军队各级网络文化专业队伍的编制数量、专业结构、学历水平、年龄结构等长期规划，并注重从部队、院校、地方多方吸引人才，培养构建一支专业全面、素质过硬、良性循环的人才队伍。各大单位

---

[1] 总政治部：《习近平关于国防和军队建设重要论述选编》，解放军出版社2014年2月版，第223页。

应设立军队网络文化管理机构,要包含各类专业人才,优化军队网络文化人才结构,最终建成一个涵盖网络技术、网络管理、军队文化、软件开发等各个专业,实践经验丰富,熟悉部队基层情况,年龄层次构成合理,全员培训良性循环的人才队伍。

(一)选拔军队网络文化理论专家

我国网络文化基础理论研究的发展大致划分为三个阶段。第一阶段是网络文化基础理论研究的大众化阶段(1994~1999年),主要以新闻报道为主,对互联网的使用和影响做描述性研究,并对网络文化基础理论做初步的理论思考。第二阶段是网络文化基础理论研究的成形阶段(2000~2006年),具有各种不同学术背景的学者们纷纷开始介入网络文化基础理论的研究中来,以期通过理论研究为实践发展提供思想指引,网络文化基础理论的研究逐步步入正轨,对网络文化的内涵、本质、功能、特征和影响等描述已经基本成形,对其复杂性和多维度性也有了一定的认识。多学科学者的介入使得网络文化基础理论研究的视角得以伸展,人类学、社会学、美学、语言学、教育学、哲学、管理学等研究者纷纷从各自的学科角度,对网络文化基础理论核心内容进行了不同切面的剖析,为进一步的研究奠定了坚实基础。第三阶段是网络文化基础理论研究的批判性阶段(2007年以来),学者们根据新时期我国网络文化发展的新变化、新情况、新发展,运用具有创造性、建设性、思辨性的能力,综合多学科、交叉学科研究方法,对网络文化发展历程中的众多问题进行多维度解释和分析,思考研究结果的意义和效应,积极运用所获得的成果和新知识,解决网络社会发展中某些具体的社会或个人问题,并开始把网络文化学科体系建设提上日程,着力解决网络文化学科体系内容建构、中国特色网络文化和先进网络文化建设等重大问题。

军队网络文化建设急需一批紧跟军队网络文化理论前沿,对军队网络文化,特别是对军队网络文化建设方法、未来发展趋势有深入研究的理论专家型人才。他们应既有高深的军队文化工作理论造诣，又具有强烈的现代信息意识，能够深入研究军队网络文化理论，对网络文化研究实践和网络文化领域基本问题进行高度概括和分析，解释网络文化现象的本质及其规律，对网络文化研究工作进行理论构建，对网络文化研究中的核心理论问题作出回答，为军队网络文化建设提供思路，并能在军队网络文化建设中发挥智囊作用。

（二）培养军队网络文化信息技术尖子

《国家信息化发展战略纲要》指出：要"大力培养信息化作战指挥、信息技术专业、信息系统组织运用及操作维护等作战急需人才，不断增强官兵运用信息系统和信息化装备打胜仗的能力。"[1]无论是部队局域网的构建管理，还是网站的开发运营，都需要大量的实用型网络人才来实现。加强这个层次人才队伍的建设和培养，以便形成一支相对稳定的军队网络文化建设技术力量。他们应是专职或兼职的信息技术尖子人才，既精通软件编程、网络攻防、信息系统设计、信息设备的配置和维护，又能把军队文化建设的一系列构想通过信息技术手段加以实现，在军队网络文化建设中发挥好信息技术的保证作用。由于网络技术的运用，部队对网络人才的需求大大增加，网络安全、维护、网络技术支持人才缺口很大。近几年，利用计算机网络进行的各类违法行为在国内呈上升之势，黑客及攻击方法已超过计算机病毒的种类，总数达近千种。我国电子信息网络建设仍处于初级阶段，网络安全系统脆弱，给黑客留下了可乘之机，而"监守自盗"式的内部攻击对网络安全构成了更大的威胁。在美国，仅华盛顿就有3支电脑犯罪侦查队，中央情报局专门将1000名员工调到一个专门负责研究遏制电脑犯罪的信息技术中心去。而我国组建自己的网络安全队伍的时间不长，技术力量急需提高。军队网络文化建设，既要依托地方的信息技术，又要

1　《国家信息化发展战略纲要》，《解放军报》2016年7月28日，第4版。

考虑部队的特殊要求，更要有特殊的保密防护措施，可以采取内部挖潜和外部引进等方法，培养网络文化信息技术尖子，在军队网络文化建设中发挥其技术优势，确保网络的健康运行。

（三）选准新型军队网络文化干部

习近平指出："群众在哪儿，我们的领导干部就要到哪儿去。各级党政机关和领导干部要学会通过网络走群众路线，经常上网看看，了解群众所思所愿，收集好想法好建议，积极回应网民关切、解疑释惑。"[1]领导干部不上网，怎么知道官兵们在朋友圈里"刷"什么？听不懂年轻官兵聊天时的网言网语，又何谈深入基层、走进兵心？军队网络文化建设要保持长久的发展活力，就必须培养大批新型军队网络文化干部。他们应是各级机关和基层干部，有较高的学历，既懂得军队文化工作的理论和实践，又能独立地利用计算机、软件、信息网络等信息技术从事军队文化工作，正确开展舆论引导工作，在军队网络文化建设中发挥中坚作用。面对互联网这个争心夺志的主战场，青年官兵始终是西方敌对势力腐蚀拉拢的重点对象。军队网络文化始终处于现代信息技术的最前沿，处于思想交锋和舆论斗争的第一线，军队网络文化干部始终肩负着十分重大的责任，必须像打仗一样开展网上舆论斗争，主动亮剑，善于发声，及时引导，对广大官兵的建设性意见要及时吸纳，对困难要及时帮助，对不了解情况的要及时宣传，对模糊认识要及时廓清，对怨气怨言要及时化解，对错误看法要及时引导和纠正，真正让网络成为了解官兵、贴近官兵、为官兵排忧解难的新途径，成为发扬人民民主、接受官兵监督的新渠道。火箭军某部为了摸准官兵"活思想"，旅领导带队深入30多个点位调研，与数百名官兵进行座谈，在网上开设"兵言堂"征求意见300多条，最终梳理出"教育者知网

---

[1] 习近平：《在网络安全和信息化工作座谈会上的讲话》，《解放军报》2016年4月26日，第2版。

懂网用网素养不够""教育重形式创新轻内容跟进"等4类21个问题,探索形成微课堂滴灌、微访谈析理、微视频励志、微调查把脉、微书信传情、微竞赛创争的"小微系列"教育模式,既为政治工作注入新活力,更拓展了军队网络文化工作的新功能。[1]

(四)打造军队网络文化基层骨干

习近平指出:"要建设网络良好生态,发挥网络引导舆论、反映民意的作用。实现'两个一百年'奋斗目标,需要全社会方方面面同心干,需要全国各族人民心往一处想、劲往一处使。"[2]基层官兵是部队建设的主体,既是军队网络文化工作服务的对象,又是军队网络文化建设的依靠力量,更是军队网络文化基层骨干的主要来源。军队网络文化基层骨干虽是"土生土长"的军队网络文化人才,但他们和基层官兵接触的机会更多,交流的时间更长,他们是基层网络文化建设的基础,其能力素质直接影响网络文化工作的质量。他们应是具有一定政治思想基础的基层信息技术工作骨干,是一批"小能人""小专家""小教员",既能够完成基层网络文化建设和作战任务,又能够根据技术水平需要有组织地加以培养和提高,维护军队信息网络的安全,确保高效运行。互联网发展的新形势对互联网信息服务从业人员的素质提出了更高的要求。据不完全统计,部队目前从事网络信息服务的人员普遍存在人员年轻、工作经验不足、专业不对口的问题。因此,要根据部队任务需求,结合单位自身实际,建立完善军队网络文化基层骨干准入机制,从思想政治、专业技能、网络道德、身心素质等方面,明确选拔标准,真正把那些政治可靠、工作踏实、业务精湛、作风过硬、官兵信任的人员选拔配备到网络文化工作岗位,为规范网络文化

---

[1] 王永孝:《像建设导弹阵地一样建好思想阵地—火箭军开展政治工作创新奖评选活动启示录》,《解放军报》2016年4月22日,第5版。

[2] 习近平:《在网络安全和信息化工作座谈会上的讲话》,《解放军报》2016年4月26日,第2版。

内容、净化网络文化环境打下基础。

二 注重开发培养

有组织有计划地抓好培训，提高履行职责所需要的能力素质，是加强军队网络文化队伍建设的基本手段。一个不具备多方面知识，不懂信息技术，不懂计算机的军队网络文化工作者将逐渐被淘汰。军队网络文化要真正达到服务于当前、服务于部队的目的，真正占领军队思想政治建设主阵地，关键是加大人才开发培养的力度，建设一支具有信息意识、信息知识、信息能力等综合素质过硬的军队网络文化人才队伍。

（一）开放式培养

军队网络文化人才的培养是一个开放的过程，必须采取多种形式，充分利用军地各种资源，努力形成军事教育与国民教育并举、基础教育与继续教育衔接、院校教育与部队培养互补、军内培养与军外培训相结合的人才培养格局，铺就军队网络文化人才成长的"快车道"。一是发挥军队院校教育主渠道作用。院校对政治干部的培养和在职培训，都要向信息化聚集，加大科技含量。要在我军现有学科专业基础上，构建政治工作信息化学科专业体系，加大军队网络文化方向研究；遵循军队网络文化人才成长规律，建立军队网络文化人才的知识能力素质结构模型；尽快构建适合军队网络文化人才培养需要的各种类、各层次的合成育人模式；加强院校和部队的合力育人，让学员在实践中感知优秀传统文化，根植红色基因，传承红色血脉，增强信息意识，掌握信息知识，提高信息技能。此外，要营造开放的信息化教学环境，打破阻碍院校与院校、院校与部队、院校与地方、学员与教员、学员与机关交流的壁垒，强化"零时差"交流和"无障碍"互动，营造广泛吸收各种有益信息资源的宽松教学环境。二是积极依托国民教育和社会网络文化资源。要拓宽依托国民教育培养军队网络文化人才的渠道，充分利用地方高等院校的师资力量、信息资源和教学科研设施，积极探讨联合培养军队网络文化人才的路子。三是借鉴国外网络文化资源。向国外派遣军事留学生，充分利用参加联合演习的机会，学习信息知识、信息技术，借鉴国外网络文化建设的有益经验，也是开放育才的一种重要形式。

（二）复合式开发

军队网络文化人才的知识结构和能力素质都是复合的，只有既懂网络文化又熟悉网络技术的复合型军队网络文化人才，才能将互联网技术灵活并有效地运用于军队网络文化工作中去，提高网络文化工作的吸引力。现在许多网络文化人才由于知识结构和技术上的缺陷，在网络环境下并不能得心应手地开展工作。因此，加强培训，建立一支适应网络环境，既具有坚定的理想信念和丰富的网络文化理论知识，又善于运用网络工具从事管理的军队网络文化人才队伍，是当务之急。必须打破院校之间、单位之间、部门之间、军兵种之间、军地之间等界限，整合各种网络文化资源。一方面是院校、部队与科研机构之间交叉培养。针对军队网络文化建设中的理论、技术与应用方面的课题或重点难点问题，组织院校、部队与科研机构的网络文化人才联合攻关，在攻关过程中合力培育人才。重点组织一些有潜力的网络文化人才带着特定的网络文化课题或研究方向，在院校、部队与科研机构轮流培训或任职，在交叉"回流"中培养复合型网络文化人才。另一方面是与军事、后勤、装备网络文化人才加强协作。不同部门的网络文化人才加强合作与交流，有利于通过系统集成，实现军事、政治、后勤、装备网络文化建设的一体化，也有利于取长补短，共同提高。通过复合式开发，使军队网络文化人才不但有深厚政治理论水平，把握网络文化工作规律，并且能有效地掌握网络技术，熟悉网络文化特点，能够利用网络收集、处理和传递信息，具有对信息筛选、鉴别和使用的能力，具有开展网上文化活动的能力，能与官兵进行网上交流，倾听他们的心声和热点问题，成为在网上有效地进行网络文化工作的高素质复合型人才。

（三）交流式锻炼

不同单位之间网络文化建设现状不同、进度不一、各有特色，这为军队网络文化人才的交流式锻炼提供了有利条件。一是加强本级范围内部的交流。同一单位内部，有计划、有步骤地安排网络文化人才在基层与机关、政治与军事、指挥与技术之间进行岗位互换锻炼，促进网络文化人才复合素质的形成，并为他们积蓄发展后劲。二是加强全军范围的交流。重点加强机关、科研单位和院校网络文化人才到部队任职、代职，将网络文化人才培养开发的"触角"伸向部队，让网络文化人才在信息化系统开发、资源整合、网络使用、重大任务完成中摔打磨炼，不断提高信息技术运用能力。探索军队网络文化人才在部队机关、基层、院校循环任职的新途径，每年应选送一些综合素质好的军队网络文化人才到院校学习，毕业后充实到部队团以上军队网络文化管理队伍或者留校任教，院校中特别优秀的相关专业人才也可交流提升到部队任职。探索实行诸军兵种间和诸战区间的全方位交流，有意识地进行军队网络文化人才在不同军兵种之间的轮换，走军兵种联合培养、相互补训和交叉任职的路子，从根本上提升军队网络文化人才在信息化战争中的作战能力。三是加强军地交流。在选派网络文化人才到地方学习进修的同时，采取有力措施吸收和引进地方优秀的网络文化人才，充实军队网络文化人才队伍；或实行柔性流动办法，即设立特殊岗位，保证地方高层次网络文化人才在不动岗的情况下为我军网络文化建设服务，做到"不求所有、但求所用"，确保在安全保密的基础上，将先进的信息技术"嵌入"军队网络文化建设中，提升网络文化工作的科技含量。

（四）整体性推进

对军队网络文化人才的培养开发，要从传统的干部管理模式转变为整体性人才资源开发，做到预测与规划、培养与使用、配置与管理三个环节协调一致。一是提早规划，超前培养。军队网络文化人才应当是在关键时刻能够用得上、过得硬的人才，必须提早规划、超前培养，实现育人的前瞻性和连续性。二是合理配置，整体优化。建立和完善各级网络文化人才资源信息网络，及时了解部队网络文化人才状况，科学分析部队网络文化人才需求，为网络文化人才资源优化提供可靠依据；整合军事、后勤、装备网络文化人才的智慧和力量，调动他们关心、支持和学习网络文化工作的积极性、主动性，建立健全网络文化人才资源精确调控、合理配置、有序流动的机制，有效避免人才短缺与人才闲置并存的现象。三是协调发展，资源共享。要优化网络文化信息资源，通过建立信息标准体系，改进信息配置方式，减少信息资源闲置，促进信息快速有序流动，提高网络文化工作信息资源的利用效率；通过追踪信息技术进步，促进信息潜力的快速增长，提高网络文化工作的科学技术含量；建立网络文化工作的技术咨询机构，创建网络文化工作理论和实践交流的阵地，实现机关、院校、部队、基层的信息共享。

创新网络文化人才智力资源开发培养模式。在军队网络文化建设中，通常要涉及人力智力资源的开发利用问题。在传统方式下人才资源的引进，是将核心人才引进到本单位，其智力、成果、经验、技术等都为我所用，为本单位网络文化发展服务，这一方式的确避免了因资源要素完全开放而出现的过度开发与利用现象，进而导致建设能力逐步弱化的问题。然而，在实际引入人才资源时却困难重重。除了以上阐明的问题外，处于人才金字塔顶端的核心人才也是数量奇缺。即便能够解决上述问题，核心人才也是千金难求。智力资源可以概括理解为人才对于知识、技能、经验的积累、总结，最终以适当形式呈现的资源，如专题讲座、学术论文、调研报告、著作等。智力的引进无疑是购置、分享优质的智力资源，但这些智力资源缺少所依附的"人才因素"，资源交互性能大大降低，远远不能满足当今网络文化资源快速发展的建设需求。信息技术与网络技术日新月异的发展，带来的是资讯的海量汇集与光速传播，核心人才再也不遥不可及，而是近在咫尺的邻居。我们可以采用信息技术条件下的人才培养与智力引进，如大型开放式网络课程（简称MOOC）学习平台的出现与广泛应用，为部队网络文化建设团队搭建了一个优秀的学习与交流平台。在MOOC平台上不仅可以系统学习国内外知名院校的优质课程资源，接受专业教师的悉心指导，还能够与行业专家进行类似于"面对面"的沟通与联系。

三 突出实践锤炼

实践锻炼是军队网络文化人才队伍成长的主要平台和根本途径，也是提高军队网络文化人才队伍建设效益的必由之路。要树立以用为本的理念，坚持训用一致原则，把培养人才与使用人才紧密结合，积极创造网络文化人才学习捍高的实践平台，使其在日常工作实践中积累经验，在执行重大任务实践中锤炼能力，在创新网络文化工作实践中增强本领。

（一）在日常工作实践中积累经验

日常工作实践是网络文化人才履行职责的基本平台，是优秀网络文化人才成长的必由之路。新型网络人才可以归纳为技术应用型人才、程序开发型人才和高技能型人才，不同的网络人才其岗位职责不同，其工作实践的重点也有所不同。一是技术应用型网络人才。其主要职责是负责单位运营平台和办公网络整休架构规划、设计、工程实施及管理；负责单位网络环境及设备的管理、配置、排错、维护，提供网络设备维护方案；负责单位网络的紧急故障响应及分析、处理以及网络安全，网络质量及网络设备的监控；单位统一网络管理规范、技术规范、安全规范的制定、推广及实施；单位网络管理、监控平台、基础系统架构的持续性建设及系统优化；

单位网络信息安全管理与审计等职责。二是程序开发型网络人才。其主要职责是负责网络游戏业及其他网络应用开发、网站运营管理、网站策划、网页设计、网站编辑、网络数据库管理与开发和Web数据库管理等。三是高技能型网络人才。其主要职责是负责网络与信息安全、网络优化等。网络文化人才要根据不同岗位实践要求，设置计算机网络、网络程序设计、TCP/IP协议、信息与网络安全、网络设计与工程、网络故障诊断与测试、计算机安全技术、网络编程技术、网络协议与程序设计等不同学习实践重点，相互之间定期进行学习交流经验体会，不断提高实际工作能力。各级要在训练中实施对军队网络文化专业人才不同对象的分层次组训，督促军队网络文化人才掌握网上开展战时网络文化工作演练的技能，将军队网络文化人才培训和实践演练内容纳入军事训练中，部队每年度统一的军事训练规划应列入军队网络文化工作训练的内容和时间，与军事训练同样进行考核验收，以保证军队网络文化人才在职训练的落实，从根本上解决军队网络文化工作是"软指标"而无法量化评比的问题。

（二）在执行重大任务实践中锤炼能力

随着部队使命任务的不断拓展，部队遂行多样化任务越来越成为常态。执行重大任务是培养网络文化人才队伍的"磨刀石"，也是识别考察网络文化人才队伍的"试金石"。重大任务往往突击性强、环境艰苦、网络文化活动难开展，官兵思想问题多、思想工作难度大，对网络文化工作干部骨干的统筹谋划、组织指挥和做思想工作的能力提出了更高要求，而且执行重大任务，更能全面提高网络文化工作干部骨干的综合素质。尤其要做好突发事件的网络舆论引导工作。网络舆论就是由于事件的刺激而产生的通过互联网和部队局域网传播的对于事件的所有认知、态度、情感和行为倾向的集合。部队网络舆论的参与者主要是基层广大官兵。根据其用户的不同，可分为众多的舆论场。依据内容不同，部队网络舆论主要可分为军营外和军营内两部分。军营外网络舆论主要是集中在论坛、贴吧、微博、QQ群等网络空间的一些社会热点问题，例如躲猫猫、天价切糕、房叔、房哥、表叔等事件，网络信息真假难辨，坊间传播迅速，极易形成网络舆论，从而带来不稳定因素。军营内部网络舆论主要在部队网站、论坛、军营贴吧等处形成，其内容涉及部队重大决策和工作部署、个人利益及军营突发事件等。网络评论员作为军营网络舆论收集、整理、处理的主体，面对突如其来的网络舆论，一定要把握网络舆论形成的三个阶段，即个人意见——聚合放大——网络舆论，在基层官兵经常关注的网络上定时浏览，把握舆论发展、变化情况，对于有权限做出处理的迅速处理，超出范围的及时上报。要主动设置议题，引导广大官兵参与，或者发表评论文章，掌控舆情走向，建立网络舆论收集、分析引导、处理和发布制度，全面认识各种网络负面舆论，以凝聚共识消解"网络交锋综合征"，以提升官兵和网站信息素养减轻"坏消息综合征"，以公开透明化解"习惯性质疑"，以交流沟通缓解"急躁的理想主义"，以短新实的大众语言抵制"假大空"的新闻语言，在实战化实践中磨炼意志、增长本领，展示才华、创造业绩。

（三）在创新网络文化工作实践中增强本领

成长在网络媒体时代的青年官兵，对信息网络的依赖和受信息网络影响的程度日益加深。适应信息化的时代条件和新的形势任务要求，军队网络文化人才必须积极拓展网络文化工作的思路，不断创新网络文化工作的方式方法和形式载体。大胆借助网络平台，大力挖掘和运用网络功能优势，切实利用网络信息内容海量、传播快捷迅速的特点，丰富网络文化资源；利用其技术运用广泛、表现形式多样的特点，拓展网络文化工作渠道；利用其空间虚拟开放、氛围相对宽松的特点，摸准官兵思想脉搏，把思想引导与信息服务有机结合起来，开展好网络文化工作。发挥信息网络开放性、互动性和平等性的优长，搭建官兵沟通交流、思想互动、平等参与平台，让官兵思想情绪不被"屏蔽"，意愿想法不用"隐身",利益诉求不再"阻隔"。通过开设"知心话"电子信箱、基层主官"谈心日"和官兵互动论坛,把谈心交心搬上网络,让官兵在自由宽松的网络"聊天室",把个人思想扣子亮出来,把烦躁情绪讲出来,把实际困难说出来。

随着原四总部《关于进一步规范基层工作指导和管理秩序若干规定》放宽官兵使用智能手机的限制,基层官兵使用智能手机和使用微信软件也越来越普及。某单位调查显示,90后战士中85%不喜欢看报纸,10%只是偶尔看看;在最喜欢的教育方式的调查选项中,57%官兵选择通过网络教育,30%选择通过课堂教育,13%选择通过纸质报刊教育。通过微信,官兵不仅仅可以网上阅读海量资源,还可以直接向好友发送、在微信群里分享信息资源。在关注公众号后,每天都能获得丰富多彩的内容推送,既有每日新闻热点播报、当前时事最新解读,也有人生励志鸡汤、小说、散文、诗歌等。微信上海量的信息,丰富的功能在给官兵带来便利的同时,网上混杂的信息易涣散官兵意志,功能便利的软件易诱发思想波动,信息隐匿的平台易方便敌特窃密,也给部队和官兵的思想带来了负面影响。座谈中,一些连队干部反映,手机放开使用后,连队组织集体活动官兵的参与积极性有所降低。以前休息的时候,班排还组织棋牌活动和球类活动,手机放开后,少数官兵休息时就玩手机,刷微信。通过调查,64%的官兵参与过抢红包,有的沉迷于"刷微信"和"抢红包",甚至每天在微信上花两个小时以上。目前微信中"天天爱消除""天天酷跑"等手机游戏受到官兵喜爱,部分官兵甚至深陷其中,不知不觉成了"拇指族"和"低头族",减少了人与人之间的交流,一定程度上削弱了连队的凝聚力和向心力。军队网络文化工作者必须正确看待新形势下微信给部队教育管理带来的机遇与挑战,因势而谋、应势而动、顺势而为,不断探索新思路、新举措,在趋利避害中掌控官兵思想的主动权,在创新网络文化工作实践中增强本领。

四 激发动力活力

习近平指出:"建设网络强国,没有一支优秀的人才队伍,没有人才创造力迸发、活力涌流,是难以成功的。"[1]军队网络文化的形成,是自身内部动力系统与外部推动力量相互作用、共同推动的结果。官兵诉求是军队网络文化的原动力,官兵互动是军队网络文化的助推力。激发军队网络文化人才动力活力,必须抓住重点,综合施策,分级负责,作为一项经常性基础性关键性工作抓紧抓实,抓出成效。

(一)激发创新活力

习近平强调指出:"创新能力是一支军队的核心竞争力,也是生成和提高战斗力的加速器。"[2]军队网络文化工作是战斗力的重要因素,必须把创新驱动摆在重要位置,激发创新活力、培育创新动能、打造创新优势,让生命线焕发生命力。一要培养基层官兵的创新意识。创新意识是信息时代社会运行和发展的客观要求,它是人类意识活动中的一种积极的、富有成果性的表现形式,是人们进行创造活动的出发点和内在动力。创新意识也就理所当然成了网络文化工者创造性开展网络文化工作的前提。在信息化条件下,网络文化工作者的创新意识是指网络文化工作者根据社会和军队网络文化发展的需要,引起创造前所未有的事物或观念的动机,并在创造活动中表现出的意向、愿望和设想。无论是军队网络文化工作面临的新形势、新任务,还是军队网络文化工作者所面对的新问题、新情况,都需要网络文化工作者具有创新意识。二要充分调动广大官兵创新的积极性。遵循青年官兵求新、求异的天性,最大限度地激发广大官兵的创新热情,敢

---

[1] 习近平:《在网络安全和信息化工作座谈会上的讲话》,《解放军报》2016年4月26日,第2版。
[2] 习近平:《全面实施创新驱动发展战略推动国防和军队建设实现新跨越》,《解放军报》2016年3月14日,第1版。

于打破网络文化工作中存在的陈规陋习，不为传统习惯势力和世俗偏见所左右，想常人不敢想的问题，办常人不敢做的事情，提出超常规的独到见解，找出解决问题的新路子、新办法。三要大力营造人人敢于创新、勇于创新、善于创新的氛围。大力提倡敢为人先、敢冒风险的精神，大力倡导敢于创新、勇于竞争和宽容失败的精神，为官兵提供新的信息、新的创造成果，激发广大官兵创造的无穷灵感，为他们创造力的发挥提供一片广袤的文化空间，不断提高官兵的思维创新能力、知识创新能力和技术创新能力，增强军队网络文化的吸引力，推动军队网络文化向更高、更深层次发展。

（二）加强教育管理

对军队网络文化人才队伍实施科学严格的教育管理，是加强军队网络文化人才队伍建设的重要保证。要牢固树立以人为本的教育管理理念，做好从"家长管制型"向"朋友服务型"转变，变"约其行"的粗放型管理为"束其心"的精细化管理，多采取"循序渐进式""启发自觉式""个性化培育式"等官兵容易接受的管理方式。一是建立学习教育机制。军队网络文化人才在多数场合兼具教育者和受教育者双重身份。教育者应当先受教育。把抓好中国特色社会主义理论体系学习作为队伍建设的重要内容，营造学习氛围，落实学习规划，健全学习机制，把理论素养和学习能力作为选用考核军队网络文化人才的重要依据。教育引导网络文化人才带头践行当代革命军人核心价值观，自觉把当代革命军人核心价值观作为政治信仰来确立、作为道德情操来恪守、作为行为准则来践行，争做新一代革命军人，以自己的模范行动影响和带动官兵。二是健全激励约束机制。军队网络文化建设，需要激发各级组织、网管骨干和全体官兵的内在动力，靠奖惩激励机制推动建设深入发展。要根据部队的使命任务和网络文化工作的目的要求，遵循网络文化工作规律，采取多种激励方式，适时进行目标激励、培训激励、政策激励、荣誉激励等，激发网络文化人才队伍的内在动力；同时，建立必要的约束性规章制度，管理和规范网络文化人才队伍的思想与行为，鞭策和敦促网络文化人才在其位、司其职、尽其责，遵章守纪、严格自律，确保网络文化人才队伍的健康成长和网络文化工作的有序运转。三是完善考核评价机制。考核评价是军队网络文化人才队伍管理的基础，考评结果是选准用好军队网络文化人才的基本依据。完善体现军队网络文化人才队伍特点的考核评价标准，建立具有单位特色的考评内容和考评指标体系，把军队网络建设作为部队建设的硬指标、硬杠杠，作为考核党委班子和领导干部述学述职的重要内容，防止和克服建与不建一个样、用与不用一个样的现象，真正形成抓网络建设的受尊重、有作为、受重用的浓厚氛围；要经常开展网络必备知识和技能评比竞赛活动，及时总结推广先进单位上网用网的经验做法，每年表彰奖励一批上网用网的先进单位和个人，树立正确的发展导向，不断激发广大官兵建网用网的积极性创造性，推动军队网络文化建设又好又快发展。

（三）强化自我修养

军队网络文化人才队伍整体素质的提高，外部条件是重要的，但最终还是要取决于自身的自觉学习、自我修养。军队网络文化人才的自我修养，是围绕提高自身综合素质的自我学习、教育、改造、锻炼的主观努力及达到水平来实现的。加强自我素质修养，主要应把握以下几点。一是正确定位。常言道"人贵有自知之明"。对自身素质状况的正确估价，是加强自我修养的前提和基础，也是确立自我修养努力方向和任务的现实起点。首先必须正确认识自己，冷静、客观、深入地认识自己的优缺点、长短处，如实地评价自身现有素质，正确看待自己的工作实践能力；同时，必须正确认识新形势下军队网络文化工作的重要性和紧迫性，对网络文化工作的内容、目标、要求，特别是对网络文化人才自身素质的要求有一个全面、深刻的认识，不断增强自我修养的动力和毅力。二是努力学习。理论素质是军队网络文化人才最重要的素质，政治上的坚定来源于理论上的清醒。然而，理论不是与生俱来的，也不是头脑中所固有的，而是通过自身努力学习得来的。提高军队网络文化人才素质一个重要的途径就是向书本学习，自觉、积极、长期坚持刻苦学习，克服忙忙碌碌的事务主义倾向和重一阵轻一贯的思想，根据形势的发展和工作的需要，不断改善自己的知识结构，不断提高能力素质。三是善于总结。总结是军队网络文化人才的自我审视，是将感性认识上升为理性认识的过程。这也是提高网络文化人才素质的一个重要环节。这就要求军队网络文化人才要严于解剖自己，高标准，严要求，对自己的思想、言行反复检查，找出差距和不足，及时改进，不断提高；要在学习和实践中勤于思考、善于总结，将学习收获和实践体验加以认真分析、综合，内化为自身的思想、知识和才能；要主动听取别人的意见，自觉接受群众监督，真正使自己在取长补短、固强补弱中增智强能，实现能力素质的全面提升。

结 语

积极推进"互联网+"时代军队网络文化建设创新发展

军队网络文化，本质上是一种充满创新性的文化形式。军队网络文化要在竞争中取胜，就必须无止境地创新，这也是军队网络文化建设的内在需求。"互联网+"改变了官兵日常工作和生活方式，引领了军队网络文化建设创新驱动发展的"新常态"。习近平总书记2015年12月25日在视察解放军报社时强调："要顺应互联网发展大势，勇于创新、勇于变革，利用互联网特点和优势，推进理念、内容、手段、体制机制等全方位创新，努力实现军事媒体创新发展。"[1] 这充分说明，军队网络文化建设正迎来新的春天，必须适应创新2.0下的互联网发展新形态、新业态，跟上"互联网+"时代的步伐，积极创新，取得更加辉煌的成绩。

一 更新观念，强化互联网思维和一体化发展理念

互联网思维实际上就是用互联网的运营方式去解决产品的销售、推广、运营的思路。就是用户至上思维，也是并联平台思维。主要包括以下六点思维：一是开放思维，不仅限于开放平台，最重要的是兼容并进，能够以包容的心态看待对手。二是聚焦思维，又可以被认为是专注细分，网

---

[1] 习近平：《坚持军报姓党坚持强军为本坚持创新为要，为实现中国梦强军梦提供思想舆论支持》，《解放军报》2015年12月27日，第1版。

民从需要大而全的各种资讯内容转到需要更加精准的细分内容，其产品宣传需要聚焦到精准人群的定位中。三是创新思维，如最近互联网圈兴起了一个新名词叫"微创新"，就是以用户为中心的应用创新，以微小、可持续的方式引发市场的大变化。四是利他思维，通过先对他人有利，然后让自己也获利，最后实现利益共赢。五是跨界思维，"互联网+"是一个趋势，加的是传统的各行各业，将会涉及每个领域的整合，只有拥有跨界思维，才能拥有更多机会。六是自媒体思维，自媒体思维并不是一切以自我为中心，反而应该是去中心化，微信群就是典型的去中心化，通过去中心化的管理模式，让人与人的交互更显自由开放，最终聚合在一起，产生更大更强的能量。再如微信红包，这样的产品就是所有人都乐意去传播的，因为它完美地嫁接了金融、游戏、社交，所以取得了巨大成功。以上思维对军队网络文化建设的创新发展，具有重要的引领和借鉴作用。

　　军队网络文化建设创新发展，首要前提是把军队网络文化与"互联网+"结合起来。军队网络文化的"互联网+"不是传播途径的简单扩大，也不是呈现载体的简单改变，而是角度的变化、思想的更新迭代和新技术应用下的思维转变，其实质是贴近部队最鲜活的生活。一要借鉴"互联网+"思维理念，形成传播合力。坚持基层第一、官兵至上，树立以广大官兵为中心的服务导向，充分调动各方面的积极性，建好国防部网站、军队媒体网站、军兵种网站、战区网站，借助地方知名网站，发挥微博微信和移动客户端等新媒体作用，形成相互支撑聚合、激扬正向信息的网上舆论场。二要借鉴"互联网+"思维打造"魅力人格"，突出官兵形象塑造。军队网络文化作品，能够吸引青年官兵的，绝对不是简单的节目模式，也不是绚丽的灯光、舞美、服装和道具，而是让官兵记忆深刻的人物、故事，这样更贴近官兵，更能突出军人的魅力。三要借鉴"互联网+"的用户思维，从大众传播转入分众传播。青年官兵以兴趣划分成若干族群，军队网络文艺创作者与青年官兵之间是平等的分享关系，以往军队网络文艺作品创作考虑的是单向传播，以创作者为核心，创作者和青年官兵的地位并不平等；而

"互联网+"时代的军队网络文艺创作,必须以青年官兵的需求为出发点,这也让文艺创作必然走向分众化。四要坚持"技术驱动"的互联网理念和"内容为王"的有机融合。互联网不同终端的不同传播方式决定了内容的差异性。军队网络文化创新,要细化到不同终端的内容上,坚持内容与技术相融合,实施针对性创新,切实创作出符合不同传播方式的军队网络文化作品。

二 举旗铸魂,加强网上思想文化阵地建设

旗帜引领方向,育人贵在铸魂。习近平强调:"新形势下办好解放军报,必须坚持军报姓党,强化政治意识、政权意识、阵地意识,勇于举旗帜、打头阵、当先锋,当好意识形态领域斗争的生力军。"[1]这一重要论述,指明了新形势下党和军队新闻媒体必须恪守的党性原则,以及在意识形态领域斗争中必须强化的责任担当。新形势下加强军队网络文化建设,必须贯彻这一指示精神,坚持团结稳定鼓劲、正面宣传为主,巩固壮大主流思想舆论,弘扬主旋律,传播正能量,激发广大官兵团结奋进的强大力量。

军队网络文化建设创新发展,核心是当好意识形态领域斗争的生力军。随着世情、国情、党情、军情的深刻变化,意识形态领域斗争的复杂性、尖锐性与日俱增,西方敌对势力鼓吹"军队非党化、非政治化"和"军队国家化",抹黑领袖和英雄,炒作军力建设,炮制涉军谣言,他们的渗透破坏活动带有很大的欺骗性、蛊惑性、煽动性和隐蔽性。伴随着网络环境成长起来的青年官兵,已经习惯了从信息海量、传播快捷的互联网上获取知识,一些偏离主流的信息大量涌入,明星大腕、网络达人等时尚

---

[1] 习近平:《坚持军报姓党坚持强军为本坚持创新为要,为实现中国梦强军梦提供思想舆论支持》,《解放军报》2015年12月27日,第1版。

热门话题吸引青年官兵眼球，一些青年官兵热衷于看图观影的"快餐文化"，如果缺乏政治敏锐性和政治鉴别力就容易受其影响。这种先入为主的影响，使得媒体正面的宣传、正确的观点传进官兵心里的难度加大，不容易触动青年官兵的灵魂。这对新形势下军队网络文化建设提出了更高要求，必须当好意识形态领域斗争的生力军。一要坚持军网姓党。军队网络文化建设要宣传好马克思列宁主义、毛泽东思想，宣传好中国特色社会主义理论体系，宣传好党的十八大以来党的理论创新成果，宣传好党和国家、军队事业发展新成就新气象，宣传好中央军委重大决策部署，为巩固和壮大主流思想舆论竭尽全力，让党的主张成为时代最强音。二要强化看齐意识。军队网络文化建设要向党中央看齐，向党的理论和路线方针政策看齐，围绕党中央决策部署来进行，确保官兵在思想上政治上行动上自觉同党中央、中央军委和习主席保持高度一致。三要强化阵地意识。军队网络文化建设要勇于举旗帜、打头阵、当先锋，当好意识形态领域斗争的生力军，时刻用党的主张统一全军官兵思想和行动，确保绝对忠诚、绝对纯洁、绝对可靠。

三　立足使命，服务改革强军战略

军队是肩负着战斗使命的国家武装集团，担负着保家卫国、维护社会秩序等任务。无论在战争年代，还是和平时期，强烈的战斗性都应始终是军队网络文化建设的主旋律。2015年11月，习近平在中央军委改革工作会议上强调：要"全面实施改革强军战略，坚定不移走中国特色强军之路。"[1]对全面实施改革强军战略作出系统阐述，对深化国防和军队改革作

---

[1] 习近平：《全面实施改革强军战略，坚定不移走中国特色强军之路》，《解放军报》2015年11月27日，第1版。

出全面部署，对各级职责任务提出了明确要求。习主席这些重要论述，继承和发展了毛泽东、邓小平、江泽民、胡锦涛关于军队改革的思想，深刻揭示了深化国防和军队改革的新特点新规律，体现了我军统帅改革强军的深谋远虑，蕴含着居安思危的战略清醒、治国安邦的远见卓识、锐意改革的创新精神和实干强军的务实作风，谱写了中国共产党关于军事改革理论创新发展的崭新篇章。军队网络文化建设创新发展，必须立足军队使命任务，关注全军将士的期盼，顺应时代发展大势，形成网上舆论主流，用习主席关于改革强军的重要论述统一思想、凝聚力量，交出时代大考的合格答卷。

　　军队网络文化建设创新发展，根本的是聚焦新时代，汇聚改革强军正能量。回望历史，在历次重大社会变革特别是军事变革当中，文化因素始终活跃其中。它既可成为推动进步的火种，激发出强大的变革力量，也可作为一种落后与守旧势力，成为阻碍变革的沉重绊脚石。当前，改革强军的步伐已经迈开，面对这场整体性、革命性的变革和时代大考，网络上充斥着各种各样的"小道消息"，使少数官兵产生各种心理反应和心理困扰，有的对改革充满猜测疑虑，有的思前想后左顾右盼，有的消极旁观定位不准，有的与己无关高高挂起。在这样一个攻坚克难、不进则退的关键时期，军队网络文化建设更需要汇聚改革强军的强大正能量，用正能量驱除这些负面影响，形成创造活力竞相迸发、聪明才智充分涌流的生动局面。一方面，要始终以强军目标为引领。紧紧抓住涉及强军兴军的战略问题、制约部队发展的瓶颈问题、官兵关心关注的现实问题，抓住内容创新这一根本，找到能够反映时代精神、官兵面貌和引起广泛共鸣的素材，梳理和阐发好其中蕴含的精神内核和深刻道理，运用丰富的语言、鲜活的形式、灵活的方法和巧妙的构思，创作出更多有筋骨、有道德、有温度的精品力作，把实施改革强军战略丰富内涵和重大意义讲清楚，把党中央和中央军委决策部署讲清楚，把事关官兵切身利益的改革举措讲清楚，做好正面引导、解疑释惑工作。另一方面，要大力营造改革强军的浓厚氛围。注重以敏锐的文化触角，彰显富于勇于进取、敢于探险的文化品格，张扬局部利益服从大局利益的文化精神，营造拥护改革、支持改革、参与改革的文化氛围，大力宣扬改革强军先进典型的感人事迹，努力形成有利于改革强军的深厚文化土壤，进一步彰显强军文化面向改革、支撑改革、推进改革的时代品格，培育和塑造官兵支持改革的文化认同感和集体荣誉感，激励广大官兵学理论、强本领、比干劲、作贡献，把教育中焕发的政治热情转化为投身改革的实际行动，自觉在改革大局下行动，坚决拥护改革、支持改革、投身改革，确保改革各项任务顺利推进。

四 建章立制，增强网络安全防御能力和威慑能力

网络安全的本质在对抗，对抗的本质在攻防两端能力较量。习近平总书记2014年2月在中央网络安全和信息化领导小组第一次会议上指出："网络安全和信息化是一体之两翼，驱动之双轮，必须统一谋划、统一部署、统一推进、统一实施。"[1] 2016年4月19日在网络安全和信息化工作座谈会上强调："网络安全和信息化是相辅相成的。安全是发展的前提，发展是安全的保障，安全和发展要同步推进。"[2] 这些重要论述，深刻阐述了信息化对网络安全的重要影响，以及网络安全对于信息化的驱动作用之间的辩证关系，揭示了两者之间的紧密关联性、互动性和协同性，对于军队网络安全治理具有创新性和引领作用。军队网络文化建设必须学习贯彻习主席重要指示精神，处理好军队网络安全和信息化之间的辩证关系，从网络安全治理的系统工程角度认识信息化，因信息化之势而谋，

---

[1] 习近平：《总体布局统筹各方创新发展，努力把我国建设成为网络强国》，《解放军报》2014年2月28日，第1版。

[2] 习近平：《在践行新发展理念上先行一步，让互联网更好造福国家和人民》，《解放军报》2016年4月20日，第1版。

应智能化之势而动，顺互联化之势而为，建立网络安全创新发展新机制，通过信息化和网络化提升网络安全的保障能级，确保军队网络文化的健康发展。

军队网络文化建设创新发展，关键在于建章立制，完善网上涉军舆情监测研判和处置机制。目前，部队官兵接触网络的机会增多，泄露军事信息和接触涉军信息的概率也在增大。调查发现，有的机关干部为了方便业务往来建立工作微信群；有的战士为了加深感情建立战友微信群；有的官兵家属建立军嫂微信群，官兵野外驻训、军人家庭生活等成为群里热聊话题；有的甚至在"朋友圈"晒出营区和装备照片。这为敌对势力破坏渗透提供了机会，他们通过境外杜撰、境内呼应、网上发布、水军流转等方式，炮制涉军谣言，蛊惑军心民心，煽动社会仇军情绪，企图离间军队和人民群众的血肉联系，消解官兵荣誉感归属感。军队网络文化建设，必须紧盯网络意识形态斗争的最前沿，优化互联网军事舆论宣传布局，做大做强军队网站，借助地方知名网站，发挥微博微信和移动客户端等新媒体作用，增强军事传播平台竞争力和影响力。一要广泛开展网络安全教育活动。着眼手机网络发展新形势、防间保密新要求，深入开展"严防网上暴露军人身份"群众性教育活动，通过专题辅导授课、典型案例剖析、手机泄密演示等形式，引导官兵知悉使用手机网络的纪律要求，自觉安全触网、守规上网、文明用网。二要加快推进网上涉军舆情监测研判，加强热点敏感问题和突发事件的舆情引导，对涉军信息第一时间作出反应，区分情况采取应对措施，组织"坚定改革强军意志、投身改革强军实践""展现军队风貌、拥护支持改革"等舆论引导活动，坚定官兵理想信念。三要完善网上涉军舆情处置机制，深入开展网上涉军信息清理整治活动，研究建立军队网上意识形态工作军地协调机制，针对网上涉军谣言、热炒事件和错误言论，及时主动回击，针锋相对批判，有理有据揭露，义正词严驳斥，扶正祛邪、正本清源，抢占法理和道义的制高点。

五　应用转化，借鉴网络文化建设先进经验

军队网络文化建设的最终目的在于应用转化，推动工作，指导实践。新技术的发展和运用，不断催生新的传播形态，并使传统媒体与新兴媒体的融合发展成为大方向、大趋势。习近平在视察解放军报社时指出："要研究把握现代新闻传播规律和新兴媒体发展规律"，"推动各种媒介资源、生产要素有效整合，推动信息内容、技术应用、平台终端、人才队伍共享融通。"[1]加强军队网络文化建设，单靠继承传统文化还不够，还必须积极吸收借鉴国内外一切优秀文化成果，引进有利于我国文化发展的人才、技术、经营管理经验，在发扬本土和借鉴外来的关系中寻求新路径，在继承传统文化基础上为军队网络文化发展注入新的活力。

军队网络文化建设创新发展，必须在扬弃继承、融合发展、转化创新上下功夫。一要做好创造性转化和创新性发展。按照时代特点和要求，对那些至今仍有借鉴价值的内涵和陈旧的表现形式加以改造，赋予其新的时代内涵和现代表达形式，激活其生命力；按照时代的新进步新进展，对中国优秀传统文化的内涵加以补充、拓展、完善，增强其影响力和感召力。二要加快传统媒体和新兴媒体融合发展。既注重发挥传统媒体在倡导主流价值观、主流文化、主流意识形态上无法取代的作用，又要针对"网络一代""拇指一族"这一部队官兵主体，积极稳妥推进互联网和智能手机有限进军营，根据环境、条件和对象的变化，推动传统媒体和新兴媒体在内容、渠道、平台和管理等方面的深度融合，开发集思想性、艺术性、观赏性为一体的宣传教育软件，占领军队网络文化前沿阵地，广泛利用微信平台、手机客户端等宣传改革强军战略思想，通过网上网下良好互动，形成正面宣传和舆论引导的强大磁场，最大限度地凝聚起实现中国梦强军梦的

---

[1] 习近平：《坚持军报姓党坚持强军为本坚持创新为要，为实现中国梦强军梦提供思想舆论支持》，《解放军报》2015年12月27日，第1版。

强大正能量。三要善于借鉴外军网络文化建设的经验。一些发达国家军队在网络文化建设方面有许多成功的经验值得我军学习借鉴，如美军将网络游戏作为拓展军事文化传播手段，利用网络游戏的广泛参与性传播美军的核心价值观，利用网络游戏的设定情节宣扬战争的正义合法性，利用网络游戏的夸张渲染性实施无意识的攻心与震慑，并与相关公司协力制作，不断在技术手段上推陈出新，借助多媒体平台扩大影响，结合了虚拟性与现实性、政治攻势与文化宣传等特点。我军网络文化建设应密切关注世界军队尤其是美军在网络游戏领域的发展，借鉴其先进理念与经验，研究制定符合我军实际的对策措施，进一步促进军队网络文化建设创新发展。

参考资料

本书编写组. 十八大报告辅导读本 [M]. 北京：人民出版社, 2012.

本书编写组. 中共中央关于深化文化体制改革推动社会主义文化大发展大繁荣若干重大问题的决定（辅导读本）[M]. 北京：人民出版社, 2011.

毕东辉. 军队网络文化建设问题与对策研究 [D]. 长沙：国防科学技术大学, 2008.

73041部队政治部. 切实加强军队网络文化建设与管理（笔谈）[J]. 军队政工理论研究, 2007（2）.

成都军区政治部宣传部. 增强网络思想政治教育实效需要重点把握的几个问题 [J]. 军队政工理论研究, 2012（6）.

党静萍. 如何应对网络时代 [M]. 北京：法律出版社, 2007.

邓志伟. 网络文化·课程开发 [M]. 合肥：安徽教育出版社, 2014.

董晓璐. 中国优秀传统文化资源的开发与利用——大学生思想政治教育新探 [J]. 广东青年干部学院学报, 2008（6）.

何明升. 中国网络文化考察报告 [M]. 北京：中国社会科学出版社, 2014.

胡锦涛. 坚定不移走中国特色社会主义文化发展道路努力建设社会主义文化强国 [J]. 求是, 2012（1）.

黄俊, 陆树林. 增强部队网络思想政治教育实效性的路径探析 [J]. 军队政工理论研究, 2013（1）.

江泽民. 论科学技术 [M]. 北京：中央文献出版社, 2001.

军队政治工作学编写组. 军队政治工作学［M］. 北京：人民出版社高等教育出版社，2011.

李斌. 网络政治学导论［M］.北京：中国社会科学出版社，2006.

李德周，刘阳. 网络文化对军队政治工作环境带来的机遇与挑战［J］. 西安政治学院学报，2005（3）.

李文明等. 网络文化教程［M］. 北京：北京大学出版社，2016.

李文明等. 网络文化通论［M］. 北京：学习出版社，2012.

列宁. 列宁选集：第1～4卷［M］. 北京：人民出版社，1991.

刘九洲等. 网络文化建设与管理［M］. 武汉：武汉人民出版社，2012.

刘树德，王庐生，宋刚. 外军政治工作研究［M］. 北京：解放军出版社，2002.

刘贤明等. 网络文化载体识别与交融［M］. 北京：北京理工大学出版社，2012.

罗斯托克著. 苗华健，陈体仁译. 信息崇拜：计算机神话与真正的思维艺术［M］. 北京：中国对外翻译出版公司，1994.

马克思，恩格斯. 马克思恩格斯文集：第1～10卷［M］. 北京：人民出版社，2009.

马克思，恩格斯. 马克思恩格斯选集：第1～4卷［M］. 北京：人民出版社，1995.

毛泽东. 毛泽东文集：第1～8卷［M］. 北京：人民出版社，1993—1999.

毛泽东. 毛泽东选集：第1～4卷［M］. 北京：人民出版社，1991.

莫茜. 大众文化与网络文化［M］. 北京：北京邮电大学出版社，2009.

山东省网络文化办公室. 网络文化建设与管理［M］. 济南：山东人民出版社，2009.

沈国权等. 军队政治工作信息化建设研究［M］. 北京：解放军出版社，2006.

宋元林. 网络文化与人的发展［M］. 北京：人民出版社，2009.

谈志兴等. 思想政治工作网上之路［M］. 济南：黄河出版社，2006.

汪涵. 和谐军营构建中的网络文化建设［J］. 南京政治学院学报，2011（3）.

王继新. 部队政工网建设的五个拓展空间［J］. 西安政治学院学报，2006（6）.

王巍. 军队文化工作中网络运用的潜能分析［J］. 解放军艺术学院学报，2008（2）.

王新华，陈向阳. 论军队网络思想政治教育应遵循的原则要求［J］.海军工程大学学报：综合版，2012（4）.

魏延秋.政治工作视域中的部队网络文化管理［J］.西安政治学院学报，2011（5）.

习近平. 习近平谈治国理政［M］. 北京：外文出版社，2014.

肖诗斌等. 武警部队信息化建设［M］. 北京：人民武警出版社，2014.

谢海光. 互联网与思想政治教育概论［M］. 上海：复旦大学出版社，2001.

徐长安. 军事文化与战斗力［M］. 北京：军事科学出版社，2010.

徐长安等. 军队信息化文化研究［M］. 北京：军事科学出版社，2009.

徐华松. 提高军队网络文化建设的科学化水平［J］. 军队政工理论研究，2013（4）.

亚伯拉罕·马斯洛著. 许金声等译. 动机与人格［M］. 北京：中国人民大学出版社，2007.

杨龙军，荀金刚. 加强军营网络建设和管理［J］. 政工学刊，2011（3）.

尤光旭，温伟. 加强对"上网"新兵的引导［J］. 军队政工理论研究，2005（2）.

曾静平. 网络文化概论［M］. 西安：陕西师范大学出版社，2013.

张继思. 坚持用先进军事文化占领官兵网络文化生活新阵地［J］. 军

队政工理论研究，2012（12）.

张伟，季明宏. 军队网络政治工作概论［M］. 北京：国防大学出版社，2007.

中共中央办公厅，国务院办公厅. 国家信息化发展战略纲要［N］. 解放军报，2016.7.28.

中共中央宣传部. 习近平总书记系列重要讲话读本（2016年版）［M］. 北京：学习出版社：人民出版社，2016.

中国人民解放军总政治部. 关于加强军队网络思想政治教育的意见［N］. 新华社，2012.6.28.

周忍伟等. 中国文化导论［M］. 上海：华东理工大学出版社，2005.

周若辉. 虚拟与现实：数字化时代人的生存方式［M］. 北京：国防科技大学出版社，2008.

朱丹丹.军队思想政治教育视野中几种青年流行文化的分析［J］.西安政治学院学报，2008（1）.

庄贵军.互联网让顾客交易权力增大［J］.管理学家：实践版，2012（1）.

总政宣传部网络办公室.充分运用全军政工网开展思想政治工作［J］.军队政工理论研究，2012（2）.

总政治部.习近平关于国防和军队建设重要论述选编（二）［M］.北京：解放军出版社，2015.

总政治部. 习近平关于国防和军队建设重要论述选编［M］. 北京：解放军出版社，2014.

总政治部. 习主席国防和军队建设重要论述读本［M］. 北京：解放军出版社，2014.

佐斌. 网络文化与青少年发展研究［M］. 北京：世界图书出版公司，2014.

图书在版编目(CIP)数据

军队网络文化建设研究/汤德品,杨明伟主编.--北京:社会科学文献出版社,2017.4(2021.6重印)
 ISBN 978-7-5097-9774-7

Ⅰ.①军… Ⅱ.①汤… ②杨… Ⅲ.①互联网络-应用-部队-文化工作-研究-中国 Ⅳ.①E223-39

中国版本图书馆 CIP 数据核字(2016)第 235292 号

军队网络文化建设研究

主　　编 / 汤德品　杨明伟

出 版 人 / 王利民
项目统筹 / 赵怀英
责任编辑 / 赵怀英

出　　版 / 社会科学文献出版社·联合出版中心 (010) 59366446
　　　　　　地址:北京市北三环中路甲29号院华龙大厦　邮编:100029
　　　　　　网址:www.ssap.com.cn

发　　行 / 市场营销中心 (010) 59367081　59367083
印　　装 / 北京玺诚印务有限公司

规　　格 / 开　本:787mm×1092mm　1/16
　　　　　　印　张:22.25　字　数:312千字
版　　次 / 2017年4月第1版　2021年6月第2次印刷
书　　号 / ISBN 978-7-5097-9774-7
定　　价 / 89.00元

本书如有印装质量问题,请与读者服务中心 (010-59367028) 联系

▲ 版权所有 翻印必究